DAMING TAIZU ZHUYUANZHANG

大明太祖

朱元璋

李 勇◎编著

辽海出版社

图书在版编目(CIP)数据

大明太祖朱元璋／李勇编著. —沈阳：辽海出版社，2017.8

ISBN 978 - 7 - 5451 - 4344 - 7

Ⅰ.①大… Ⅱ.①李… Ⅲ.①朱元璋(1328–1398)–传记 Ⅳ.①K827＝48

中国版本图书馆 CIP 数据核字(2017)第 240860 号

责任编辑：孙德军

封面设计：李　奎

出版者：辽海出版社

地　　址：沈阳市和平区十一纬路 25 号

邮　编：110003

电　话：024-23284381

E-mail：dszbs@ mail.lnpgc.com.cn

http://www.lhph.com.cn

印刷者：北京一鑫印务有限责任公司

发行者：辽海出版社

幅面尺寸：155mm×220mm

印　张：14

字　数：218 千字

出版时间：2017 年 8 月第 1 版

印刷时间：2017 年 9 月第 1 次印刷

定　价：29.80 元

冯　鹤	冯致远	胡元斌	王金锋	李丹丹	李姗姗
李　奎	李　勇	方士华	方士娟	刘干才	魏光朴
曾　朝	叶浦芳	马　蓓	杨玲玲	吴静娜	边艳艳
德海燕	高凤东	马　良	文　夫	华　斌	梅昌娅
朱志钢	刘文英	肖云太	谢登华	文海模	文杰林
王　龙	王明哲	王海林	台运真	李正平	江　鹏
郭艳红	高立来	冯化志	冯化太	危金发	仇　双
周建强	陈丽华	叶乃章	何水明	廖新亮	孙常福
李丽红	尹丽华	刘　军	熊　伟	张胜利	周宝良
高延峰	杨新誉	张　林	魏　威	王　嘉	陈　明
总编辑　马康强	张广玲	刘　斌	周兴艳	段欣宇	张兰爽

总　序

　　我们每个人心中都有自己崇拜的名人。这样可以增强我们的自信心和自我认同感，有益于人格的健康发展。名人活在我们的心里，尽管他们生活在不同的时代、不同的国度、说着不同的语言，却伴随着我们的精神世界，遥远而又亲近。

　　名人是充满力量的榜样，特别是当我们平庸或颓废时，他们的言行就像一触即发的火药，每一次炸响都会让我们卑微的灵魂在粉碎中重生。

　　名人带给我们更多的是狂喜。当我们迷惘或无助时，他们的高贵品格就如同飘动在高处的旗帜，每次招展都会令我们幡然醒悟，从而畅快淋漓地感受生命的真谛。只要我们把他们视为精神引领者和行为楷模，就会不由自主地追随他们，并深刻感受到精神的强烈震撼。

　　当我们用最诚挚的心灵和热情追随名人的足迹，就是选择了一个自我提升的最佳途径，并将提升的空间拓展开来。追随意味着发现，发现名人的博大精深，发现时代赋予我们的使命，发现最真实的自我；追随意味着提升，置身于名人精神的荫蔽之下，我们就像藤蔓一般沿着名人硕大粗壮的树干攀援上升，这将极大地缩短我们在黑暗中探索的时间，从而踏上光明的坦途。

不要说这是个崇尚独立思考的年代，如果我们缺乏敬畏精神，那么只能让个性与自由的理念艰难地生长；不要说这是个无法造就伟人的年代，生命价值并不在于平凡或伟大。如果在名人的引领下，读懂平凡世界中属于自己的那本书，就能够成为最好的自己。

名人从芸芸众生中脱颖而出，自有许多特别之处。我们追溯名人成长的历程，虽然每位人物的成长背景都各不相同，但或多或少都具有影响他们人生的重要事件，成为他们人生发展的重要契机，并获得人生的成功。

名人有成功的契机，但他们并非完全靠幸运和机会。机遇只给有准备的人，这是永远的真理。因此，我们不要抱怨没有幸运和机遇，不要怨天尤人，我们要做好思想准备，开始人生的真正行动。这样，才会获得人生的灵感和成功的契机。

我们说的名人当然是指对世界和人类做出突出贡献的伟大人物，他们包括著名的政治家、军事家、发明家、文学家、艺术家、思想家、哲学家、企业家等。滚滚历史长河，阵阵涛声如号，是他们，屹立潮头，掀起时代前进的浪花，浓墨重彩地描绘着人类的文明和无限的未来，不断开创着辉煌的新境界和新梦想，带领我们走向美好的明天。

政治家是指那些在长期政治实践中涌现出来的具有一定政治远见和政治才干、掌握权力，并对社会发展起着重大影响作用的领导人物。军事家是指对军事活动实施正确指引或是擅长具体负责军事行动实施的人，一般包括战略军事家和战术军事家。

政治家、军事家大多充满了文韬武略，能够运筹帷幄，曾经叱咤风云，纵横天地，创造着世界，书写着历史，不断谱写着人类的辉煌篇章，为人们留下了许多宝贵的精神财富和物质财富。

科学发明家是指专门从事科学研究和发明，并做出了杰出贡献的人士。他们从事着探索未知、发现真相、追求真理、改造世界和造福人类的大学问。他们都有献身、求实、严谨和持之以恒的精神，都具有一颗好奇心。从好奇心出发，他们希望探知事物规律，具有希望看到事物本质一面的强烈意识与探索激情。还有就是他们都有恒心，他们在科学研究中不断努力，努力，再努力，锲而不舍，具有永不止步的追求精神。

文学家是指以创作文学作品为自己主要工作的知名人士和学者等。其中，诗人是指诗歌的创作者，小说家指小说创作者，散文家指散文创作者，而文学家则是指在诗歌、小说、散文、戏剧等各种文学体裁领域均取得一定成就的创作者，他们是人类精神财富的创造者。

艺术家是指具有较高审美能力和娴熟创作技巧并从事艺术创作劳动而具有一定成就的艺术工作者。进行艺术作品创作活动的人士，通常指在绘画、表演、雕塑、音乐、书法及舞蹈等艺术领域具有比较高的成就，并具有了一定美学造诣的人。他们是生活中美的发现者和创造者，极大地丰富着我们的生活。

哲学家、思想家是指对客观现实的认识具有独创见解并能自成体系的人士。思想主要是用言语和符号来表达的，而致力于研究思想并且形成思想体系的人就是哲学家、思想家。他们用独到的思想解决生活中遇到的问题，且在此过程中逐渐认识自我与宇宙，以此解决人们思想认识上矛盾迷惑的问题。他们是我们人类灵魂的工程师，塑造着我们的人格，探讨所有人类重要的问题和观念，并创造出一种思考和思想的能力，闪烁着智慧的光芒，照耀着人类前进的步伐，推动着人类思想和精神不断升华，使人类不断摆脱低级状态，不断走向更高境界。人是有思想和精神的高级动物，因此，哲学家和思想家是人类不可或缺的，是我们人类的伟大导师。

企业管理家是最直接创造财富的人。他们创造物质财富，推动社会不断进步，使得人们更加幸福。财富虽然只是一个象征，但它与人们的生活、国家的发展、民族的强盛等息息相关。企业家也创造巨大的精神财富，他们在追求财富过程中所表现出来的创新、冒险、合作、敬业、学习、执著、诚信和服务等精神，是我们每一个人学习的榜样。

我们追踪这些名人成长发展过程中的主要事件，就会发现他们在做好准备进行人生不懈追求的进程中，能够从日常司空见惯的普通小事上，碰撞出思想的火花，化渺小为伟大，化平凡为神奇，从而获得灵感和启发，获得伟大的精神力量，并进行持久的人生追求，去争取获得巨大的成功。

影响名人成长的事件虽然不一样，但他们在一生之中所表现出来的辛勤奋斗和顽强拼搏的精神，则大同小异。正如爱迪生所说："伟大人物最明显的标志，就是他们拥有坚强的意志，不管环境怎样变化，他们的初衷与希望永远不会有丝毫的改变，他们永远会克服一切障碍，达到他们期望的目的。"

爱默生说："所有伟大人物都是从艰苦中脱颖而出的。"因此，伟大人物的成长也具有其平凡性。正如日本著名歌人吉田兼好所说："天下所有伟大人物，起初都是很幼稚且有严重缺点的，但他们遵守规则，重视规律，不自以为是，因此才成为名家并进而获得人们的崇敬。"所以，名人成长也具有其非凡之处，这才是我们应该学习的地方。

英国著名哲学家培根说："用伟大人物的事迹激励青少年，远胜于一切教育。"为此，本套作品荟萃了古今中外各行各业最具有代表性的名人，阅读这些名人的成长故事，探知他们的人生追求，感悟他们的思想力量，会使我们从中受到启迪和教育，让我们更好地把握人生的关键，让我们的人生更加精彩，生命更有意义。

简　介

　　朱元璋（1328～1398）原名重八，字国瑞，濠州钟离人。元末农民起义军首领，明朝开国皇帝。俗称洪武帝、朱洪武，谥高皇帝，庙号太祖。中国历史上卓越的军事家、战略家、统帅。他推翻了蒙元统治，恢复了华夏政权，结束了民族压迫制度，恢复了民族平等。他在位31年，朝廷政治清明，被称为"洪武之治"。

　　朱元璋出生在濠州一个贫农家庭，因为童年时期家里贫穷，他只好给地主放牛为生。后来发生连年旱灾和瘟疫，他父母先后去世，在走投无路之下，就到了皇觉寺剃度出家为僧。不久，当地闹饥荒，17岁的朱元璋只好离开寺院托钵流浪。在他流浪期间，既开阔了眼界，又积累了丰富社会经验。

　　朱元璋在25岁时，加入了郭子兴领导的起义军。郭子兴见朱元璋有勇有谋，每次战斗总是身先士卒，奋勇杀敌，立下很多战功，于是大赏有功兵将，朱元璋被封为吴国公。郭子兴去世后，朱元璋接管并率领大军先后消灭了张士诚、方国珍、陈友谅等四方割据势力。

　　在大将徐达、常遇春及谋臣刘伯温等一批贤才和百姓众望所归的拥护下，朱元璋威震海内，所向披靡。1368年，朱元璋在应天府称帝，国号大明，年号洪武。他先后率领大军平定四川、广西、甘肃、云南等地，又经过了数次北伐后，最终统一了中国。

　　在军事上，朱元璋废除了管理全国军事的大都督府，将其分为前、后、左、右、中五军都督府，并和兵部互相牵制。兵部有权颁发命令，但是不直接统率军队，都督府掌管军队的管理和训练，但是没有调遣军队的权力。这样，军权便集于皇帝之手了。

　　洪武元年，朱元璋派出各路北伐大军沿运河直达天津，八月明军进逼北京，元顺帝弃城而走。蒙古在中原98年的统治结束，明朝取得了在长城以内地区的统治权，同时丢失 400 年的燕云十六州也被收回，中国再次回归到汉族建立的王朝统治之下。

朱元璋不仅胸怀韬略，深谋远虑，而且善于驾驭战争，掌握主动权。他注重招贤纳士，广采众议，严格治军，完善军制，练兵育将，强调将领要识、谋、仁、勇兼备。主张寓兵于农，且耕且战，保持一支强大武装力量。他一生最重要功绩是驱逐胡虏，除暴乱，拯救汉民族，平定天下，废除了蒙古人制定的种族等级及压迫政策，恢复了中华，带领了华夏复兴。

朱元璋在位期间对农业生产十分重视，他鼓励开垦荒地。大搞移民屯田和军屯。除了民屯外，明初还有军屯和商屯。他十分重视兴修水利和赈济灾荒，大力提倡种植桑、麻、棉等经济作物和果木作物。他还徒富民，抑豪强。下令解放奴婢，减免税负，严惩贪官。他派人到全国各地丈量土地，清查户口等。经过洪武初期的努力，社会生产逐渐得到恢复和发展，史称"洪武之治"。

朱元璋十分爱惜民力，提倡节俭，在历代皇帝中堪称登峰造极。明初农业发展迅速，元末农村的残破景象得以改观。农业生产的恢复发展，促进了手工业和商业的发展。休养生息政策巩固了新王朝统治，稳定了农民生活，促进了生产的发展。

朱元璋进行了一系列政治改革：在中央废除中书省，不再设丞相；在地方废除行省制，设立承宣布政使司、都指挥使司和提刑按察使司，分别担负中书省的职责，三者分立又互相牵制，防止了地方权力过重；在各府县重要地方，还设置了巡检司，负责把关盘查、缉捕盗贼、盘诘奸伪等。因此，进一步加强了中央集权。

朱元璋出身贫苦，曾经深受贪官剥削，登基后便在全国掀起了反贪官运动，矛头直指中央到地方的各级贪官污吏。他对贪污 60 两银子以上的官员便格杀勿论。他下令从地方县、府到中央六部和中书省，只要是贪污，不管涉及到谁，决不心慈手软，一查到底。他对中书省下属吏、户、礼、兵、刑、工六部中的元朝旧官和跟随自己打天下的功臣贪赃枉法行为都一律进行了严惩。

朱元璋是中国历史上最杰出的君主之一。他的建树颇多，特别是创设了大量制度典章，不但稳固了明朝近三百年基业，还影响到清朝。洪武三十一年，公元 1398 年，朱元璋病逝于应天，享年 71 岁，庙号太祖，葬南京明孝陵。

目　录

出生在贫困农家

大元帝国文宗皇帝天历元年，也就是 1328 年，这年阴历的九月，河南的安丰路濠州钟离县已是秋风瑟瑟了。此时，在钟离县东乡的一个打麦场，已经没有了往日的繁忙，只有零散堆放的几个麦秸草垛子。

与草垛相对，大场北面横着几间茅草屋，简直像是更大一点儿的草堆，在寒风中瑟瑟抖动。这天清晨，草屋主人起得很早，他打开破烂的栅门，向东面的土地庙匆匆走去。他的表情有些兴奋，步履也显得很轻快，因为他的妻子又要生孩子了。

这个人名叫朱五四，今年 50 岁，是个淳厚朴实的普通农民。他脸上堆满了皱纹，但却呈现出和气与慈祥、忍辱与刚强的性格。也许是生活的担子实在太沉重了，他的上躯明显前倾，头发也已经半白了。朱五四是个热心肠，谁家要起房盖屋或有红白喜事，他都会主动去帮忙。

朱五四的媳妇今年 45 岁了，比较争强好胜，渴望过上美好的生活。她幻想着即将出世的这个孩子，能给他们家带来好的运气。这天夜里，她做了一个梦，只见一个仙人道士从西北来到她家南面的打麦场，将一粒白丸交给她，她吃下去后，顿时觉得热气下沉，满口清香。她曾经听父亲说起过，怀孕时候梦见和尚、道士是好兆头，孩子就会大富大贵。她急忙把五四弄醒，迫不及待地把这个好梦告诉了丈夫。

朱五四不相信有哪位神灵会赐福给他这个苦命的人，所以听到媳妇说这件事也并没有在意。但是，他的媳妇却是那样兴奋，非叫朱五四到土地庙去烧炷香，请求土地神保佑一家平安，保佑即将出生的孩子日后能有个好的生活。

文宗天历元年，也就是 1328 年，随着一阵响亮的哇哇哇的婴儿啼哭声，朱五四的小儿子在打麦场旁的茅屋里降生了。据说，当这个孩子出生后，朱五四抱着儿子到河中去洗浴时，恰好从远处漂来一方红罗，朱五四便捡来红罗做了孩子的褓褓，后来人们称红罗为红罗幛。

朱五四夫妇为这个刚出生的孩子起名重八，这是按照兄弟排行起的。后来，义军首领郭子兴觉得"朱重八"不好听，就给他取名叫"朱元璋"了。

朱元璋出生时，大姐已经嫁给了王七一，二人结婚后不久，便相继而亡了。大哥好歹娶上了一房媳妇，但老二老三却难成家，没房没吃也没有钱娶媳妇。被逼无奈之下，兄弟俩只好都入赘给人家做了养老女婿。后来，二姐嫁给了渔户李贞。家里大哥那边又生了两个侄儿，是个七口之家，生活也非常艰难。

转眼之间，小元璋就度过了 16 个春秋。他虽然出生于赤贫之家，但是也自有穷人家孩子的娇惯和满足，乖巧伶俐的小元璋，从父母那里得到了很多的关爱。父母还把他送到了刘家办的蒙学馆里读了两年书，后来在为东家放牛割草期间，母亲教了他一些《百家姓》《千字文》一类的书，还给他讲了很多很多的故事。小元璋也是一个很懂事很疼爱父母、哥嫂的孩子，随着他年龄的渐大，力气也渐长了，他总是帮着父亲和哥哥多干些活，不管多苦多累他都顶得住。

至正四年的春天，也就是 1344 年，当开春转暖不久时，村里不少人都病倒了，病人都出现高热、咳嗽以及眼底和皮肤下面渗出血丝血点等症状，整个东乡笼罩在恐怖之中，像是到了世界末日一样。在朱五四 64 岁时，病魔向他袭来，他是极度地虚弱，接着小元璋的母亲、大哥和大侄儿都病倒了。

家里没有病人可吃的东西，也没有药，听着父母裂人心肝的一阵阵咳喘和呻吟，小元璋在半夜里默祷上苍，他是泪如泉涌。4 月 6 日，朱五四病亡。三天以后，朱五四的大儿子和长孙也病亡了。

小元璋痛不欲生，他是眼睁睁地看着亲人在饥饿、病痛的挣扎中咽下最后一口气的。但是，他只能压抑住悲哀，不敢放声痛哭，因为他的母亲也已垂危。他卖掉了家中所能变卖的一切，给母亲买了一口吃的，并日夜守护在母亲的身旁，希望不要再失去亲人了。但是，他知道，留给他们母子相守的日子已经不多了。

4 月 22 日，慈祥和善的母亲握住儿子的手抱憾而逝，小元璋号啕大哭，发疯似的扑向母亲逐渐变冷的身子。从 4 月 6 日到 22 日，在这短短的 16 天里，小元璋家里竟然死了四口人。小元璋眼睁睁地看着自己的亲人一个接着一个地死去，特别是最疼爱自己的母亲也离开了人世，他简直被惊得目瞪口呆。

小元璋望着满屋子躺着早已僵硬并且还在发臭的尸体，想着往日里虽然贫困却也温情浓浓的家，想着母亲曾给他留下的半个鸡蛋……小元璋哭了，他一声接着一声地哭号着。朱元璋小小的年纪，就已经厌倦了这个昏暗的世界，他恨不得随母亲而去。邻居汪大娘等几个热心肠的人闻声赶来，要他们尽快安排丧葬后事。

这时，骨瘦如柴的嫂子自言自语地说："可是，哪里有地方安葬啊？"说完，便呜呜地抽泣着。虽然这时朱元璋只有 17 岁，但他却是非常地精明强干，他成了全家的主心骨。

朱元璋拉着垂泪的二哥来到邻村的地主刘德家，他原以为，他们朱家长年替刘家种地，且交了不少的租子，他也把刘家的牛养得膘肥体壮的，现如今自己家死了这么多人，向刘家要块墓地葬人应该是可以的。

这时，刘德从门缝里探出头来横着眼说："你的父母死了，与我何干呢？你们给我干活，我也给你们饭吃了。"

说完，刘德便将门砰的一声关上了。小元璋与二哥苦苦地哀求，刘德才让兄弟俩进了家门。刘德见朱家这户人欠的债恐怕都难以偿还了，别说给一块地埋人了，就把这兄弟俩痛骂了一顿，还向他们逼要欠债。

朱元璋恨得眼珠子直冒火，他的牙齿也咬得嘣嘣响，难道辛辛苦苦一辈子的父母真的就这么死无葬身之地吗？后来，他们在邻居刘继祖的帮助下安排了后事。

孤庄村仍然处在饥荒疠疫之中，紧接着，那遮天蔽日的蝗虫黑压压飞来，树上、草头和庄稼地里到处都是，恨不得把所有青绿色的东西一扫而光，人们只好纷纷逃亡。早已经是家徒四壁的朱家，现在连草根树皮都没有的吃了。嫂子看着两个快要饿死的孩子，为了寻找生路，她背一个孩子抱一个孩子朝娘家的方向走去了……二哥也与朱元璋分手了。朱元璋再度经历了与二哥、大嫂离别的锥心之痛。

一个原本贫困却也温馨的大家庭，转眼间就不存在了，冰冷的破草屋里，只剩下了一个孤苦伶仃的放牛娃。除了瘟疫与饥饿，朱元璋早已经是一无所有了。

好心的邻居汪大娘看到小元璋身陷绝境已无法生存，于心不忍便想让小元璋有条生路，她思来想去，觉得做和尚或许能让这孩子活下来。于是，汪大娘就劝朱元璋到皇觉寺出家。后来，汪大娘还托了人情，求了皇觉寺的高彬长老才说妥。走投无路的朱元璋，只好听凭命运的摆布，答应到皇觉寺出家。

出家修行为僧

那是在 9 月 19 日早上，汪大娘准备好香烛，还给朱元璋拆洗缝补了衣服。等到都准备妥当后，汪大娘便让儿子汪秀把朱元璋送到了皇觉寺。临走时，朱元璋对汪大娘深深一跪，想说的话都淹没在了哽咽声中。

皇觉寺建于宋朝，金兵与元兵南下时曾两次遭到破坏。现在的这个庙宇是在元朝初年，由一个叫僧宣的人在废墟上重建的，它的规模并不是很大。皇觉寺在平日里烟火是很旺盛的，香烟缭绕，人群拥挤。可是，今天的皇觉寺却显得十分冷清，这可能与饥荒、灾害有关吧。皇觉寺里没有一个上香的人，连庙门都没有开。

朱元璋爬上台阶，只见山门的釉彩早已经剥落了，山门旁的一副楹联上写着：

> 暮鼓晨钟，惊醒世间名利客；
> 经声佛号，唤回苦海梦迷人。

此时的字迹也显得有些模糊了。这时，一个懒散疲惫的中年僧人把门打开了，他把汪秀挡在了门外，让朱元璋单独进去了。其实，朱元璋小的时候就跟随大人来过皇觉寺。走过山门便是一个大院落，院落那面是前大殿，也叫天王殿，而最奇怪的则是天王殿中间的两尊神像是背靠着背的。听别人说，面朝南的这尊神像就是大肚弥勒佛，笑眯眯的倒也挺招人喜欢，背靠着他面朝北的那尊神像是韦驮菩萨。

在弥勒佛的两旁，则是镇守佛门的四大天王。与天王殿相对的，就是皇觉寺的正殿——大雄宝殿。大雄宝殿里面供的就是释迦牟尼佛，在释迦牟尼佛两旁侍立的是文殊菩萨和普贤菩萨。

大雄宝殿与天王殿中间的两侧是东西配殿，东配殿被称为伽蓝殿，殿正中供奉的神是古印度的波斯匿王，旁边有两个侍者，左边的是王太子祇陀，右边的则是拘萨罗国的给孤独长者。

西配殿被称为祖师殿，正中供着禅宗始祖菩提达摩。菩提达摩的左边是禅宗六祖慧能禅师，右边是为禅宗制定清规戒律的百丈怀海禅师。

以前的时候，这些殿堂里都会有不少香客进出，香烟萦绕于整个院落，而如今却是异常得安静。

中年僧人带着朱元璋从正殿边的侧门继续往北走，这里便是僧徒们活动的场所了。朱元璋望着写着"法堂"二字的匾额，然后，他踏过门槛便看见堂正中的高台上放着一把座椅，台下边则是一些棉布做成的蒲团。朱元璋看见和尚们双手合十，坐在蒲团上打坐，朱元璋被领到了法堂的一角站立着。过了一会儿，一个年长的和尚走了进来，随后，他便在高台椅子上坐了下来，这就是住持高彬。

朱元璋走上前向高彬住持施了礼，此时，其他的和尚也都垂手站了起来。只见高彬住持双目微闭，手持佛珠，显出一脸的尊严。他看了朱元璋一眼后，便吩咐说："去吧。"

朱元璋被领了出去便落了发，然后，他换上了一件黑色破旧袈裟，又来到了法堂前。按照往常的规矩，朱元璋要由住持给"燃顶"，也就是在头顶上用香烧出疤痕来。但是，在今天一切都从简了。

当朱元璋给高彬磕完头后，这个拜师与受戒仪式就算结束了。随后，朱元璋又与各位师兄行相见合十礼，再由大师兄带领到各殿礼佛。从此以后，朱元璋就算是受过十戒的小沙弥了。

朱元璋来了以后，使原先早起撞钟人的解脱了，从此，朱元璋便当起了这个角色。所有老资格的人，都可以在听到钟声后起身洗漱。当朱元璋撞第二遍钟的时候，这些人才在首座的带领下到各殿堂做礼拜。拜毕，按理说应该到法堂展卷诵经，但现在也是敷衍了事了。

有几次朱元璋起晚了，耽误了撞钟和上香的时辰，因此他被严格地在佛前罚了跪。清扫院落和殿堂也是和尚们的常课，他们往往也会把最脏最累的活让朱元璋去干。也难怪，原来庙里香火旺盛，外出化缘也是满载而归；可是如今，只能靠着两餐粥过活，而且还是越来越稀，这怎么能够顶得住呢？

当和尚们看见师父一家每日都是煎煎炒炒的，他们真是馋涎欲滴，因此在心中也不免产生了怨气，但却是敢怒而不敢言。于是，和尚们就把怨气撒在了朱元璋的身上，他们认为师父收留朱元璋，是他们的僧粥每况愈下的直接原因。

其实，高彬之所以收朱元璋为徒，是想要这个贫苦无依的孩子做他家的童仆。原来这个高彬住持是个有家室的人，所以朱元璋除了干寺里的活以外，还要为高彬家担水劈柴、喂鸡放鹅，几乎无所不做。但是，与此同时，朱元璋还要受到师父的责骂与师兄们的刁难。因此，朱元璋在皇觉寺中生活得十分烦闷。

朱元璋开始羡慕大墙外面的生活，他特别怀念与小伙伴们在一起放牛、割草的那段时光。那个时候有刘英、汪秀、汤和、周兴祖、谢彦、徐达等十几个孩子，他们经常在一起玩耍。因为朱元璋鬼点子多，所以做了孩子们的首领，大家玩得不亦乐乎。

这天，朱元璋打扫完了院子，又被叫去打扫殿堂，那些被排得紧紧密密的小佛爷，实在是不好清扫。朱元璋一气之下，把他们用笸筐统统拖了出来。有一个佛像前面的蜡烛被老鼠咬坏了，朱元璋便找了支笔在蜡烛背后写下了"发去三千里"几个字。

此事传到了高彬的耳朵里，他对朱元璋又是一顿责骂。由此可见，即使朱元璋身处在极端的困苦之中，亦表现出了乐观向上、对周围恶劣环境敢于调侃与对抗的精神。当然，这也是一个人能够走出逆境的最宝贵的素质。

朱元璋来到皇觉寺后不久，皇觉寺就遇到了前所未有的危机——断粮了。皇觉寺的吃用花销主要是来自地租和香客们的捐赠。因旱灾、蝗灾连着瘟疫的来袭，那些租种田地的农民连活命粮都没有了，哪里还交得起租子？

师父师叔们成天轮班到佃户家要租子，斥责、恫吓那些佃户说，再不交就送到衙门坐班房、打板子，可这都不管用。捐赠这条路也基本上是被断绝了，皇觉寺的和尚们不得不面临这样的窘境，那就是庙里的存粮一天天在减少。

这一天，高彬告诉徒儿们要他们各寻生路。这时朱元璋入寺才50天，经文没念上一卷，各种杂活倒是做了不少，他觉得自己在皇觉寺就是做了50天的行童。

为了求得生存，皇觉寺的住持不得不忍痛宣布：凡是有家的和尚都可以回家；会做佛事的和尚则努力开辟第二职业；既无家可归，又没有技能的和尚，那就只能背起包袱云游四方，以要饭为生了。

朱元璋不会念经，也不会做佛事，他只好装着个和尚的样子：一顶破帽，一个木鱼，一个瓦钵，背上小包袱，拜别了住持，硬着头皮离开了家乡。朱元璋是个聪明人，他出发前先向人打听哪儿的灾情比较轻，然后就到那儿去。

这是朱元璋第一次离家远游，他独自走着，前面就是定远县了。朱元璋包袱里的最后一口干粮也被吃光了，此刻无论是怎样地难于开口，他都必须靠化缘为生了。

饥饿的驱迫使朱元璋忘记了一切羞辱与危险，渐渐地，他学会了适应各种恶劣的环境。朱元璋没有了怨恨，也没有了悲哀，他开始学习应该怎样去应付这个大千世界。

朱元璋知道化缘也是讲究方法和策略的。他专门找一些大户人家要钱要饭，因为他们知道自己坏事做得太多，怕死后入地狱，所以，他们就会发点"善心"，修修来世，求菩萨保佑多发财，生生世世享福，不只这辈子做地主，祈求下辈子也能做地主。

他们要得到菩萨的保佑就得对和尚客气一些，因此他们会把从佃户身上榨取来的血汗钱，留出一点点做布施，这也算是对菩萨的贿赂了。当他们听见木鱼响时，就知道是做"好事"修来生的机会到了。有时是一勺米，有时是几文钱，他们也是绝不会吝惜的。要是大户人家没有人出来，这时，你只要有耐性把木鱼敲得更响些，佛号声喊得更高一些，迟早会有人出来的。

找大户人家也会经过人烟稀少的地方，或者饿上几天，或者挖点野菜充饥，这也是常事。朱元璋白天走乡串村，晚上就找个破庙栖身，受尽了风霜之苦。几年的流浪生活，使朱元璋受尽了冷落与嘲笑，也饱尝了人间的辛酸苦辣。

北风刺骨，大雪纷扬，现在的朱元璋既可以在碾坊磨道蜷缩一宿，也可以找到好心的老人收留他住上个三五天。朱元璋知道哪些人乐于布施斋饭，也看得出哪些面孔存着恶意。

朱元璋穿上破烂的窄衣短袖为人家劈柴挑水，由此来换得三升两斗；他又常常穿起袈裟，在暮色苍茫中投奔禅院，并哄得大小沙弥欢天喜地。随着朱元璋的逐渐长大，他的意志也变得更加坚强了。

艰苦流浪的生活，单靠乞讨难以维持生计。为了生存，朱元璋也常常会给别人干苦力。他长期营养不良，难免也会出现体力不支的时候。这一天，朱元璋来到了庐州地面，这时，从近旁岔道上走过来两个道士，他们相互问候之后便一路同行了。天色渐渐黑了下来，三个人便一同在村边的土地庙休息。

躺下不久后，朱元璋忽然觉得寒冷逼人，浑身滚烫让他不知所措，紧接着，朱元璋便不由自主地说起了胡话。幸亏两个道士悉心地照顾他，弄了柴草烤暖屋子，用庙里的铜香炉烧了口热水，还把自己身上的外衣脱下来给朱元璋盖上。

第二天，他们又分头去化斋哀求，一些好心的老人送了些姜汤和热水给他们，这才使朱元璋转危为安。之后，他们又扶着朱元璋前行。在一座寺庙里安顿下来，最后终于帮他渡过了这场灾难。这也真是朱元璋命不该绝呀。在化缘的过程中，朱元璋更加直观地看到了元朝统治者给民众带来的苦难。在面对那些贫苦的农民和富足的地主时，朱元璋更加深刻地体会到了社会分配的不合理。

几年的游历生活，还使朱元璋渐渐熟悉了淮西、豫东一带的风土人情、地势关卡，这为他以后的起兵打下了良好的基础。化缘中朱元璋还结识了许多朋友，这对朱元璋日后的事业无疑是非常有帮助的。

朱元璋与两个道士分别后便一路向西走去，当他到达庐州府的六安州时，已经是初夏。当朱元璋从一个穿着长衫的儒者模样的老人身旁走过时，只见老人汗流浃背，原来老人的身上还背着一个箱子，因此他走起路来显得很吃力。于是，朱元璋便停下了脚步，帮着老人背起了箱子，老人十分高兴。

二人走到一棵大槐树下休息，老人仔细打量着眼前的这个好心的小伙子，他问了朱元璋的生辰八字后沉吟了一阵。然后，老人严肃地说道："我看过的人很多，可是，相和命都无法与你相比，你要善自珍重啊！"听到老人这样说，朱元璋脸上掠过了一丝苦笑。后来，老人又告诉他，此次出行往西北方向走更加有利。朱元璋借老人的吉言，乖乖地听从了他的指引。

在此后的3年中，朱元璋几乎踏遍了河南南部的山山水水。3年的乞讨生活让朱元璋学会了很多，他会为了一碗羹汤而去不断地揣摩别人的心理，从而获得自己所需要的东西。也就是经过长时间的揣测，朱元璋练就了敏锐的目光以及善于洞察人们心理的能力。

当朱元璋来到一户人家进行乞讨时，一个妇人探出头来，脸上充满了对朱元璋的怜悯。这人世间苦命的人实在是太多了，他的年纪还这么小，我的苦与他比……妇人痛苦地想着。其实，这个妇人也是个穷苦的人。朱元璋从妇人那怜悯的脸上已经得到了莫大的安慰，这时，妇人走了出来，她专注地望着朱元璋的那个斋碗，随着她的手勇敢向前，一块菜饼便落进了小和尚的斋碗里。然后，妇人便猛然转过身冲回了屋中。

原来，这块菜饼便是妇人家的全部存粮了，是她强忍了一日的饥饿，留下来准备给儿子吃的。可是妇人还是给了素不相识的小和尚朱元璋，她同情这个弱小的孩子，因此，不得不说妇人的精神是令人敬佩的。朱元璋是个聪明的人，他早已经从妇人那充满怜悯的脸和凄然的叹息声里，明白了这块菜饼对妇人来说是多么得重要。

这时，朱元璋感到有人来到了他的面前，而且正在瞅着他的斋碗，不由得一惊，他猛地抬起头来，双手将斋碗拢在胸前。原来是一位身材高大、有一张厚实的脸的男子，正强打精神地望着朱元璋斋碗里的菜饼，就像当初自己刚出来化缘时一般，朱元璋从他那不好意思的脸上看出了他心里的厚道。

朱元璋看着眼前的男子，好像有些熟悉，说道："汤和！你是汤和吗?"朱元璋想起了他的名字。

"是的。"汤和似乎也想起了朱元璋，他的眼睛湿润了，是那种见到亲人般的感动。汤和突然感觉到眼睛有些蒙眬，他已经 3 天都没有吃东西了。汤和不愧是个男子汉，即使自己已经饿得快不行了，他也不愿意因为自己而去伤害别人，只见汤和的眼神毅然离开了朱元璋斋碗里的那块菜饼。

朱元璋知道汤和是多么渴求这块饼，但即使是这样他也不会主动争抢这块饼。汤和是个有骨气的同乡，这种人不会为自保去掠夺不义之财。朱元璋想着，随即撕下了一半菜饼塞进了汤和的手里。汤和在推让中感觉到了朱元璋的诚意，便接下了这半块菜饼。吃完菜饼后，汤和立即感觉到了生命的复苏，他打心里佩服这个比自己小的老乡。

当朱元璋与汤和分开后，朱元璋一鼓作气爬上了山顶，他在山顶上翘首眺望着远方，不由得想起了自己的家。那是一个他曾经拥有过欢乐与亲情的地方，想着这些，朱元璋的眼睛已经被泪水占据了。

几年来的流浪生活，使朱元璋尝尽了人世间的辛酸，也看到了各地百姓的困苦。到处是衣衫褴褛，到处是面色如土，到处是成群结队的逃难人群。此刻的穷苦百姓们，便把满腹的希望寄予在了佛祖、菩萨的保佑上。朱元璋在化缘的这几年时间里，他也不知道是从什么时候起，开始喜欢在山顶上独坐远眺，静静地思考着曾经耳闻目睹的一切，分析着所经历的人情世故，这成了朱元璋的一个习惯。

朱元璋在逃难的人群中寻觅着可以填饱肚子的食物，这实在是一件天大的难事。好在他已经过了几年的乞讨生活，现在的他就是饿个一两天，也是没关系的。

朱元璋举目四望，想找一处能够栖身安睡的地方，睡下了也就可以暂时不用去为饥饿烦恼了。此时的朱元璋已经是非常地疲倦了，他又累又饿已经走不动了。可是，朱元璋一直在硬撑着，一直在向前走着，他跟着逃难的饥民，一直走到了半夜。

朱元璋终于支撑不住了，他倒下了。当朱元璋睁开眼睛时，他看到了汤和那张厚实的脸，他们又见面了。当朱元璋发现自己正躺在一个土丘上时，便问汤和："我怎么在这里？"

"你可能是饿昏了，就躺在了这里。"汤和望着朱元璋说道。汤和又说："我本来已经进了泉城，听人说有个小和尚死在了路边的土丘上，我怕是你就来了，果然真的就是你。"

"我真的是要死了，我已经好几天都没有吃东西了。"

"你不会死的，你看这是什么？"汤和说着便塞给朱元璋一块没有野菜的煎饼，饼还有些温热，这是汤和把煎饼藏在胸前已经好几天了，他自己也没舍得吃留存下来的。

"我真不知道该怎么感谢你。"朱元璋感激地对汤和说道。

"你别这么说，快吃吧。"汤和撕下一块煎饼塞进了朱元璋的嘴里。朱元璋用力地咀嚼着煎饼，而汤和却在咽着口水。

"汤和兄，你待我真是太好了。"汤和笑着摇了摇头。

这时，太阳已经落山了，那块煎饼给了朱元璋新的生命力，他感觉自己又有了力气。突然，朱元璋在汤和面前跪了下来，深深地向汤和作了个揖，以此来感谢汤和救了自己一命，汤和急忙去扶朱元璋。然后，他们趁着黑夜还没有降临，便急匆匆地往前面的泉城赶去。

他们一口气走了2个多小时的路才赶到，在泉城的北门，他们看到了聚集在城门外的逃难人群，正像潮水般不断地向泉城涌来。此时，泉城县令竟然让卫兵关闭了城门，不再让难民进城去。

汤和与朱元璋原本是抱着生的希望来的，可是现在，紧闭的城门已经挡住了他们进城的路，也隔断了他们对生的希望，因而他们的心中充满了悲苦和绝望。

正当朱元璋与汤和备受煎熬的时候，他们突然看见逃难的人群像着了魔一般，朝东南方涌去。

"他们这是要去做什么呢？"朱元璋向一位老者问道。

"他们是去听人讲经。"老者回答说。

"我们也去吧？"朱元璋对汤和说道，汤和点点头答应了。这两个无可奈何的人，便毫不犹豫地追随着那一群逃难者向东南方向涌去。

这是一座残旧的寺庙，一把用红绸子蒙上的红木椅子摆放在寺庙中，一位雅士正端坐在椅子上。汤和与朱元璋挤在人群中间，因为离得远，所以他们根本就看不清那个人的长相，但却能清楚地听到那位雅士洪亮的声音："自释迦牟尼死后，整个世界都变坏了，当官的只顾自己，有钱人也变得更加自私。那些高高在上的异族统治者，也只知道欺压百姓。因此，天发怒了，要惩罚恶人……"

"讲得太好啦！"人们大声地议论着。

朱元璋和汤和也是这么认为的，他们听到那位雅士说的话后有一种豁然开朗的感觉。这时，那位雅士大声喊了起来："现在，我们已经苦到了边缘，我们不能再继续苦下去了。因为，如果再这样下去，那我们只有死路一条！"

人群又一次沸腾起来："我们要生，我们不要死！"

"你们不要死，上天也不会让你们死。今年，弥勒佛便要出世，世界也会变样子，光明就会降临到人间……"白莲教主韩山童，在上面慷慨激昂地讲着。原来，之前说的雅士便是白莲教主韩山童。

白莲教渊源于佛教的净土宗，正式产生于南宋初年。他的创始人是吴郡昆山人茅子元。在孝宗的时候，作为太上皇的宋高宗，曾召茅子元到京城德寿殿讲解净土法门，而被赐号为白莲导师，自此白莲教大振。把广大贫苦百姓团聚在一起的白莲教，往往成了农民造反的一种发动组织形式，所以自南宋末年以来当局对白莲教便屡弛屡禁。

韩山童慷慨激昂地演讲，就如同所有的起义领袖一样，有充足的理由和演讲能力，使那些弱势无援的民众听从他的召唤，然后跟着他去行动。此次的讲经会开得非常成功，并且一直延长到了午夜。

与所有的逃难者一样，朱元璋和汤和的心也都在被震撼着。那些逃难者勇敢地拿起了刀，他们要为自己生的希望而战。仅仅是白莲教主韩山童的一番话，便使那些想过安稳日子的普通百姓，变成了以杀人为生的起义士兵。他们并不清楚首领是谁，但却明白只有拿起刀去战斗，才能够迎来弥勒佛的诞生，从而才可以争取到衣食无忧的幸福生活。

做事一向谨慎的汤和，此时也在跃跃欲试。可是，朱元璋却多了些想法，化缘生涯使他深谙了许多人生世相，也更加明白了当世的形势状况。今天，朱元璋在这里听到了韩山童的讲经宣传；去年在湖北化缘时，他也听到了彭莹玉、徐寿辉等同样的宣传。朱元璋虽然说是满腔的热情，全身心的渴望，但是对于起义的事情，他还需要再好好地想一想。后来，当汤和听说朱元璋要回皇觉寺时，他有些伤感。

至正七年秋，朱元璋在听到家乡已经渡过了灾荒，并且有好多人都已经回到了故里时，他也决定返回钟离县，那个他阔别 3 年的故乡。回到家乡，朱元璋急切地看望了汪大娘、刘继祖以及他的那些少年朋友。当朱元璋由一个孱弱的孩子，变成了一个 20 岁的粗壮汉子出现在他们面前的时候，他们彼此都恍若一梦、悲喜交加。

随后，朱元璋又回到了皇觉寺，他发现皇觉寺的香火冷冷清清，高彬住持也已经谢世了，那些有家的师兄也另谋出路去了。只有几个与朱元璋一样没有地方去的和尚还在这里打发着岁月，他们的日子过得也是紧巴巴的。故人相见，格外亲切，朱元璋与他们共叙了兄弟之情后，便再度开始了在皇觉寺的生活。

后来，随着回乡的人逐渐增多，寺里的香客烟火又渐渐兴盛了起来。那些师兄也愿意将那《金刚经》《坛经》《法华经》等字教句解地传授给朱元璋。

自隋唐以来，释教、道教以及儒教都在相互排斥中逐渐互相融合。此时的佛寺也藏儒、道教的书，和尚们也读老子的《道德经》、孔子的《论语》、孟轲的《孟子》等，他们就像士大夫们研习佛经一样。朱元璋也因此能在学识字读佛经之外，向人们请教其他知识。

此外，佛寺还是人们求签问卜的地方，和尚们往往兼通卜签。据说，皇觉寺的签就很灵验，因而吸引远近客人们求问吉凶，朱元璋在这里也学会了卜签之法。

在当时流行着一种抽签的方法，对此朱元璋显得十分感兴趣。如皇觉寺中的观音签，共有签 100 支，其中上签 30 支，中签 55 支，下签 15 支，中上签占到 85%，这样一种好坏吉凶的搭配，自然是大慈大悲观世音对苦难人的宽慰。此外，在每支签上还有一句古人古事，并且注有签诗和签解。

起初，朱元璋只是觉得好玩，便经常抽签给自己卜个吉凶，总是好一签坏一签，似乎也并无定准。这时，师兄告诉他说，卜不过三，神不可侮，心诚则灵。听了教诲之后，朱元璋便渐渐地庄重敬畏起来。

从至正七年到至正十一年的 4 年中，朱元璋一直生活在皇觉寺中，他在这里学习了诵经、化布施、做道场、上香、劈柴、担水、读书、识字等，白天清斋几碗，晚间香甜一觉，倒也是自由自在。

混乱时期的艰难

当朱元璋正栖身于皇觉寺之中，整天出入僧房、立志勤学的时候，此时的元朝实际上已经开始土崩瓦解了。元朝是以蒙古族为首建立的中国历史上统一的王朝，那个时候，蒙、汉统治阶级都在进行疯狂地掠夺土地。皇帝占有大量的土地，并且成为全国最大的地主。诸王等以封赏名义也占有很多土地。

没收宋朝后妃田地归太后所有，另一大片被没收的田地则归皇后所有，二者都设有专门管理机构。而此时广大劳动人民却没有地，即使是有地那也是极少。由此，他们沦为了佃户或者奴隶，其数量也远远超过了过去的历史时期。同时，他们还在遭受着双重残酷的剥削和压迫。

不仅如此，元朝政府的崩溃还在于元世祖废除了大会选举大汗的制度，确定了汉人立嫡长子为帝位继承者的制度，使得蒙古贵族上层的矛盾不断激化，以至于政变和内乱接连不断地发生，政治局面十分地不稳定，从而也削弱了政府的统治力量。

此外，元顺帝即位后，也不把治理国家放在心上，整天沉醉于花天酒地。另外，灾荒与天灾的出现也使统治者们身心俱疲，对各种矛盾的激化也起了火上浇油的作用。再次，治河也成了大起义的导火线。

当时，黄河在白茅口决口，元丞相脱脱主张要与灾害作斗争，坚决要堵口。脱脱首先派人到现场做了长期细致的勘察工作，工程人员呈到脱脱丞相手里的报告却否定了他的宏大方案，主要理由是工程浩大，在时间方面也是不可估计的。更关键的因素是，起义军正在河南一带积极地进行活动，修筑这样巨大的工程，没有大批的民工是不行的。问题就出在这里了，如果本身就满怀怨恨的民工和疯狂的起义军集结在一起，那么，事情也就更麻烦了。

此时，一心想要堵口的脱脱丞相根本就听不进去来自任何方面的劝阻，他执意动工。他任命水利专家贾鲁为工部尚书兼河防使，召集各地民工15万、戍军2万人来治理黄河。黄河一再决口，多次泛滥使得河两岸百姓流离失所，家破人亡，本来这百姓就不是很多，如今官府又要让他们去挖河，监工和官吏不仅克扣他们口粮，还常鞭打他们，使他们身处绝境，受着多重欺压。民工怨声载道，愤怒至极。在整个修河工地上，堆满了仇恨的干柴，只要有一个小小的火星就会迅速地燃烧起来。

元朝兵将抢掠财物，掳获百姓，迫使百姓们不想反也得反。这时，白莲教主韩山童看准时机，便进行巧妙策划，准备发动起义。至正十一年五月，韩山童在白鹿庄聚集3000人，他被首推为明王，任刘福通为辅佐，并确定起义日期。在起义前一天，他们杀白马黑牛，告天地，并且以头裹红巾为记号，歃血立誓为盟，准备正式起义。

可是消息却不知怎么被泄露了出去，官兵包围了起义军所在地。刘福通率众苦战冲出了重围，而韩山童却不幸被捕牺牲了，他的妻子杨氏带着小儿子韩林儿逃到了河北武安山中。从此，刘福通便成了领导大起义的实际首领，也是他率领起义的群众组成了富有战斗力的军队，军队颇有威信，也深得人心。

大起义的帷幕拉开后，从汝、颍开始，并且迅速扩大。不到10天的时间，中原大地上到处都燃起了人民的怒火，满山遍野是红色的海洋。由此，元朝的统治地位也从根本上被动摇了。

起义军占领了颍州、罗山、上蔡等地方，进而又占领了朱皋，这里是有名的米仓。于是，起义军开仓放米，深得老百姓欢迎。大起义爆发后，黄陵冈的河工们得到信号，他们愤怒地杀了监工的河官，并且头缠红巾与主力军进行会合。很快，起义队伍迅速发展壮大，并且达到了几十万人。他们因为头包红巾，高举着鲜红的大旗，所以被称为红巾军。

红巾军大起义把元末的人民反抗推向了高潮，得到了人民的广泛响应。元朝统治者立刻派遣精锐部队进行镇压，但是结果却并不理想，起义从星星之火，逐渐转变为燎原之势。从此以后，大起义变得一发而不可收，它敲响了元朝灭亡的丧钟，也为朱元璋建立新王朝拓展了道路，开创了有利的契机。

接着，各个地方大起义接连发生了，徐寿辉起于蕲州，李二、彭大、赵君用起兵于徐州。各地纷纷响应，形成了滔天大势。郭子兴也是在这些揭竿而起的好汉中起来的，而朱元璋也是从这里起家的。

郭子兴祖籍山东曹州，原是定远街头算命先生，一张利嘴颇让一些人信服。郭子兴为人慷慨，他会用算命得来的钱财，约上几位江湖好汉喝上几杯，因此在定远一带口碑很不错。这时，郭子兴已经从迅猛发展的义军中看到了自己的出路，因此，他暗暗地与红巾军进行联络。

后来，在江淮南北连天烽火中，郭子兴联合孙德崖及俞某、潘某、鲁某等于至正十二年正月十一日起兵于定远，定远和钟离的数万百姓起义响应。元朝统治者派兵前来镇压，却慑于红巾军的威猛，仅在远隔濠州城南30里处进行扎营，并不敢前去攻城。可是，他们却在不断地骚扰着各村的老百姓。百姓受惊不堪，便天天有人入城投奔义军。元军对百姓的暴虐越来越烈，郭子兴的势力也就变得越来越大。

2月27日，郭子兴的军队攻下了濠州，郭子兴自称为元帅。饥饿的百姓们一旦成群结伙地拿起武器，闯进地主的宅院、富家的门楼，就会像饿虎扑食，他们的嫉妒与仇恨也会一下子迸发出来，抢掠烧杀便是不可避免的，正义与邪恶的区分也并不总是那么的泾渭分明。

就在郭子兴部队进军濠州时，城乡都陷入了烧杀与混乱之中。菩萨神灵也是自身难保了，皇觉寺的粮仓、衣物、金银也被掠夺一空，可巧烛倒油倾，烈焰冲天，皇觉寺便被掩埋在一片火海之中，朱元璋也与寺僧们一起逃散。傍晚时，朱元璋无处可以托身，便又返回到了寺中。

皇觉寺离元军扎营处并不远，此时，朱元璋与汤和分开回到皇觉寺已经6年了。身处残破的皇觉寺中的朱元璋，已经听到了"汝、颖兵起，骚动濠州"的消息，这就如同暴风雨已经来到了身边一样，在面临起义的大好形势下，应该何去何从，对于这一决定性的选择，朱元璋采取了相当慎重的态度。

朱元璋在曾经的乞讨生涯中，也接触到了白莲教的种种宣传，他自己更是目睹了人民悲惨的生活现状。在看到元朝统治者的凶残腐朽的时候，朱元璋知道天下就要大乱了。此时，作为一个穷和尚，朱元璋暗自为这即将到来的大乱喝彩，他渴望着能够通过大乱来改变自己的命运。于是，朱元璋归寺之后，他一面在谨依化缘时总结出"示弱""分利"的做人原则，广交朋友，准备干一番事业；一面又在继续苦读诗书，苦练拳脚，从而增长知识和强身健体，以适应做大事的需要。

经过6年的努力，对于文武之道，朱元璋确实是了解不少，他已经从一个目不识丁的放牛娃，成长为略通文墨的僧人，让人刮目相看。考虑到当时的这种混乱的局势，想到在此时投奔红巾军的人大多是乌合之众，统军人物也是参差不齐，且还没有一个统一的指挥和统一的政令，在这种瞬息万变的形势下，朱元璋在静观其变。

这天黄昏，朱元璋正在灯下读书，忽听有人敲窗，凑近一看，只见一个身材高大的男子手握长剑，头扎红巾，原来是汤和。

汤和进屋后，回头对后面的人交代了几句。经过交谈，朱元璋得知汤和已经做了千夫长。汤和看了一眼朱元璋手上的破茶壶，打量着这间残破的屋子，真诚地对朱元璋说道："其实，你能够过得更好些。"

"这年头，只要不饿死，我也知足了。"朱元璋说道。

汤和不由得摇了摇头，当他被郭子兴提升为千夫长后，他感到人生有了奔头，汤和又说道："如今天下大乱，和尚也要挨饿，不如跟我一起去投了郭元帅，谋一个好的出路。"

朱元璋看看汤和，其实，他早已经懂得了该怎样去珍惜或许可以改变命运的机会，但是，他更爱惜自己的生命，他认为自己的生命应该更有些价值，不想就这么轻易地被丢掉，他要慎重地走好这一步。

"听说郭元帅的副帅孙德崖不太服他？"朱元璋问汤和。

"郭元帅也没有办法，所有的军饷都靠孙副帅筹措，而且郭元帅的那个儿子，偏偏又总是站在孙副帅一边。"汤和说。

朱元璋摇摇头，自言自语说："他子与父离，伙伴也离心，这是谋大事的大忌，他内不能服众，外不能扩张，就这入伙，只怕是……"

这时，一个红巾军推门进来，急促说："元兵大队朝寺庙来了。"

"兄弟们都别慌，跟我从后门走。"朱元璋异常镇定，带着汤和等十来位兄弟穿过皇觉寺，经过一条暗长的洞穴，便进入一片石林丛中。

"你随我们去吧，我一定到郭元帅那儿保举你。"汤和继续说着，可还是被朱元璋给拒绝了，最后汤和告诉朱元璋如果想好了可以到濠州城里来找他，朱元璋答应了。

望着汤和一班人消失在山路的尽头，朱元璋又从暗长的洞穴中钻了出来，他看到此时的皇觉寺已经被元军给烧了。望着一座好端端的寺庙在熊熊的大火中坍塌毁灭，望着自己唯一的栖身之地在熊熊的大火中逝去，朱元璋长长地叹了口气。

就在这个时候，从侧面蹿出来两个师弟，原来是花云与吴良两个师弟，朱元璋不由得转忧为喜，问道："你们怎么没走？"

"我们四处找你，想让你带我们一道去投红巾军。"花云说。

"原本我还想再等等看，现在也顾不得许多了，这可能就是天意吧！"朱元璋自言自语地说着。

"你答应带我们一起去吗？"吴良说。

"对！我听说那位郭元帅是赏罚分明的人，我们现在去投军，最好是给他带些见面礼，这对于我们今后的发展也是有利的。"

"我们听师兄的。"花云、吴良一起回答道。

于是，这三个和尚便顺着山道急速前行，豪情满怀地去追赶烧杀抢掠的元兵。朱元璋虽然想清楚了杀元兵的必要性，也下定了杀元兵的决心，可这毕竟是他生平第一次杀人，心跳仍然不由自主地加快了速度。朱元璋冷冷地望着那12个元兵，认真地打量着眼前的环境，思考着解决元兵的办法。

突然，朱元璋瞥见山梁上的几根大木头，顿时心生一计。既然不能从正面来进攻，但可以让他们从正面来进攻。那就可以居高临下，再利用木头、石块把他们砸个稀巴烂。于是，朱元璋将师弟二人唤到了身边，详细地给他们讲了自己的计划，两个师弟听了也是连连点头。

计划制订好后，三个和尚便开始了他们一生中的第一次杀人行动。他们将木头翻到斜坡边，还捡来一大堆石头。一切就绪，兄弟仨人便亮开嗓子唱起来："天遣魔军杀不平，不平人杀不平人，不平人杀不平者，杀尽不平方太平。"这是当时红巾军在进行宗教活动时唱的，只要谁唱这歌，百姓便知道他是红巾军。

当山下的元兵听到了这样的歌声时，顿时惊慌了起来。当他们看清山上只有三个和尚时，不由得勃然大怒，只见他们握紧刀剑冲上山来。元兵做梦也没有想到，当他们快要到达山顶时，只见朱元璋和两位师弟将一根根大木头滚下山来。

元兵才知上当，想要转身离开，可已经晚了，木头早已滚撞下来，冲着他们砸了过来。木头使完了，就用大石头，一块接着一块，不停地滚下来。一个个元兵在痛苦惨叫呻吟后，便一动不动地死在山脚下了。

三个和尚瞪眼看着他们，都长长舒了口气。朱元璋又从地上捡起一把元兵大刀，将12个元兵耳朵一只只割了下来。然后，他将割下的24只元兵耳朵用一根藤条串了，来到两位师弟面前说："走，我们去投军!"

朱元璋拎着12对元兵耳朵，带着他两位师弟，出现在濠州城里。这年朱元璋刚满25岁，他便投奔于郭子兴麾下，成为了红巾军的一员。

投奔义军郭子兴

那是至正十二年闰三月初一，当朱元璋带着他的两位师弟抵达濠州城的城门时，门卒和巡卒疑心他们是敌人的暗探细作，便不由分说就把他们绑了，朱元璋挣扎嚷着说要见大帅。

见到郭子兴后，朱元璋并不畏缩，好像比任何时候都更加气足更加自信。当这个25岁长面修身的粗壮汉子戳在郭元帅面前的时候，倒有一副威武夺人之概；当郭子兴看到朱元璋拎着12对元兵的耳朵来做见面礼时，就更加喜欢朱元璋了。

郭子兴并没有什么超人的才能，可是，当他见到朱元璋的那一刻时，却表现出了与众不同的慧眼。郭子兴从朱元璋非凡的相貌上，看出了这个饱经忧患的年轻人绝非等闲之辈。后来，通过和朱元璋的一番对话，他看到了朱元璋宽广的胸怀以及对时事评论的准确性，因而他更加认为朱元璋是一位难得的可用之才。

朱元璋当了兵，他被人领到了小队长那里，脱去一身的和尚装束，戴上了红头巾，又领了一套作战服装，然后又拿起棍棒跟着众人一起到操场上练武去了。

朱元璋在跟着高彬住持的时候，也曾学过一些拳脚功夫，会念经、识得字，而且在外游历多年，也见过好多世面，悟性又好，比起那些纯粹的乡下汉子，当然是多了不少的计谋。

朱元璋自己非常明白，要想出人头地，就必须拼命努力。所以他总是比别人练得刻苦，练得认真，到这里没有几天的时间，他便在小队里成了拔尖儿的人物。

在出城探哨时，朱元璋表现得沉着冷静，随机应变，每次都能立些小功回来。队里的兵卒也因此在心中暗暗地佩服他，就连小队长遇事时也常常会找他进行商量。有时，小队长还会把操兵练武的任务交给朱元璋。

那是在两个多月后的一天，大帅郭子兴带着兵出来进行巡查，在经过营房时，他见全队排成了"一"字向主帅行礼，农民军中哪有过这般礼节阵势，郭子兴见了十分高兴，便问是谁在此领兵操练。朱元璋站出来回答说："报告大帅，是小人。"

郭子兴当即就认出了面前的这个人就是那个和尚，两个月不见，和尚的头上已经长出了齐齐的短发，只见朱元璋身着粗布战袍，手持长枪，越发显得威武了。

朱元璋入伍后，因为作战勇敢，而且机智灵活、粗通文墨，很快就得到了郭子兴的赏识。于是，郭子兴当即就决定把朱元璋留在身边，作为亲兵。郭子兴还给他起了"朱元璋"这个名字，这件事对朱元璋的前途具有决定性的意义。以至于后来，朱元璋在回忆郭子兴时就会说这一安排令他"再生之恩，终世难忘"。

从此，朱元璋在郭子兴的身边鞍前马后，也因此得以展现自己的才能和智慧。朱元璋有勇有谋，身先士卒，武艺又好，在一年的时间里立下了不少的战功。

朱元璋在军中的所作所为他赢得了很高的声誉，他在元帅府小心办事，有功不居，不仅得到上级的垂青，而且也得到了同辈弟兄们的拥护。朱元璋非常努力，他以出色的才能让郭子兴坚信自己并未看错人。

郭子兴非常喜欢朱元璋，每次领兵出击都会把他带在身边。而朱元璋也总是小心地护卫着郭子兴，作战十分勇猛，斩杀、俘获过不少敌人。遇上事情，郭子兴也总不忘征求一下朱元璋的意见，每次他都尽力谋划，使郭子兴越来越觉得他有胆有识，有勇有谋，是个将才。

由于作战技术的逐渐成熟，郭子兴便派朱元璋单独领兵作战。每次打仗，朱元璋总是身先士卒，冲杀在最前面，得到战利品，他又分毫不取，全部分给部下，使得部下都非常拥护他，每一次出战，大家都齐心协力所向披靡。

郭子兴见朱元璋带领的部队凝聚力空前增强，战斗力也大为提高，于是比以前更加器重他了，特别想把他收为心腹，让他死心塌地地跟着自己干。

精明能干的朱元璋的确为人所称道，可是令郭子兴感到困惑的是应该怎样才能更好地利用朱元璋，后来，他想到了裙带关系是结交心腹的最好手段。

有一天，有位姑娘朝朱元璋走了过来，姑娘的脸稍微长了些，皮肤也有点黑，但是那双眼睛却透出万分的豁达与聪慧，令朱元璋非常动心。姑娘见朱元璋在注视着她，却没有丝毫的扭捏和害羞，她礼貌地一笑，以老朋友似的口气说道："你一定要尽力帮助郭元帅呀!"

"请问小姐，你是什么人?"朱元璋问道。

"我叫马秀英，父母早亡，因家父生前曾与郭元帅是好朋友，所以郭元帅就收养了我。"

"郭元帅真是大仁大义，姑娘请放心，我一定会尽心尽力效忠元帅的。"

"我在这里替郭元帅感谢你。"

"姑娘快别这么说，我只是个当兵的，怎能消受得了你的感谢。"

"我看人是没错的，人这一生是讲不清的，在我小的时候，家里很穷，可是到了12岁那年，家里却突然变富了，富了母亲拿钱去接济穷人。可是还没到3年，父母就双双惨遭杀身之祸，我一下子就变成了孤儿。"姑娘讲到这里，便有些伤感了。

朱元璋正奇怪郭府怎么会有这般充满智慧、善解人意的女子时，女子的诉说却让朱元璋想到原来她也有着痛苦的经历，顿时生出许多好感。朱元璋充满感情地说："姑娘，你别伤心!"相同的命运，将这两个素昧平生的男女突然拉得很近，他们似乎有许多说不完的话想要说给对方听。

送走马秀英后，朱元璋在回营的路上心情显得非常舒畅。他回到兵营后便把军装穿在了身上，他左顾右盼地自己瞧自己，感觉自己精神了许多。

在一次探察元军时，朱元璋为了保护郭子兴受了点轻伤。这一天，郭子兴因五河县求援一事要与孙德崖等商议，朱元璋趁空又来到了那座小院门前。真巧，这个时候马姑娘正好从里面走了出来。俩人相继停下了脚步，马姑娘关心地问朱元璋，说道："听说你受伤了，你好些了吗?"

朱元璋不觉心头一惊，这么多年以来，他已经很久都没有听到这么温馨的问候，一时竟愣在了那里。原来，那天视察元军时，他们认出了郭元帅便来袭击，朱元璋拼死保护右臂被刺了一刀，如今伤早已经痊愈了，没想到马姑娘竟是如此地关心他。

"一点小伤，早好了，感谢马姑娘挂念。"朱元璋真诚地回答。

"小伤也要注意调养好。"

"已经好了，请马姑娘放心。"说着，朱元璋便弯起左手使劲地摇了摇。

马姑娘笑了笑，又轻声问道："听说你们是在城南五里处遇上元军的？"

"是的。元军近期可能要撤兵，他们在城南三十里外扎营这么久，却又不来攻城，肯定是心里害怕，派人来看，是担心我们去打他们。"朱元璋回答道。

"元军肯定是要撤走的，他们最担心的是背后的张士诚。"马姑娘颇有主见地说道。朱元璋不由得打心眼里佩服她的判断。

"你怎么不将这些想法跟郭元帅讲讲？"

"我，一个女流之辈。"马姑娘淡淡一笑，说，"如果你也是这么看的，还麻烦你给郭元帅讲一讲。"

"我一定将马姑娘的看法转报给郭元帅，我们不要花精力去对付南面的元军，有张士诚在背后牵扯着他们。"朱元璋笑着说道。

"听说元军在围困五河县？"马姑娘又问。

"我也是刚刚听说的，现在郭元帅正在与孙副帅他们商量救援五河县的事。"

"元军怎么会去围困五河县？我看这中间一定有鬼，你能不能冒险去探听一下真实情况。"马姑娘说道。

"只怕郭元帅不让去，他们正在商量救援的事情。"

"我来想个办法，就说我有事找你去办。至于这儿的事，我看郭元帅他们三五天之内是不会拿定主意的。"

朱元璋既敬佩又感激地看着马秀英，有一种心心相印的感觉。朱元璋心里想：天下竟然会有如此聪明的女人！

就在郭子兴举义于濠州时，临近的五河县与永丰县也先后有人举义成功。虽然说都是红巾军，但是彼此间也有吃掉对方的念头。正因为如此，五河县义军首领常遇春派人来求援，郭子兴也拿不定主意到底是救还是不救。几天下来，郭子兴与他的文臣武将们都在商讨这件事情。

此时，文臣武将也分成了两派。主张救援的主要是武将，以大将郭彪为首；主张不救的，主要是文臣，以谋士张超为首。孙德崖对战争一无所知，因此很少提出自己的看法，郭子兴也拿不定主意，时间一拖又过去了一日。郭子兴手下的文臣武将还是争不出高下，郭子兴正在伤脑筋时，朱元璋却押来个瘦弱的元兵。

"快将实情说给我们元帅听。"朱元璋拉着腰上的佩剑，对元兵呵斥道。

"将军饶命，小人实说。"俘虏哭丧着脸，说道，"小人是铁木乎手下的探子，奉命前来探听濠州的军情，铁木乎将军说，只要濠州派兵去支援五河，我们就乘虚出兵攻取濠州。"

情况既然如此，不救五河县便是顺理成章的事情。帅府中，主张不援助的文臣一个个似有先见之明的样子，而主张援助的几员武将干瞪着眼睛，一时也无话可说。

"拉下去，给我砍了。"郭子兴指着下面跪着的俘虏，一挥手说道。随后，郭子兴因朱元璋捉了元军的探子有功，把他升为副将。

"感谢元帅提拔。"朱元璋恭敬地说，"不过，小人有些看法，不知能不能说？"

"既有看法，不妨说出来，大家都听听。"

"小人请求元帅，暂缓砍那元军探子的头，待小人把话说完，元帅要砍再砍。"

"本帅答应你。"郭子兴点头说完，旁有侍从忙赶出去喊："刀下留人！"

"小人认为，元军攻打五河县城的目的是为了围之打援，意在取我濠州，我们既明这个情况，更应前去救五河县之围。"

郭子兴不解地望着朱元璋，朱元璋接着说："原因有这么三条，其一，元军既然是围敌打援之计，围困五河的元军一定很弱，我们只需一支千人轻骑便可取胜；其二，五河红巾军与我们虽说是素无往来，但这次若救了他们，今后必然成为友邻，等到元军北退时，我们在扩展地盘时也多个帮手；其三，元军此次围困五河，本意就是要夺我濠州，派一支轻骑速去速归，既解五河城之围，又使元军一时不敢急攻濠州。只要元军稍待半月，刘福通的红巾军就能打到开封，元军便再无能力取我濠州。到那时，我们便可放手扩展地盘啦！"

一席话，说得帅府肃然，郭子兴眼珠转动，哈哈大笑："说得好，各位将军，你们谁去援救五河县？"

众人面面相觑，就是不说话。这时，朱元璋站出来说道："如果元帅允许，给小人一千兵马，小人愿意去救五河县之围。"郭子兴同意了，朱元璋也立下了军令状。

天快要亮时，朱元璋带领着一千精兵到了离元军营帐只有两里的山坳里。在这次的救援过程中，朱元璋是异常小心谨慎的。因为元军有三万多人，而他们只有千人，要以一当三十，他不仅需要一个好的谋略，需要武功一等的精兵，更需要一位良友，现在的朱元璋已经将汤和当成了自己的亲兄弟。

汤和是个极其忠义又宽厚之人，面对此去凶多吉少，他还是义无反顾，欣然前来助他的老乡一臂之力。朱元璋看到汤和前来心里非常高兴，如今两人就要去并肩作战，去打一场险恶的战争，不免生出许多感叹，也有许多说不完的话语。

然而，还没有来得及交谈几句，就有探马来报告：元军营中静悄悄的，并无半点动静。朱元璋看着汤和，想先听听他的看法。

"现在元军睡得太死，岗哨也在打瞌睡，我们可以一面率军冲进敌营杀敌，一面派人进城通知五河县的兵倾城出来接应。这样一来，等到元军回过神来时，五河县的兵也到了，我们再联合起来也有近万人了，先围歼他二千，只要有一营人被我们打跑，其余人就会跟着跑。这样，我们必然是胜券在握。"汤和说道。

朱元璋又补充说道："如果我们现在马上派人进城，告诉五河县守将常遇春郭元帅已派出三万精兵，要他们配合行动，这样一来他们一定勇气倍增。我们隐蔽在这里，等到天明时元军攻城快破时，再去放火将元军营帐烧个精光，然后向前击杀后撤的元军，这样一来，元军一定会惊慌失措，失去战斗意志。这么打，把握就又多了好几成。"听到这里，汤和佩服得五体投地。

不久，天刚微亮，吴良来报："禀将军，元兵军营人动马嘶，像是要去攻打五河城了。"

朱元璋对汤和一笑，让汤和去把他的意思告诉士兵们。等到汤和走后，朱元璋又派花云去五河城内报信。尽管血战在即，朱元璋还是要趁隙休息一下，养精蓄锐，以应对即将到来的惨烈战斗。

围攻五河城的将军叫海呼儿，是元朝的名将，这个人不但作战勇猛，而且很有谋略。昨天晚上，海呼儿得知濠州郭子兴已捉住了他们的探子，弄清了他们虚围五河城实打濠州的计划，便即刻召集手下，来商议如何应对这件事情。

商议了好一会儿，大家最后一致认为：既然郭子兴已经知道了他们的用意，一定做了很好的准备，那干脆先不打濠州，直接去攻打张士诚，一旦消灭了张士诚，濠州也会不攻自破。听完大家的意见，海呼儿皱着眉头说道："可如今我军已经围了几天了，倘若要是再攻不下就撤了兵，这样会大挫军心。所以，我决定，在去攻打张士诚之前，一定要拿下五河城。"

于是，海呼儿下令：拂晓前，全军出动，太阳出来后攻占五河城，把常遇春活捉捆了去攻打张士诚。这个时候，五河城的守军，在海呼儿强大的攻势之下，已经死伤过半。眼见五河城危在旦夕了，就在这个时候，只听远处大声喊着："元帅，军营被烧了。"

海呼儿回头一看，只见自己的军营烈烟腾腾，一片火海。于是，海呼儿赶忙命令撤兵。兵败如山倒，海呼儿一马当先冲回自己的军营，熊熊燃烧的营帐惊得他目瞪口呆，心里那点怒气渐为胆怯所替代，正不知怎么办才好，只见朱元璋、汤和领着一队军马直向他杀来，海呼儿带着剩余的两万多人仓皇往北逃去。此时的海呼儿做梦也没想到，来袭击他的部队，才仅有千人。

这次是朱元璋投身军队后指挥的第一场战争，以少胜多取得了巨大的胜利。朱元璋不但解救了五河城，还得到了大量的战利品。

常遇春在城门口迎接朱元璋的队伍，当他知道朱元璋仅带了千人来救他时，佩服得五体投地，当众夸奖了朱元璋。这个常遇春，相貌奇特，体态雄壮，勇力过人，因其生性豪放又知体恤百姓，所以深得军心和民心。

朱元璋见常遇春神情激动，知道他是发自肺腑，于是便上前一步，紧握住常遇春的双手，说道："常将军如此夸奖，朱元璋真是愧不敢当。其实，朱元璋更佩服常将军，如不是常将军有勇有谋，胆识过人，又怎能孤军守城如此之久，而且还能发起如此猛烈的冲锋？"

听了这番话，常遇春佩服之余，又多了几分亲切，对朱元璋说道："要说胆识过人，谁比得过你朱将军？但是你这步棋也实在是危险了些。"

"危险，难道你怕危险么？"朱元璋说完，两人都哈哈大笑起来。两人双目对望时，都有一种相见恨晚的感觉。后来，朱元璋又将汤和介绍给了常遇春，大家高兴地谈论着。

五河之战不仅让朱元璋首建奇功，而且还让他结识了一位后来帮他打天下的大将。常遇春把朱元璋迎到城内，设盛宴款待了他。宴后，两人又彻夜长谈。临别时，常遇春倾其所有，凑足了3000两银子交给朱元璋。朱元璋与常遇春依依惜别后便离开了。

回到濠州后，朱元璋让花云与吴良抬着3000两白银交给郭子兴，特别申明这是常遇春将军献给元帅的。郭子兴看到朱元璋打了胜仗，自己又得了这么多的白银，自然是眉开眼笑，对朱元璋、汤和、花云和吴良都有所晋升，还大方地赏赐朱元璋1000两银子，作为修建"镇抚府"之费用。

经过长时间的接触，郭子兴觉得朱元璋处事沉稳，计虑周详，好多事情都能从他那里讨个分晓，因此很愿意同他交谈。郭子兴见朱元璋是个人才，便把养女马姑娘嫁给了他。这位马姑娘，也就是后来的马皇后。朱元璋能与大元帅的女儿结亲，自然是身价倍增，使得人们对这位小沙弥不得不刮目相看。

马姑娘是一个谦虚和深明大义的人，对此，朱元璋也是非常地赞赏，他更以自己的夫人能有这样的人品而自豪。自从马姑娘与朱元璋结婚后，夫妇的感情一直都很好。此外，她对朱元璋的事业也是很有帮助的，她也是中国历史上有名的皇后。

朱元璋是个有大志的人，注定要去开创大业，如刘邦一样"大丈夫当如此也"。可以说，朱元璋白手起家的第一步便是从郭子兴这里开始的，由于他的才能与拼搏，不久他便旗开得胜。

有了自己的"小家"，这成为朱元璋在日后能够定天下的跳板，他借攀凤跳入了"龙"门。自从朱元璋做了郭子兴的女婿后，郭子兴更加信任他了。从此，郭子兴才真正地放心让他带兵外出去攻城略地，而朱元璋也不负郭子兴的期望，屡次取得辉煌的战绩。

其实，郭子兴要网罗朱元璋也不是没有目的的。那时，濠州城内统帅之间也是矛盾重重，你争我斗得相当激烈。当初，一起举事的郭子兴、孙德崖、俞某、鲁某、潘某在占据濠州以后，便涉及一个排座次的问题，五个人都是各不相让，最后不得已就都称为元帅。

郭子兴为了顾全大局，还是让出了第一把交椅，而屈居第五。可是，郭子兴能打仗，也善于使用计谋，而孙德崖、俞某、鲁某、潘某都是庄稼汉出身，他们不识字，性情粗犷，在遇到要处理的事情，四个人直瞪着眼张着嘴发呆。

这时，郭子兴总是能说个头头是道，得意忘形之时还会奚落几句，然后扬长而去，惹得那四个人十分羞怒。于是，那四个人便想联合起来对付郭子兴。

郭子兴也是被气得十分懊恼，他经常在家里生闷气。如果遇到了公事，四个人也不等郭子兴便自行处理了。此时的五个人，虽然彼此还都按捺着，隐忍着，但是，实际上他们相互猜疑、提防，已经形同水火。而就在这个时候，徐州城的彭大、赵君用等战败逃亡而来的人，使濠州城的形势变得更加复杂了。

那是至正十二年九月，攻打徐州失败的义军，以彭大、赵君用为首率余部来濠州投靠，在增强了濠州的军事实力的同时也使原有的紧张关系更加复杂了。

在彭大、赵君用得志于濠州之后，他们也相互撕咬起来。彭大处事果断又有心计，赵君用不是对手，他只好唯命是从。这时，郭子兴看出了这个端倪，便主动结交彭大而冷落赵君用，从而使赵君用大为愤恨。于是，赵君用就同孙德崖等人结党。自此以后，在濠州城内两派势力重新组合，争斗进一步发展，以至于导致了公开的冲突。最终，竟闹到孙德崖一伙绑架郭子兴的地步。

这一天，孙德崖、赵君用指派的人看到郭子兴正单独行走在大街上，便一拥而上将他绑架了。然后，他们把郭子兴放到了孙德崖家的地窖中。

这时，朱元璋正在淮北前线作战，得到消息后便立刻决定赶回来。朱元璋知道郭子兴的存亡，直接关系着他的家庭、他的前程还有他的生死。这个时候，有的朋友劝朱元璋说："你这个时候回去，岂不是白白送死吗？"朱元璋并没有听从朋友的劝告，因为他始终都记着郭子兴对他的恩德，于是，他决定去搭救郭子兴。

朱元璋趁着夜色摸到了郭家并问清了详情，然后，小张夫人叫来了郭氏兄弟。朱元璋说："此时，要救出元帅，就必须请老彭出面。"大家觉得有理，即让朱元璋带天叙他们马上活动。朱元璋夜见彭大，陈说利害，并说道："濠州城里谁不知道我们元帅佩服彭大帅有勇有谋，料事高人一等。这遇事自然就向大帅多请教多商量些，关系更亲密些，可谁想到因此就得罪了人。他们这样干明明是拔大帅的羽翼，拆大帅的台。自古来多少事都被这帮嫉贤妒能的人给搅了。"

彭大本来就喜欢元璋，听了他这一席话，便想起了对赵君用、孙德崖一伙人素日的厌恶与怨恨。于是，他立即站起身，随即喝令左右，集合队伍，兵围孙德崖家。朱元璋等人也一同前往。

到了孙家后，还没有进行交涉，朱元璋就跳墙而入。他找到了幽禁郭子兴的地窖，砸破械枷锁链，把郭子兴救了出来。救郭子兴一事无疑是朱元璋的一个义举，这件事对朱元璋来说是颇有意义的，不仅锻炼了他在处理突发事件时的能力，而且也增加了他在应对政治斗争时的经验，同时还体现了朱元璋作为一名前途远大的青年将领的责任心和道德情操，从而奠定了他在军中的威望。虽然这次火拼被暂时制止了，但是将帅们之间的仇恨却日益加剧了。

此时，进攻徐州的元军乘其锋锐对淮西红巾军发动了猛烈的攻击，城内将士避开前嫌共同抗敌。后来，元将中书左丞贾鲁再次发动总攻时，跌下马后死于军中，元军不得不撤了回去。

然而，濠州城中愈发艰难且混乱了。在几个月的困守中，粮食吃用殆尽，兵员损失严重，将士们都出城劫掠去了。与此同时，朱元璋又回到了家乡去招兵。就在快要到东乡的时候，朱元璋看见前面有位老人像是跌倒了，旁边还有一个小孩正在努力地将他搀扶起来。

朱元璋立即勒住了缰绳，他下了马走到老人跟前将他扶了起来。当他看到老人、小孩手上的破碗时，就知道他们这是要去沿街乞讨。顿时，朱元璋觉得心里憋得慌，他摸摸身上还有些碎银，全部拿了出来塞给了老人。

老人惊得目瞪口呆，他一辈子都没有见过这么多的银子，感激地不知道该说什么好，他们交谈了一阵便一同上路了。

当他们走进村口时，周围已经围了不少人。朱元璋对众人高兴地说："我也是穷人的儿子，这次是来招兵的，希望可以扩大我们穷人自己的军队。"

"我相信你，我信！"老人捧起手上的银子，"他是我们的救星，穷人的救星来啦！"老人这一喊叫，围观的人越来越多了。

"这不是前寨孤庄村朱家的……"一个中年人仔细地打量着朱元璋。

"是的，我叫朱重八，谁要是信得过我，就跟我一起去打仗吧。"朱元璋充满激情地说着。

"你们还犹豫什么，快跟朱重八去！"老人喊起来。

在这个乡村里，人们更愿意去相信老人的话。比起年轻人来，他们更有号召力。听了老人的喊叫，青年人都跟着吼起来："我们跟朱重八走！我们跟朱重八走！"

年轻人有的回去准备，有的仍然跟着。沿路走去，越来越多的人跟上了，其中有些是认识朱元璋的，他们互相转告着，当走进村时，已经有一大群人了。

有一个听到了呼喊声的壮实汉子，握了把砍柴刀，走到朱元璋面前，激动地说道："重八哥，你还认得我么？"

"胡大海！你是胡大海吧？"朱元璋喊起来。没想到小时候瘦弱的胡大海，如今这么壮实，只是那相貌却还能分辨出来。

接着又来了二十多个人，朱元璋非常地高兴，当即摆了十多桌酒席，宴请乡亲们同饮。直到下午才带了众人，依依不舍地离开了村子。

这回招来的都是自己的乡亲，朱元璋对他们感到特别地亲近，特别地放心。他仿佛是找到了自己的亲人，心中充满了一种温馨的感情。朱元璋下定决心一定要好好地培养他们，让他们一个个都当上大将军，成为自己今后进一步发展的主力军。

在那样一个兵荒马乱的年月，有枪就是王。不管时局多么艰难，明天后天命运如何，凭手中的几千几万兵马，这方圆十里百里就是老子的天下。此时，濠州城里的将帅们都想过过王侯的瘾头。好在大家是分灶吃饭，各帮各伙，也就互相迁就，彼此容忍了。

可是，每个将领的处事方式也是不同的，正所谓官尊脾气长，对下属特别是对郭子兴他们的军官愈来愈加凌虐横暴。朱元璋觉得再在这里委屈下去，只有招辱取祸。而濠州城里也没有一个可以成得了气候的，郭子兴也是外刚内柔，不能够相托。于是，朱元璋经过反复琢磨，他决定离开濠州，去开辟新的天地。

这一年，是朱元璋的关键时期，如果不能迅速崛起，就只能被他人所灭。经过商议，朱元璋决定夺取滁州。于是，朱元璋从自己招募的新兵中挑选了心腹徐达、汤和等24人离开了濠州，南略定远。

在南略定远的途中，朱元璋先招抚了张家堡驴牌寨民兵3000人，后又招降了豁鼻子秦把头的800人。朱元璋统率着这支队伍向东进发，他们乘夜攻破了定远横涧山的元军营地，元帅缪大亨投降。朱元璋从降军中挑选了精壮汉人20000人编入了自己的队伍，并南下滁州。

其实，朱元璋在定远的一举一动，正被一个读书人密切关注着，他就是李善长。李善长的祖籍是安徽歙县，他比朱元璋大14岁，小时候曾在歙县灵金山闭门苦读。

李善长喜欢读兵家、法家著作，喜欢探求里面的计谋权变。可是，他的学识并没有得到元朝政府的青睐，元朝政府并没有给他提供任何升官做吏的机会。

后来，李善长决定弃文经商，来往于徽州、定远之间。果然，他的才能在这里得到充分施展，因而很快发了财。财大气粗的李善长，再加上他的计谋远略，成了远近知名的人物。

在元末的荒乱中，李善长时刻都在等待着让他大显身手的机会。眼下，朱元璋的胆识和智慧，使他隐约看到了希望。后来，冯氏兄弟的主动投靠使他最后下定了决心。于是，李善长把家稍作安排，就去追赶朱元璋的队伍了。

那是在1354年，已经42岁的李善长身着儒生服，在朱元璋去滁州途中歇脚处请求召见。当朱元璋听到来访者是定远名人李善长时，心中不禁大喜。李善长以自己的老谋深算，深深知道应该如何去打动这个野心勃勃的青年人的心。

李善长与朱元璋见面后，他一言不发，却对着朱元璋的相貌审视起来，随后，他忽然兴奋地说道："总算天有日民有主了。"就这么一句话就把朱元璋的心给抓住了。

朱元璋作为三万大军的统帅，他急于想问个明白，李善长也有好多话要当面陈述，于是两个人越谈越投机。你问我答，整整谈了一天。晚饭后，他们二人继续秉烛对坐，谈兴更加浓厚了，蜡烛换了一支又一支，不知不觉东方便露出了晨光。

在彻夜的谈话中，朱元璋感觉自己与李善长一见如故，一席长谈不但鼓起了朱元璋的雄心，而且对他今后的事业产生了极其深远的影响。在朱元璋看来，李善长的到来很可能就是萧何转世。

朱元璋任命李善长做记室，与此同时，一切机密谋议都会认真听取李善长的意见。朱元璋还希望李善长担负起协调诸将的任务。从此以后，李善长成了朱元璋的臂膀和心腹，担负起了军师和后方供给的任务。朱元璋不断嘱咐他要好好协调将领之间的关系，以便更好地共创大业。朱元璋攻下滁州后，他的侄儿朱文正、姐夫李贞带着外甥保儿前来投靠。后来，朱元璋又收养了二十几个义子。

这时，濠州城中的郭子兴也正在经受着煎熬。彭大战死后他的儿子彭早住当了鲁淮王，但也只不过是徒有虚名。而赵君用却成了天，他在控制了彭早住的同时，又要消灭郭子兴。赵君用把郭子兴挟持到泗州，准备在这里将他除掉。

朱元璋知道后，觉得必须要去救郭子兴，因为郭子兴是他的恩人。可是，朱元璋不能发兵泗州，那样就会中了赵君用的诡计。而此时，赵君用已经发来让他驻守泗州的命令，其险恶用心是很明显的。

朱元璋决定采用外交方式与赵君用进行斗争，他派了一个人到濠州面见赵君用，陈说大义，晓以利害。朱元璋又以实力做后盾，再挑开濠州内部矛盾，此时赵君用不能不再三斟酌。朱元璋又命人给赵君用的左右都送了大礼，郭子兴才将他一万多人马带了出来，并转移到滁州城。

在郭子兴入城时，他受到了朱元璋隆重的欢迎，朱元璋并无眷恋立即交出了兵权。只见三万军马整齐划一，严明号令，使郭子兴十分高兴。可是，当他再看看自己松松垮垮的部队，不由得心中产生了不快，一种油然而生的自惭形秽之感填满内心。况且，这次还是被人驱赶才来到此地的，像是在寄居别人的屋檐下。郭子兴不由得神经紧张起来，他担心此时的朱元璋心里会怎么看他。

郭子兴手下的将领也充满妒意，有时郭子兴当着朱元璋面责骂他们无能，进一步增加了他们对朱元璋的忌恨。于是，他们串通一气向郭子兴进谗言，说朱元璋作战不利，说他背后对元帅有怨气。

于是，郭兴对朱元璋越来越疑虑，越来越刻薄。重要的战斗不再派朱元璋做统军，实际上剥夺了他的兵权。接着，郭子兴又把朱元璋的属员一个个调到元帅帐下。眼下又要把他的智囊李善长拉过去，朱元璋也只得由他。李善长不是一个简单的角色，面对目前的局势他早就有了细致的分析，因为他了解郭子兴，更加了解朱元璋。

时间一长，郭子兴对朱元璋的不满越来越多。由于郭子兴的刻意刁难，朱元璋夫妇在生活上的处境也变得十分困难。郭子兴以粮饷紧张为借口，对他们夫妇的伙食抠得很紧。

夫人为了保障朱元璋能够吃饱，只能自己忍饥挨饿。有一天，家里实在没东西吃了，夫人就到郭子兴那边厨房去帮忙，趁人不备，她将一张刚刚出锅的烙饼贴在身上，用衣襟掩饰起来，并带给了朱元璋。

等到她从怀中取出烙饼时，身上已经烫出了一个焦疤。夫人听朱元璋说要去打点，便急将自己的一点私蓄拿了出来，统统孝敬了两位张夫人。钱真是能通神，两位张夫人果然十分欢喜，不断在郭子兴的面前说好话。于是，郭子兴对他们的态度也渐渐有了新的改变。再说李善长那边，他凭借着伶俐与狡黠，使他们的脸色也慢慢地友善了起来。

郭子兴恢复了对朱元璋的信任后，这一年下半年，元军以百万大军在高邮大败张士诚后，又分兵围六合。这时，守将孙德崖、赵君用的势力危在旦夕，向郭子兴求救，郭子兴因之前的事情而拒不发兵相救。

这时，朱元璋高瞻远瞩劝说大家，他认为六合与滁州唇齿相依，不救则自毙；六合失守，滁州必然不保。所以，不能因小失大。郭子兴听了心服口服，同意发兵救助孙德崖和赵君用。

朱元璋率部队东下六合，抢占瓦梁垒要塞。无奈寡不敌众，好几次都险些被捉。由此可以看出，在对敌上不能硬拼，只能靠智取了。于是，朱元璋敛兵入垒，他派出一些妇女对着元兵大骂，元兵被这种突如其来的场面弄得手足无措。

后来，元兵又见垒内放出了一些牛，妇女们在中间追赶，而壮丁们则在两旁护卫。元兵不敢近前，眼见她们大摇大摆退回营中并向滁州方面撤退。元将方才觉得是受了奚落，于是急追。这时，耿再成进行边打边退的策略，他把元军引到滁州城外的山涧。顿时，伏兵四起，城中将士也呐喊而出，元兵大败而逃。

这一场滁州保卫战考验了朱元璋的勇敢与智谋，对此，将领们对朱元璋没有不服气的，就连郭子兴对他也是刮目相看。

在这次援救六合的战役中，从开始到胜利都充分显示了朱元璋的远见卓识、临危不惧、顾全大局的气概，从而赢得了这支红巾军官兵的敬佩和信服；同时也回击了郭子兴的偏见和浅薄，使郭子兴充分认识了朱元璋的为人和军事才能。

1355 年，朱元璋一举攻克了和县，郭子兴立即任命朱元璋为总兵官镇守和州。朱元璋知道这个总兵并不是好做的，这些将领大多都是郭子兴的旧部，他们一向骄横放纵，总是凭借着老资格不把朱元璋放在眼里。如果此时立即宣布郭子兴的命令，拿出总兵的气势来升堂议事，反倒会搞砸了。

于是，朱元璋想了个办法，他命令将议事厅的公座撤掉，一律都换成小木椅。每天五鼓议事，诸将先到，就把右首上座依次占据了，留给朱元璋的是左下首的末座。

朱元璋款款就座，每次在商议军政大事时，将领们一个个呆头呆脑，不能置一词。朱元璋却能剖决如流，处理得恰当妥帖。为了加强防御，决定修筑和州瓮城，各将领分段包干，并且限期完工。

将领们根本就不把这件事当回事，等到验工时，只有朱元璋负责的一段完好竣工。于是，朱元璋便把脸沉下来，在议事厅正中南向落座，把郭子兴的委任状摆在桌子上，命诸将上前观看，随即又说道："你们违约失期，该当何罪?"将领们脸都吓白了，不敢仰视。

朱元璋又稍稍缓和了一下口气，说道："念大家都是初犯，这次就免了。从今天起，如果再有违抗命令的人，一定军法从事!"诸将连连称是，这时，他们才知道这个一向谦恭和善的年轻人不可戏侮。

朱元璋在做总兵时还发生过一件事情。当上总兵的朱元璋不仅领兵打仗，还很注意用纪律来约束军队，其中"和州立约"便是一例。

当朱元璋在驻守和州时，有一天，雄鸡刚刚叫过两遍，朱元璋便起了床。这时，东方才微露光亮，全城百姓、军兵都还在沉睡之中，只有几家炸油条、炕烧饼、磨豆腐的店里透出了灯光。朱元璋起床后就朝城外走去了，一来呼吸一下新鲜的空气，二来也是练练武艺。

朱元璋来到北城口，守兵连忙打开城门，时值冬天，天气严寒，朱元璋紧了紧战袍，大步跨出城门。这时，在城门墙脚下，朱元璋看到一个面黄肌瘦的小男孩正蜷缩在稻草里，旁边还放着一只要饭的篮子。

朱元璋触景生情，想起了自己逃荒要饭时的苦难经历，不禁一阵心酸。于是，朱元璋便上前喊道："小兄弟，小兄弟！"他把那个小男孩喊醒后，便问道，"小兄弟，你有家吗？"小男孩点了点头。

朱元璋又问道："你的爹娘在哪里？你为什么不跟着他们呢？"

小孩子哭了一会儿才说道："我爹爹在城里的军营中喂马，我娘也在军营里，她在一个当官的人家。"

朱元璋听说小男孩的爹娘都在他的军营里，顿时吃了一惊，这就像一个拳头猛地打在了自己胸口上。他强忍住愤怒说道："小兄弟，别害怕，跟我进城去，我帮你找到他们。"随后，朱元璋便带着小男孩来到了军营的马棚，果然找到了孩子的父亲。

朱元璋又问马夫说："孩子他娘在哪里呢？"

只见马夫摇了摇头，默不作声。朱元璋此时已经明白了究竟，便对马夫说道："等会儿，你到我的住处去，我有话要跟你说。"说罢，他又拉着小男孩走了。

朱元璋拉小男孩来到了军营将士的驻地，在一个小将士的家里，找到了孩子的娘。那妇女30多岁，一看到自己的孩子便哭了。

朱元璋又领着那妇女回到了自己的住处，当见到自家男人时，女人顿时眼圈一红禁不住地哭了起来，哭着哭着那妇女"扑通"一声跪到地上，只见她边哭边说道："总兵老爷呀，你救救我们吧，我们是十几年的夫妻了，那回城破了，我丈夫就被抓来养马了，我被那官……从那天起，我们有家不敢归，有子不敢认，夫妻不敢称。求求总兵大人，你可要给我们做主呀！"

那妇女哭着连连磕头，又拉过小男孩，叫他也跪下一起磕头。朱元璋本是个硬汉子，但见了这个情景，也不免鼻子一酸、眼圈一红落下泪来。朱元璋当下决定传令各路将领到他的军帐训话。

此时的朱元璋已经意识到，部队的军纪存在着严重的问题，他们攻破城池后，发生了扰民滋事、掳掠妇女的事件，如果再继续这样下去的话，部队将会失去民心。

当朱元璋把所有军官召集在一起时，他对大家说道："大家从滁州来到这里，有一些人掳人家的妻女，使百姓夫妇离散，敢怒不敢言。军队没有纪律，只能扰民，怎么能安众？今天，你们能够把所掳的妇女交出来，咱们万事皆休，倘若霸占隐瞒，决不轻饶！"

俗话说"军令如山"，总兵既然已经下了命令，谁还敢不遵从？当即，将领们就将全部抢来的妇女送到了总兵部。

第二天，朱元璋召集全城百姓在兵营集合。朱元璋命令城中男子集中站立在两旁，让妇女们一个个去相认。同时，朱元璋还宣布："果真是夫妇，就相认；不是夫妇，不得随便相认。"于是夫妇携手而归，家庭得以团聚。部队在百姓们心中的形象也有了改变。此事广为传颂，朱元璋也更加深得民心。

后来，孙德崖借郭子兴到和阳的机会，施计谋挟持了朱元璋。孙德崖之弟给朱元璋套上了铁锁欲加害，幸遇一位姓张的友人救了性命。郭子兴自从听到朱元璋被擒去，惊疑致疾，一病不起，3月卒于和阳，归葬滁州。明朝建立后，洪武三年，也就是1370年，郭子兴被追封为滁阳王，并建庙奉祀。

看着朱元璋的势力越来越大，同时也是为了化解与朱元璋的矛盾，郭子兴的小张夫人把自己的女儿嫁给朱元璋做了第二夫人，也就是后来的郭惠妃，很显然此目的是为了得到朱元璋更好的保护。不久，郭兴、郭英两将军遵其父郭山甫的嘱托，又把妹妹送给朱元璋做了第三夫人，这也就是后来得宠的郭宁妃。由此不难看出，朱元璋的影响正在一步步地扩散，实力也在一步步地增强。

大举攻占集庆

朱元璋一直都在郭子兴的手下忍辱负重，而郭子兴又是个刚愎自用且心胸狭窄的人，朱元璋因此吃了不少的苦。

郭子兴病逝后，小明王韩林儿任命郭子兴的儿子郭天叙为都元帅，妻弟张天佑为右副元帅，朱元璋为左副元帅。名义上，都元帅是军中之主，右副元帅的地位比左副元帅高。但是，滁州和和州的军队，多是由朱元璋招募收编的，而且朱元璋比郭天叙和张天佑有勇有谋，并且手下又有人才，所以，在事实上朱元璋已经成了这支队伍的主帅。

郭子兴死后，红巾军的内部矛盾暂时得以平息。他的丧事办得也是非常地隆重，全军上下都替郭子兴佩戴白纱，而二公子郭天叙却在父亲去世后的第三天才赶回来。

当朱元璋与郭天叙四目相望时，郭天叙不由得倒吸了一口冷气。从朱元璋投奔濠州城的第一天起，郭天叙就跟他较上了劲，开始是看不起他，后来便是十分忌讳，再后来在忌讳中不由得生出些害怕来。如今父亲去世了，濠州城里就那么几万人马，他朱元璋单是留守定远的就有四万余众，还有那个常遇春、汤和、花云等一班生死弟兄。朱元璋能服从我吗？郭天叙在心里问着自己。

随后，朱元璋让郭天叙去帅府议军政大事，但却被郭天叙给推托了，其实他是内心因为害怕朱元璋，才有意避开的。郭天叙回到府里，心腹张和、赵青云正在等着他。郭天叙端坐帅椅问道："如今孙德崖已死，我帅印在手，朱元璋该怎么办？"

"朱元璋狼子野心，老帅在时，他就不把你放在眼里，现在恐怕更是不服，我看不如乘此大好机会……"赵青云做了个抹脖子的动作。

"你看呢？"郭天叙又掉头去征求张和的意见。

"我想也只能如此，如今他们就三个人，待明天到帅府议事时，全部请来，我们先在周围埋伏好刀斧手……"张和声音越说越低，只见郭天叙连连点头，他对他们说道："你们分头去安排，明天大功告成后我们再摆酒庆功，到时，我封你二人为大将军。"说完，郭天叙便匆匆离开了。如今帅印在握，郭天叙做事也是有恃无恐了。

朱元璋回到府里后，冯国胜、汤和和马秀英都一起望着他。朱元璋告诉他们说："我约郭天叙去帅府议事，他说太倦便匆匆去了。"大家会意地一笑，刚才他们已经在讨论这件事了，他们一致认为郭天叙一定会杀了他们的。朱元璋和他们说还是走吧。

冯国胜要朱元璋把这件事想清楚，他认为现在是关键时期，并且还给朱元璋进行了一番分析。朱元璋也谈了自己的一些看法：他承认军师的分析确实有理，但有恩还是得报，郭元帅刚刚入土，我就如此对他儿子，实在是下不了手。

冯国胜听了沉思一会儿又说："我认为郭天叙如是能成事之人，您去强夺，自是不仁不义。但这郭天叙实是成事不足、败事有余之人。且大丈夫在世，须以天下人安危为己任，你对他一人之仁，整个郭家军队将毁于他手。"

朱元璋想了想还是认为不妥，觉得愧对郭元帅的知遇之恩，会心里不安，冯国胜和汤和便不再言语了，他们把目光投向了马秀英。

马秀英挺着个大肚子对冯国胜说："若依军师之言，元璋确实事成有望。你们明天就设法速速离去，有我留在这儿，天叙定会对元璋少些忌惮，也不定非除去而后快了。"

"真要走，现在就得走。"冯国胜说，抬头望着朱元璋。朱元璋点了点头，目光不由得落在马秀英身上。

"你放心地去吧，这儿有小红照顾我，待你们走了，我把义母也接来。"朱元璋不再说话，他慢慢地朝马秀英走了过去。众人见了，都识趣地离开了。

朱元璋轻轻地拥着马秀英，说道："你还没生，我们又要走了，真是太难为你了。"说着，便忍不住流下了眼泪。马秀英替丈夫擦去泪珠，看朱元璋一个大男人流了泪，自己也忍不住流下了眼泪。朱元璋又伸手替她去擦。

这个时候，马秀英让朱元璋给他们的孩子取个名字。朱元璋说："生的若是个儿子，就单名一个'标'字；生的若是个女儿，那就叫'临安'。"

"真难为你为我们儿子的一番苦心，朱标，好。"马秀英破涕为笑，高兴地说道。

第二天清晨，郭天叙早早就醒了。这时，张和与赵青云告诉郭天叙，一切都安排得妥妥帖帖，就等着朱元璋前来送死了。郭天叙听罢一挥手，洒脱地坐在元帅椅上。

可是，时间一分一秒地去过，也不见朱元璋的影子。郭天叙不免有些着急起来，就在这时，马秀英来了。她对郭天叙说道："禀郭元帅，昨日深夜定远来人报急，说是滁州元军兴兵进犯，元璋等人连夜赶回去了，只是害怕郭元帅担心，特让我一早来禀告，待他平定进犯定远之兵，即刻前来请罪。"

随后，朱元璋抓住时机统率起义队伍，展开了新的战斗。刘福通所拥立的龙凤政权既有很大实力，又在北方同元朝作战，为朱元璋减去了腹背受敌的压力。也正是有了这样的有利条件，朱元璋才能在南方施展抱负，敢于渡江攻打集庆。集庆也被称为南京，因为它是元朝在南方统治的重镇，所以它的军事守御也是比较坚固的。

朱元璋吸取了历史上的经验，制订了攻取集庆的作战计划。1356年，朱元璋领兵攻采石，元军惨败。从此以后便打破了元军扼江挟制的形势，也为进攻集庆扫除了最大的障碍。

在不断进行战争的同时，朱元璋还很注意招纳贤士。从江北跟随而来的，除了李善长、冯国胜、范常之外，还有濠州郭景祥、李梦庚，定远毛骐，滁州杨元杲、阮弘道、樊景昭，舒城汪河、王习右、杨欣干、范子权等。

这些人有的管理文案，有的出谋划策，有的则是咨询顾问，他们各负其责。通过这些贤士的帮助，朱元璋也增长了不少的知识，变得更加成熟起来。

朱元璋同读书人交往，一方面在补各种知识文化课，结合军事政治斗争的实践了解先辈们积累的各种经验；另一方面也是在缓和与各地士大夫的矛盾，消除他们的敌意，朱元璋对士人的争取也越来越重视了。

文臣武将们感激朱元璋对他们无限的信任，他们在一起商议着攻占集庆的事情时，冯国胜说："现在的集庆守军不过3万多人，而我们如果加上俘虏，就有15万多人，比敌人多出4倍。而且，我们的士气高昂，我想用不了多少日子我们就能攻下集庆。此时，我们需要努力谋划，求一良策，夺取一个完整的集庆，以报元帅的信任之恩。"

徐达与常遇春等听了，纷纷表示赞同。冯国胜见大家统一了想法，便亲率降军为先锋攻城。这一仗，打得非常激烈，整整一天，双方的死伤都比较惨重。第二天，冯国胜与常遇春各率一支大军，同时展开猛烈的进攻。经过一天的浴血奋战，常遇春的部队终于杀上了北楼。

鲁达花赫福虽然说是个文官，但是勇气过人，怀揣一颗忠心。两天来，他手握长剑巡视城上，并且不断地鼓舞士气。他又把家中的金银都拿了出来，奖给守城有功之人。虽说守军少了一半，但是余下将士斗志还是异常坚定的。

鲁达花赫福见到常遇春的军队只有少数人杀上了北楼，并不感到惊慌，他指挥部队迅速地向突破口冲来。由于鲁达花赫福带来增援的人多，不一会儿就把冲上来的人悉数杀死，又重新堵上了突破口。常遇春在下面看了，只能在心里滴血。

第三天，冯国胜、常遇春再次组织大军，发动更加猛烈的进攻。又是攻了整整一天，直杀得天昏地暗，血流成河。常遇春与冯国胜的部队，都曾多次攻上高高的城墙，可结果还是给打退下来，而且死伤特别严重。这一次又以失败收场，冯国胜、常遇春俩人都焦急万分。

凡事不过三，冯国胜与常遇春此时都非常明白，像这样的进攻，如果再继续下去，部队的死伤就更加严重了，对他们也是极其不利的。如果想不出一个好些的办法，这集庆恐怕一时是难以攻下来的。于是，他们请来诸将，大家一起商议。

这时，徐达缓缓地说出了自己这几天来的一个想法："从这几天攻城的情况来看，我军之所以还占领不了集庆，其主要原因是城上鲁达花赫福亲自率领的增援部队太有杀伤力。因此，我们要先将鲁达花赫福亲自率领的这支增援部队引开。我们可以让水军督尉俞廷玉来，让他派出一支精锐水军，带上火药，从水上绕道西门城下，轰炸城门。到时候，那鲁达花赫福必然要往西门去，趁此机会，我们大家全力攻城，到那时便可一举攻破。"徐达说完，征询地望着常遇春与冯国胜。

"徐将军所言，非常有理。如此一来，集庆破在近日。"常遇春高兴地说。

"对！我们就这么办，立即派人去告知水军督尉俞廷玉，令他们速派出水军，带着火药，绕道西门城下，轰炸城门。"冯国胜也非常赞同徐达的意见，诸将领马上作了安排部署。

第二天，冯国胜、徐达和常遇春将人马整编好，又将云梯也准备好。到了午时，只听得西门连珠炸响。冯国胜估计鲁达花赫福已经离开去西城门了，便一声令下，常遇春和徐达奋然上前，只见千万兵士架起云梯勇敢向上，爬上城墙后便与元军搏战。随着爬上去的人越来越多，元军渐渐体力不支，使得他们向城下败去。

这时，徐达与常遇春奋然登城一路杀去，将元军追至城门正楼。常遇春挥刀砍断绳索，过桥掉下城门大开，冯国胜挥剑高呼："冲啊！"

"冲啊！"随着军师的呼喊，千万军士齐声响应，大家呼喊着一路杀进城去。

鲁达花赫福带着一队精锐部队赶往西城门，只见轰炸声停了，硝烟散了，就不见敌人进攻，这才知道上了当。当他正准备重回南门时，只见南门守军张义慌忙跑来："大人，南门已破，我们护你往北门出逃。"

鲁达花赫福对张义看看，仰天长叹一声，便一剑结果了自己，张义见状便慌忙丢剑逃跑了。

徐达赶到西门，只见地上躺着鲁达花赫福的尸身，对手下人说道："真是一位忠义之士，只可惜生不逢时，把他给厚葬了吧！"说完，徐达带领着军队前去追赶张义等人。

占领集庆是朱元璋在军事上和政治上的巨大胜利，朱元璋与李善长随着大军，浩浩荡荡进了城。进城之后，朱元璋召集官吏、平民，发布了激动人心的告谕：

> 元朝政治腐败，所在纷扰，天下到处起兵反抗，百姓吃尽苦头。你们大家身处危城之中，整日提心吊胆，生命没有保障。我带兵到这里来，是为你们除乱的，今后大家要各自安业，不要疑惧。如有贤人君子愿随我一起建功立业的，我必以礼相待；各级官员不得横暴、祸害百姓；旧政府旧制度对百姓不适合的，我要为你们废除。

同时，朱元璋还提出了当官的切勿贪暴殃害良民。这一告谕的发布，既安定了民心，又在集庆城建立起了正常的生活秩序。于是，偌大个集庆城沉浸在了一片祥和的氛围中，百姓庆幸脱了元朝苦海，因此，他们对朱元璋十分拥戴。同时，本地的一些豪绅也都前来投靠朱元璋。

朱元璋请李善长做他的参议，所有军事上的战略安排，军队的管理制度，也都让他参与谋划与制定方略，李善长成了身边的第一人物。进城后，朱元璋带领徐达等巡视全城，当他看到集庆城的雄伟、富庶和繁华时，朱元璋恍如在梦中，那种激动与兴奋简直无法形容。

当朱元璋看到"金陵府"这三个字时，不觉地摇了摇头。冯国胜问道："元帅是否以为'陵'字不妥？"

"陵者，墓也。"朱元璋说道。

"南京乃虎踞龙盘之地，元帅何不将其更名为龙盘府？"冯国胜说道。

"龙盘府好是好，但是却有些张扬了，会惹得各路义军群起而攻之。"朱元璋琢磨着说道。随后，朱元璋扭过头问李善长的意见。

"元帅举兵攻城，乃是顺应天时，解救百姓，可否更名为'应天府'？"李善长说道。

"'应天府'，好！那就叫'应天府'吧！"朱元璋高兴地说道。

当朱元璋坐上雕花的大木椅放眼望去时，只见殿内是一片宏伟华丽的景象，堂下将军威风凛凛，这应天府可真比滁州强多了。朱元璋看着喜气洋洋的文臣武将，不禁想到：如今该是给他们加官晋爵的时候了！

在这以后的三天时间里，朱元璋将诸事都交给了李善长、冯国胜、徐达等人去做，自己则关起门来，认真地考虑给各位文臣武将的官衔，朱元璋明白用人的关键是要把官衔授给适宜的人。

后来，经过朱元璋三天的深思熟虑，他对文臣武将进行了封赏。朱元璋任命徐达为总督军马行军大元帅，常遇春为前军元帅，李文忠为后军元帅，汤和为左军元帅，邓友德为右军元帅，胡大海为提点总管使，李善长为参议官，冯国胜为亲军指挥使……

"至于我自己么，快马将捷报给小明王送去，他给我封什么官，我就做什么官吧。"朱元璋自嘲地说道。

"元帅，我有一言不知当讲不当讲？"一个豪绅上前说道。

"请讲。"朱元璋回答。

"我看元帅已成大业，拥兵十余万，今又占应天府，完全可以与其他各路义军相衡，不再臣服在小明王之下，而是与他们平起平坐称王。"

"是啊，我们恳请朱元帅称王？"几个豪绅，还有朱元璋麾下的一些文臣武将都齐声说道。

朱元璋看看冯国胜，又看看李善长，三个人会心一笑。称王一直都是朱元璋非常渴望的事情，可是，在与冯国胜、李善长商议之后，朱元璋也感到自己现在不能称王。在此时，已经称王的就已经有几家了。论实力而言，朱元璋是完全可以称王的，可是一旦称了王，就要遭到更多人的攻击。这样一来，就会使自己处于外有元兵、内有义军攻击的困境之中，实不利于发展实力，争取人心。

朱元璋虽然年轻，但是他十分清楚：在这种腥风血雨的年代里，实力比任何荣誉都重要得多。这么想清楚了，年轻的统帅决心舍虚名而求实力。正是因为这样，朱元璋与李善长、冯国胜才这样会心一笑。为了说服众人，朱元璋示意李善长给诸位文臣武将解释一下。

李善长会意地点点头，说道："由于元朝的统治基础不牢固，一遇天灾人祸，最下层便猛烈相左，整个制度便会崩溃瓦解。而如今已经发展起来的各路起义军，并不明白这些道理，在自己力量还没有强大到足以御国的时候，便忙着称霸封王，结果相互争战，必然走下坡路。而我们正可趁此良机，从近而远，从小而大，迅速地对周边元军进行扫荡，在占领周边城镇的同时发展实力，从而更加快速地扩大势力范围，争取民心，待到力量足以御国之时，帝王之位，不封自来也。"

朱元璋是个聪明的人，他发觉自己现在正处在韩林儿、张士诚、徐寿辉这三股力量之间，这三股力量中随便哪一股都可以与元军力量匹敌。他们现在都称了王，各自都在与元军激战，无力他顾。如果自己能够利用好这一有利形势，打着韩林儿的旗号，消灭周围一些与大部队分散的元军，一年之内便可以拿下应天周围的镇江、长兴、常州、宁国、江阳等地。

等到北方的仗打得差不多时，自己的力量也就强大起来，就可以与所有力量抗衡，就可能避免为他人所灭的命运。因此，他需要的不是虚荣的名号，而是真正的实力。朱元璋这么想着，微微地笑了笑。

常遇春一直在看着朱元璋，他不知道朱元璋为什么会笑。在听了李善长的一番话后，常遇春觉得虽然很有道理，但是还是认为朱元璋这样太委屈了，于是他站出来说道："可是，元帅还是得有个封号才好，不能太委屈了元帅。"

冯国胜听了表示赞同，这里在古时被称为吴国，不如就建议朱元璋称吴国公。想到这里，冯国胜说："常将军的话很有道理，依元帅现在的实力、声誉，封王早已足矣，只是不愿太露锋芒，为众矢之的。既然如此，元帅不妨暂称吴国公，大家看看可好？"冯国胜转过头去，征询地望着李善长。

"吴国公，我认为好得很，只是不知元帅意下如何？"李善长将目光停留在朱元璋身上。众人的目光，也都转向了朱元璋。

"既然如此，那就叫吴国公吧。"朱元璋便笑着说道。

朱元璋的行动，从这时起就显示出一种为将来远大前途着想的战略眼光。他不是图一时的钱财，也不在于仅仅改善一下原先的贫困生活，而是要建立一个政权，占领地盘，收罗人才，寻求继续扩大势力范围，以此来准备和群雄进行争衡。

朱元璋此时已经占据了长江沿线的芜湖、太平、和州、溧水、句容、溧阳等地。他要拱卫应天府，那就必须尽快拿下下游的镇江路。此时的朱元璋担心的是兵无纪律，他认为，在江南的复杂形势下，谁能安定民心、安定社会，谁才可能有长足的发展。

　　3月12日，朱元璋召集全军将士训话。在讲了严明军纪的道理和历次军令之后，朱元璋历数一些将领杀戮抢劫的罪过，随即把脸一沉，说，全部拉出去砍了。将领们一个个面无人色，一齐跪地磕头。

　　这时，李善长出面求情。朱元璋便说道："看在诸将和李都事的面上，罪过权且记下。你们知道，我自起兵以来，从未枉杀过一人。你们往后行军打仗，也断不可滥杀滥抢，糟践百姓。马上徐达等人要带兵攻打镇江，你们一定要很好地体悟我的用意，严格戒戢士卒。城下之日，不得烧，不得掠，不得随意杀人，有违犯的，处以军令。倘使你们约束不严，我绝不宽恕！"

　　将士们都不敢作声，连大将徐达都是战战兢兢的，连忙说："一定听从命令。"

　　3月16日，徐达、汤和、廖永安等率队浩浩荡荡地出发了，严整的威武雄师在第二天就拿下了镇江。

　　3月19日，设置了淮兴镇江翼元帅府，以徐达、汤和为统军元帅；又设秦淮翼元帅府，以俞通海为元帅。朱元璋以应天府为根据地，拥有集庆路、太平路、镇江路、广德路等江南地面，十几万军队，成了江南很有实力的割据政权。

　　此时，在朱元璋的上游有徐寿辉，下游有张士诚，今天浙江的宁波、临海沿海一带有方国珍，江南其他地区仍为元朝所占据。江北则有韩林儿、刘福通的大部队牵制着元朝主力，做了南方起义军的屏障，使他们得以肆意地蚕食元属领地，并彼此之间展开厮杀。

　　从此，在长江以南，形成了以方国珍、徐寿辉、张士诚、朱元璋各霸一方的割据态势。

成功组建水师

军队修整几天后，这一天，朱元璋与大臣们说到了战船和水师的问题，大臣们认为无船只、无水军，当遇到要进行水战时，就算让军士临时收购些船只去渡江，由于没有水战经验那也将会大败无疑。

朱元璋觉得大臣们说的句句在理，于是，他经过与大臣们反复商量，决定派李文忠、邓友德前往巢湖，与水师总兵赵普胜、李普胜商议共取平江之事。

徐寿辉是红巾军的领袖，自从起义之初，倪文俊便被任为元帅。那是在1355年，倪文俊在率领南方红巾军出击元军时，就命他的巢湖水师督尉赵普胜、李普胜前去攻打和县夺取粮食。谁知道，当时因为两位督尉与水师总兵在闹矛盾，结果动作慢了半步，给从陆上赶来的徐达抢先占了和县，粮食也都被徐达得到了。

赵普胜、李普胜懊恼不已，挨了倪文俊的训斥，结寨巢湖3万水军的粮食也不知该如何解决。整整2个多月了，他俩商议来商议去，都没有想到解决的办法。

眼看水军的粮食就要断顿了，两人还是想不出一点儿办法来。一日无粮千军散，到时候可怎么办呢？当他们正急得火烧眉毛时，忽听报告："外面有朱元璋的两个手下李文忠、邓友德求见。"

李普胜听了点点头，大声吩咐："让他们进来！"

李文忠、邓友德大步进来。李普胜、赵普胜仔细地打量着他俩：只见李文忠虽说二十出头，却显得沉稳威猛，眉宇间尽显英气勃发；再看那个邓友德也是年纪轻轻，却高大挺拔，气度不凡。再想起那个神武勇健的徐达，李普胜、赵普胜心里不由一阵嘀咕：朱元璋的手下怎么一个个都是英雄豪杰。想到这里，二人的心里顿时觉着很不是滋味。

"你们二人到巢湖来有何事？"

"是为夺平江之事。"

"什么夺平江之事?"赵普胜有些不耐烦地问道。

"是这样的,"邓友德赶忙解释道,"平江素有江南粮仓之称,我家元帅有意夺之,大军已往平江开拔。因为想起赵、李二位督尉也缺粮食,就想与二位督尉联手共取平江。夺得了粮食,我们分而食之。"

李普胜听了,心想:那个朱元璋会有什么好意,恐怕是他们没有船只,无法过江去打平江,这才来打我们巢湖的主意。说穿了,他就是想要我们巢湖的水军。想到这里,他很不客气地问道:"你们得了粮食,会给我们?"

一旁的赵普胜想到和县之事,气愤地打断了他的话:"什么平分粮食,恐怕是想连我巢湖水师也一起吞了吧?"

"这是不可能的,大家都是义军,我们元帅决不会做如此有违天理之事,远的不提,就看他怎样对待一心要杀他的郭天叙就可以知道了。我们元帅不但厚葬郭天叙,还让他的弟弟……"

"好了。"赵普胜打断李文忠的话说,"你们休息一下,待我们商量后再说吧。"等李文忠、邓友德走后,赵普胜同李普胜商量着计划。

"俗话说,擒贼先擒王,只要把朱元璋先干掉,群龙无首之时,他的军队里,谁还能服谁?那时,必然是互相攻击,不战自乱,我们再趁势攻之,不就可以吞下朱元璋所占领的领地了吗?"

于是,李普胜凑近赵普胜的耳朵,讲述着自己的计划,赵普胜听得连连点头称是。好一阵,他二人四目相望哈哈大笑。笑声停止后,他们命人唤来李文忠和邓友德,李普胜笑眯眯地瞅着他俩说:"我们商量好了,你们回去告诉朱元璋,要想联合他就亲自前来细谈。"

李文忠刚要开口说话,被李普胜挥手止住了:"这事只能这样,舍此一切免谈!"李文忠和邓友德虽然气愤,但是却没有一点儿办法。他们回来后,将情况报告给了朱元璋。朱元璋了解到情况后,急忙招来了常遇春、徐达等人商议对策。

"依我看来,李普胜、赵普胜二人此次请元帅去巢湖议事,定是不安好心。"常遇春说,"我们可否借一缘由,诱其上岸,骤而囚之,夺其水师。"

"赵普胜、李普胜俩人诡计多端,元军多次对他们进行剿灭都没有成功。他们结寨水中,来去无踪,占尽地利,如今见我军势众,恐怕难得诱其上岸。"汤和说。

"各位将军,看有什么良策来诱杀李、赵?"朱元璋的目光移至徐达处，示意要他讲讲看法。

"依末将之见，不如从其所请，欣然赴约，途中生变，反诱之杀之。"徐达说。

"万万不可！"胡大海急了，"明知赵、李心怀不轨，元帅若去岂不非常危险？更何况，到了水中便是他赵、李天下，又如何能诱之杀之？"

"胡左军切莫着急，听我将具体安排道清，能否可行，还请元帅定夺。"徐达说着具体安排，众人皆点头赞许。

"元帅去了，常将军理应坐在军中发号施令。"汤和说，"还是让我与元帅同赴巢湖。"

"我愿与元帅同赴巢湖！"胡大海、郭英、沐英都争相说道。

"我认为我与元帅同赴巢湖比较合适。"待众人说完，徐达才冷静地说，"昔日奉元帅之命，我领兵夺了和县，为此李普胜、赵普胜对我恨之入骨，这次如果我与元帅同往，欲报抢夺和县之仇，李、赵二人更容易上钩。"

"徐达言之有理。"朱元璋拍板说，"就请常将军坐镇军中指挥各部，汤和协助，徐达与我同往巢湖，胡大海、郭英随后船接应。速速派人通知赵、李两普胜，说朱元璋即来巢湖商谈共夺平江之事。"

在巢湖水寨中，李普胜、赵普胜不断接到朱元璋部队的消息，知道朱元璋亲统大军已入和县，又是高兴又是担忧。

这天，赵普胜正在与李普胜说话，军士来报："朱元璋的信使求见。"

"快传进来。"赵普胜结束高论说。来的就沐英一人，他告诉赵、李两普胜明日午时前，朱元帅与徐副将将就一船二人来与他们商议攻占平江一事。等到沐英一走，他们立刻召集亲信到军营中挑选三十几个胆大心细、武艺高强的勇士，并一一作了细致的安排，单等朱元璋和徐达的到来。

第二天上午，朱元璋与徐达上了条大木船。这船里还藏了条小船，装了许多易燃之物。由于划船的只有徐达在攻占和县时救下的船家父子，人数太少，船行走缓慢。划了足足一个多小时，船才到了能看清水寨行人的地方。按照原来商量好的办法，朱元璋令船家父子故意将船绕进巢湖内唯一的暗礁堆里。不一会儿，船便搁浅了，怎么划也划不动。

朱元璋端坐舱内，徐达让两个艄公齐声大喊："船搁浅，请赵、李二位督尉过来议事。"

当赵普胜、李普胜远远地看到朱元璋的船时，心里非常高兴。看着船只行动过于缓慢，赵普胜对李普胜说："看，朱元璋的手下都是笨蛋，船划得这么慢。"

"要论水上作战就数你我两人，朱元璋的部下怎么能熟悉水战呢？"李普胜正说着，又见朱元璋的船驶进了暗礁堆里，忍不住哈哈大笑起来。

"我们不去，让他们过来。"李普胜说。赵普胜听了，点点头，便让军士回道："等一等，我们派人去接你们过来。"

"不行。"徐达说，"请赵、李二位督尉过来议事，不然，我们就让后面的船接我们回去。"

李普胜、赵普胜朝远处一看，果然见离朱元璋乘坐的船不远处，还有条船停在那儿，李普胜说："后面的船不准向前，我们立即过去。"

一条小船带着两个将军模样的人渐渐靠近，徐达暗示朱元璋当心。两个将军模样的人上来，徐达迎上去问道："来人可是李普胜、赵普胜两位督尉？"

"我们不敢冒名顶替。"来人说，"我们都是督尉手下的副尉，奉命前来查验，如无异常，督尉即刻前来。"

"请吧。"徐达非常友好恭敬，"我家朱元帅就在舱内，二位请详尽查验无妨。"两个副尉到船上四处察看，看到些易燃之物，并没有引起多大注意，回去没多久，赵普胜、李普胜两人过来，有四个端着酒菜的女子随同。

朱元璋吩咐船家父子去把那条小船拖到船尾，便同徐达迎接赵普胜、李普胜上船，就在他俩先后躬身进入舱里，还没坐下时，朱元璋与徐达双双出剑。

赵普胜的剑来不及拔出已被徐达刺中左胸，翻身掉入水中，然后，徐达又与朱元璋一前一后将李普胜砍倒在血泊里。随后，徐达举起燃烧的蜡烛，点燃船上的干草后，便与朱元璋趁势奔到船尾下了小船。

赵普胜、李普胜的部下看到大船起火，驾着船拼命划来。他们划到近前把满身是血的赵普胜救起，而李普胜早已经烧成灰烬了。再说朱元璋与徐达，他们早已经上了胡大海与郭英的大船。

第二天，巢湖水师发生了天翻地覆的变化，小部分由李普胜的儿子李胜云带去投奔了徐寿辉的天完政权，大部分则由一向与赵、李两督尉不合的俞廷玉父子、廖永安兄弟率领投靠了朱元璋。

朱元璋别提有多高兴了，他亲自宴请俞廷玉等水师将士，并任命俞廷玉为水师督尉，统领全部水军，并给所有投靠的人连升三级。此后，朱元璋一边加造船只，一边扩充、训练人马，积极组建着自己的水师。

巢湖水师也是白莲教徒团聚成军，它是彭莹玉西系统。元朝末年，彭莹玉女弟子金花小姐为巢湖区域白莲教徒所尊崇，至正十一二年间，乘势而起，拉起队伍，李普胜、俞廷玉和他的三个儿子以及廖永坚、廖永安、廖永忠兄弟都是得力战将。

同时而起的，还有赵普胜、左君弼。赵普胜，骁勇敢斗，善使双刀，人称双刀赵，是叱咤于长江南北的一员猛将。左君弼也是白莲教首，他在攻占庐州后割地自保，投降了元朝。

那是在1354年，金花小姐战死，李普胜占领无为州。赵普胜从江南返回占领了含山县。廖氏兄弟也曾追随彭莹玉、徐寿辉转战大江南北，永坚做了徐寿辉的参政，永安被提升为万户。

到了1353年，彭莹玉、徐寿辉部在江西受挫，廖永安、廖永忠兄弟率队回乡，与俞廷玉父子及李普胜、赵普胜等水师联合，结寨巢湖，巢县赵仲中、赵庸兄弟，合肥张德胜、叶升，无为桑世杰，含山华高等，也整队前来，号称战船千艘，部众万余，自称彭祖家。这支部队虽然雄劲，但却受到了庐州强敌左君弼的巨大压力，随时都有被吞并的危险，所以才决定主动投靠朱元璋。他们三次派遣使者前往，请朱元璋尽快派人进行接管，以免夜长梦多导致部队散乱。

赵普胜自巢湖败走之后，就带着几千兵勇夺取了枞阳，然后他继续招兵买马，发展极为迅速。在不到一年的时间里，赵普胜已经拥有两万多人马了。后来，赵普胜又乘势夜袭，夺取了军事重镇安庆。

原想在安庆整顿军马，并伺机再图更大发展的赵普胜，却被陈友谅的到来打乱了计划。陈友谅强令赵普胜去夺池州，然后与南下的朱元璋军队进行对峙。

自从陈友谅杀了倪文俊后，他便想杀了徐寿辉取而代之，但是陈友谅又担心属下不满，其中最为担心的便是赵普胜。因此，陈友谅就是想借朱元璋的手，来消灭赵普胜，自己再乐得个坐山观虎斗，如果有一方受伤，便去袭击另外一方，那岂不是个很高明的方法吗？

其实，对于陈友谅的如意算盘，赵普胜早已经是心知肚明，但是迫于陈友谅强大的武力，他只好率军来到池州。因为在赵普胜看来，对付朱元璋自然比对付陈友谅要容易得多，而且，他对朱元璋也是恨之入骨的。

赵普胜想：这样一来，他既能够不与陈友谅立即对抗，也可以夺了朱元璋的池州；既可报巢湖之仇，又可趁此扩大自己的实力，岂不一举两得吗？不过，朱元璋也非等闲之辈，我必须得小心谨慎地来打好这一仗。我必须先搞清楚朱元璋的详细情况，然后才好有的放矢地作出安排。于是，赵普胜便派了许多探马，前去探听朱元璋的消息。

没过几日，赵普胜派去的探马便来报："朱元璋放弃池州，孤军南下了。"赵普胜听到后，不由得万分高兴，对他的副将安云华说："朱元璋这秃和尚的死期到了！"

安云华听了也很高兴，他建议说："我们可以趁朱元璋兵到青阳时，伏兵聚而歼之。"

赵普胜摇了摇头，非常自信地说："我要巧施妙计、借力打力，让朱元璋领教领教我赵普胜的厉害，也让他知道，我赵普胜也非等闲之辈。"

"还请将军明示。"安云华真诚地说道。

"现如今，陈友谅随时都在谋划着我们，希望我们早日被朱元璋杀尽，这样一来，他就可以当上皇帝了。因此，在这种情况下，我们不能为了建小功而伤了自己的实力，反而要不断地扩大实力，从而使我们能够立于不败之地。因此，我们如今必须安坐池州，放手招募兵勇，待那朱元璋在歙县打得火热时，然后举兵袭击铜陵，截其粮草。这样既可以充实我军需，又可以壮大我军力。"

赵普胜说完后便下令三军：好好养息，没有军令不得擅自出击。

安排停当后赵普胜心里十分高兴，便约了师爷吴贵前来下棋。吴贵平日里对赵普胜毕恭毕敬，但在这棋盘上却是丝毫不留情，杀得赵普胜额头上直冒汗，正在难分难解时，突然见安云华满身是伤地冲进来说："大事不好，宋军已经冲进城来了。"

"又上了那和尚的当！"赵普胜双手将棋桌掀翻，咬牙切齿。毕竟是久经沙场的老将，赵普胜很快便冷静了下来，只见他大声命令："各部且战且退，往北门集结，突围出去，一定要保存实力。"

这时，安云华凑到赵普胜的耳旁悄悄说道："现在，唯独北门没有宋军。"

赵普胜听后转动眼珠，是不是那和尚又在使诈，伏兵于此？想到这里，他眼里露出凶光，在心里说：就算他伏兵城外，我也要击败他。这么想着，赵普胜挥舞双刀，率军向北门冲去，安云华提枪紧随其后。

等杀到了北门时，身边已经聚集了众多将领。赵普胜下令打开城门，带了众将直奔江边，一路过去，竟没有宋兵拦截。正在奇怪时，江边来了几十条自己的大船接应，此时的赵普胜高兴万分，便率领几万将士渡江而去。

赵普胜立于船头，迎风眺望，心中却是百思不得其解。这次虽说丢了池州，可死伤却是甚少，宋军既然是早混进城里开了城门，按说死伤一定重大，依照朱元璋的实力，来个全歼又未尝不可。可是没料到，几乎能全师而回，这朱元璋又在搞什么名堂呢？赵普胜心中暗暗思忖着。

此时，朱元璋、李善长和常遇春正在南门的城楼遥望江中逃命的赵普胜，仿佛是猜透了他心中的疑虑，不由地相对而笑。这时，李善长说道："让赵普胜去缠住陈友谅，我们就可以放心南略歙县了。"

"花云留守池州，不知可守多久？"朱元璋问李善长。

"暂时无妨，这要看陈友谅何时诛杀赵普胜，陈友谅一旦得手，必来攻打池州。"李善长很有把握地分析着。

朱元璋听着李善长的分析，心中却在对自己说：这个赵普胜也并非是等闲之辈，不是一下子就能杀得了的。想到这里，朱元璋又问李善长："那么，依先生来看，陈友谅这回有没有胆量让赵普胜进攻安庆城？"

"我一下子也拿不准啊。"李善长说道。

其实，关于这个问题，朱元璋已经想得很清楚了，只是一时没把这层意思说出来，他把目光投向李善长，微笑着点点头，李善长见了也微笑地点点头。

其实，李善长与朱元璋对于这个问题是想到一块去了。他之所以不明说出来，正是想给朱元璋一份自信。因为在与朱元璋相处的这段时间中，李善长深深地感受到，朱元璋并不喜欢他的臣子处处都比他强。

李善长深知帝王之术，更明白为臣之道。所以，他一面尽力为朱元璋出谋献策，另一面又注意不让朱元璋感到他处处比他高明。李善长的这个想法，对他未来的发展无疑是非常有益的。

离间怒杀赵普胜

    1359 年，朱元璋派手下大将俞通海，去攻打陈友谅的手下赵普胜驻守的安庆城，俞通海没有把安庆城攻下来，只好退了兵。

    开始时，赵普胜与俞通海等驻扎在巢湖，一起归附于徐寿辉，后来赵普胜又叛归了徐寿辉。此时，赵普胜正为陈友谅驻守安庆城。此外，他还多次引兵争夺池州、太平，到处进行抢掠，朱元璋为此担忧不已。

    朱元璋见俞通海无功而返，便派人秘密打探赵普胜的情况，通过打探朱元璋才知道，赵普胜有一个门客，颇有计谋，赵普胜完全是靠这个门客给他来出谋划策。

    打探到这个消息后，朱元璋便想到了一个计谋。他派人带了很多财物去了安庆，私下与赵普胜的门客套近乎，很快便与门客成了熟人。然后朱元璋又派人暗地散布谣言，说门客与朱元璋的人有来往。

    朱元璋故意给赵普胜的门客写了一封信，让人送到安庆去，临行时，朱元璋又对送信人交代了一番，让送信人装出不知道的样子。

    赵普胜最近已经听人传言门客与朱元璋的人有来往，见送信人那遮遮掩掩的样子，就起了疑心。他拿过信来，拆开一看，原来是朱元璋写给门客的亲笔信，不由得怒气冲天。他把门客找来询问此事。

    门客不知道发生了什么事，忙问："将军，出什么事了？"

    "你做的事还装作不知道，看看这是谁写给你的！"赵普胜大吼。

    门客拾起信来，匆匆看了一遍，连忙对赵普胜说："赵将军，这是朱元璋的计策，他这是故意离间我们的关系，你可不能上他的当呀！"

    "你还想哄骗我。以后再发生这样的事，别怪我不客气！"鲁莽自信的赵普胜当然不相信门客的解释。事情过后，想起赵普胜那发怒的样子，门客就感到恐惧，他知道赵普胜刚愎自用，说到做到，他这样怀疑自己，说不定哪一天就会把自己杀掉。又想到朱元璋广招贤才，还真不如投奔朱元璋。于是，门客便连夜潜出安庆，来到应天投靠了朱元璋。

朱元璋见门客前来十分高兴，他把门客待为上宾，门客见朱元璋如此看重自己，就把赵普胜的情况全部告诉了朱元璋。随后，朱元璋让门客带上重金，潜往陈友谅的驻地，到处散布赵普胜对陈友谅不满的谣言，又用金钱买通陈友谅身边的人，让他们在陈友谅面前说赵普胜的坏话。

陈友谅本来对赵普胜就不放心，经人这么一说，就更怀疑了。而赵普胜还蒙在鼓里，自以为功劳大，经常在陈友谅使者面前自吹自擂，对陈友谅还有点瞧不起的意思。陈友谅知道后，对赵普胜就更加恼火了。

朱元璋认为时机差不多了，就派大将徐达率大军攻打潜山。徐达占领潜山，朱元璋又暗中派人到陈友谅附近说："赵普胜想投奔吴国公朱元璋，所以故意放弃了潜山。"陈友谅信以为真，就决定杀掉赵普胜。

有一天，陈友谅派人给赵普胜送信，说要带兵到安庆会军，然后按约定的时间到了安庆。赵普胜没想到陈友谅会对自己下手，听说陈友谅到了，就到陈友谅船上去拜见。哪知刚登上陈友谅的大船，就被五六个军士拿下缚了起来，并被就地砍了头。就这样，朱元璋采用离间计，借陈友谅之手杀了赵普胜。

鄱阳湖大决战

元至正四年，自从袁州起义失败以后，弥勒教徒彭莹玉就开始秘密地在淮西一带进行传布教义、组织民众。他信仰坚定，有魄力，胆子大，又会说老百姓自己的话，能够给苦难的人以希望和信心，因而深受农民的敬爱。那是在1351年，彭莹玉和麻城铁工邹普胜、黄州渔人倪文俊组织西系红巾军，举起了革命的旗帜。

彭莹玉可以说是个典型的职业革命家，革命是他一生的事业，勤勤恳恳播种、施肥、浇水、拔草。失败了，他就研究失败的教训，再从头做起。彭莹玉决不居功，也决不肯独占所收获的果实。

第一次起义称王的是周子旺，第二次做皇帝的是徐寿辉，虽然谁都知道西系红巾军是彭莹玉建立起来的，彭祖师的名字也会吓破元朝官吏的胆，但是，起义成功以后，他就像烟一样地消失了。

以至于在任何场所及记载中，都找不到这个人的名字了。15年以后，罗田还有人假借他的名义铸印章、设官吏、结众起事，可见彭莹玉对当时的影响是多么的深刻。

再说徐寿辉，他曾经是个贩布的汉子，又名真逸、真一。后来，徐寿辉趁乱跟着举义了，结果因为他身材魁梧、相貌堂堂，被众人推为首领。在徐寿辉那仪表堂堂的相貌里，藏着的却是一颗胆怯、无能的心。

徐寿辉创建政权后，提出了"摧富益贫"的口号，因而得到了广大贫苦农民的拥护。与此同时，红巾军纪律严明也是深得人心，使得队伍迅速扩展到了百万人，他们纵横驰骋于长江南北，控制了湖北、湖南、江南、浙江以及福建等广大地区。

至正十七年九月，正当红巾军迅速壮大、士气日盛的时候，徐寿辉的部将倪文俊却心怀叵测，企图暗杀徐寿辉篡夺帝位。其阴谋败露并被陈友谅所捕杀，陈友谅因功被升为平章政事，并吞并了倪的旧部。

在战乱的年代里，虽然最多的是杀戮无辜、弱者的惨死，但也会出现一些荒唐、滑稽的事情。像徐寿辉这么个胆小的人，在攻下蕲水，打败了元朝威顺王宽彻不花后，竟然也要立蕲水为都，自己做起皇帝来。至正十一年，也就是1351年，徐寿辉建国号天完。

徐寿辉的军队纪律极好，不杀百姓，不奸淫掳掠，口念弥勒佛号，十分受人民的拥护。相反的，元军军纪坏到了极点，打胜仗抢一阵，打了败仗更抢，克复城池，大杀大抢大烧，尤其是从湖广调来的军队，他们简直是无恶不作，抢得干净，杀得尽头，曾经驻防过的地方比历经战争还惨烈。

军队是如此腐败，那么在政治上呢？元朝政府恨汉人，尤其是南人不肯服从，还时常进行反抗的行为让元朝政府更加的愤恨。民间地主为了保身家产业，组织义军。此外，在镇压起义军的战争中立了功的人，即使守住了地方，甚至全家战死，也因为是南人而得不到封赏，甚至连一句安慰的话也没有。

当然，也有地主带了盘缠到大都去谋一官半职的，不但落个自讨没趣，而且还会被挖苦奚落一番。那些想一心一意帮元朝的南人、汉人，也被冷落得寒透了心。

徐寿辉是个忠厚老实、无见识的人，对于未来他也没有个计划。因此，尽管徐寿辉所占的地方很大，但是却守不住。因此，受苦的只能是老百姓。

元至正十七年九月，倪文俊谋杀徐寿辉未成功，逃到了黄州。他的部将陈友谅，以打鱼为生，后来投奔了红巾军，多次立功。作为领兵元帅，陈友谅怀着一颗野心。

倪文俊逃到黄州，那正是陈友谅的地盘，陈友谅用计杀了倪文俊，并夺取了他的军队。随后，陈友谅向东侵占安庆、池州、南昌诸地，和朱元璋接境。两军常起战事，互有胜负。

元至正二十年五月，陈友谅攻下太平，大军进驻采石，以为克日可以占领应天，便以采石五通庙做行殿，暴风雨里，陈友谅即皇帝位，国号汉，改年号为大义，尽占江西、湖广之地。

随后，陈友谅要与朱元璋夺天下，就于1360年夏天约会张士诚共同进攻朱元璋，张士诚没有回应。陈友谅就迫不及待地率领几十万大军从采石出发，东下应天。江面上旌旗蔽日，战船前后相连足有十几里路长，声势十分浩大。

在各路群雄之中陈友谅的军队是最为精锐的，他的野心也是最大的。朱元璋在应天，在陈友谅看来他就是碗里的肉，伸手就能够拿得到。他亲自带领水陆大军从江州顺流东下，水军大舰名为混江龙、塞断江、撞倒山、江海鳌等，共100多艘，真是"投戈断流，舳舻千里"。

消息一传到应天，大家都吓慌了，有的人主张以投降为上策，有人说不如放弃应天，躲过风头再看，主战的提出主动出击太平，牵制陈友谅兵力……七嘴八舌，乱成一团。胆子小的竟背地里收拾行装，盘算着在城破后的去处。

朱元璋召集文武将士商议对策后，他心中不同意众人的意见，于是，他私下召见了刘基。说起刘基，在当时可是大名鼎鼎的。他是处州青田县人，字伯温，人们把刘基看作是张良、诸葛亮一流的人物。刘基比朱元璋大17岁，是扬国公刘光世的后人，世代书香门第，所以自幼受到了很好的家庭教育，在乡间有"神童"之称。同时，刘基还是一位出类拔萃的预言家。

朱元璋是个很有主见的人，从来都不会轻易相信别人，唯独对刘基是个例外。朱元璋问刘基对大家的看法有什么建议，刘基直截了当地说："照我看来，先把主张投降的人与主张奔逃钟山的人斩首示众！"朱元璋笑了，他知道刘基与自己一样反对众人的意见，于是问道："先生有什么好计策吗？"

刘基不紧不慢地说："陈友谅虽然人多势众，但并不可怕。他远道而来，意在速战，我坚守城池，以逸待劳，何愁打不败他？再说您如果打开库府，散发钱粮收买民心，树立您的威信，用计谋打败陈友谅，成就霸业，就在此一举！"

朱元璋激动地站起身来说："您说得很对，就这么办！"于是，朱元璋号召全体将士积极准备，迎战陈友谅，他先派大将胡大海领兵绕道去攻击信州，在背后牵制陈友谅。

朱元璋又把将领康茂才找来，说道："你以前曾与陈友谅是朋友，现在陈友谅要来攻打应天，可是还没有到，我想让他来得快些，办这件事非你不可。"

康茂才疑虑地说："这件事我能办成吗？"

朱元璋鼓励他说："你能办成！你写一封信给陈友谅，就说愿意投降他，作为内应，并促使他赶快前来攻打，要他兵分三路，分别进攻应天，以便削弱他强大的实力。"

康茂才答应了："好吧，我认识一个老家人，曾经在陈友谅身边干过事，我让他去送信，陈友谅准相信。"

"那实在太好了！"朱元璋高兴地说。

在一旁的一个文臣对朱元璋的计策感到不理解，朱元璋笑了笑，说："这叫因情设计，陈友谅相约张士诚一同来进攻我们，万一他们两个人的力量联合起来，我们就难以对付了。我们如果很快地把陈友谅引来，先破陈友谅，那么张士诚知道，就害怕不敢前来了。"

听了朱元璋的解释，那人对朱元璋敬佩地说："您的计策实在是高明哪！"

康茂才按照朱元璋的吩咐，给陈友谅写了一封信，派老家人送到陈友谅那里。陈友谅正愁不了解那里的情况，不敢贸然进军，读了康茂才的信，真是喜出望外。

于是，陈友谅摆酒设宴招待了老家人，并一再叮嘱老家人："你回去告诉康茂才，就说我很快就率大军赶到，等我到江东桥时，就以喊'老康'为联络暗号，记住了吗？"

"记住了！"老家人认真地回答。老家人回到应天，把情况向朱元璋作了汇报，朱元璋听了非常高兴。

陈友谅的进军路线清楚了，军力分配也清楚了。朱元璋一面调胡大海进取广信，捣毁陈友谅的后路；一面按陈友谅的进军路线设下埋伏。

随后，朱元璋命令人连夜拆掉江东桥，在原地重修了一座铁石桥。然后开始点将布兵，命冯国用、常遇春带5万人在石灰山埋伏，徐达带兵2万在南门外列阵，杨睿驻兵大胜港，张得胜、朱虎率水军出龙江关。

朱元璋自己统领大军驻扎在卢龙山，命5000士兵手持黄旗在山左埋伏，5000士兵手持红旗在山右埋伏，告诉他们："敌人来到就举红旗，需要伏兵出来攻击敌人时举黄旗。"一切布置停当，各路将士严阵以待，单等陈友谅大军到来。

没过几天，陈友谅带领水军开进大胜港，杨睿带兵进行抵御，阻止陈友谅的水军前进，因为大胜港水路狭窄，只能容纳两只船同时通过，陈友谅的水军无法前进，只得转道长江奔江东桥而来。

来到江东桥，陈友谅以为桥是木桥，就命令用大船冲撞，以便撞倒桥后让大批船只通过。然而大船撞到桥身上，船反被撞得七扭八歪，这才发现是铁石桥而不是木桥。

陈友谅心中惊疑，站在船头，按事先约定好的暗号连喊"老康"，可是，喊了一会儿，没有回应，陈友谅连忙说："不好，我们中计了！"于是，陈友谅马上带领水军冲向龙湾。来到龙湾后，他先派1万多士兵上岸，在岸上立起木栅栏，以抵挡朱元璋军队的进攻。

朱元璋看了看天色，决定等下雨时再进攻。果然，霎时间，电闪雷鸣，大雨如注，朱元璋一声令下，埋伏在山右的 5000 士兵马上举起红旗，将士们见红旗举起知道敌人来了，一声呐喊，冲了上去，争相上前拔去陈友谅设置的木栅栏，陈友谅指挥军士前来争夺，双方展开了短兵相接的激烈战斗。

朱元璋又命令军士擂动战鼓，埋伏在山左的 5000 士兵听到战鼓响起，举起手中的黄旗，四周埋伏的兵马见黄旗举起，便从四面围攻了过来，水陆并进，前后夹击，一阵猛杀。

陈友谅的军队支持不住败逃九江。这一仗打得十分利落，杀死陈友谅的军士无数，俘虏了 2 万人，缴获战船几百艘。朱元璋站在山顶，望着滚滚东去的长江，望着龙盘虎踞的应天，脸上露出了胜利者的骄傲与自豪。

陈友谅吃了败仗并不服输，7 月间，他又派军攻下了安庆。朱元璋气愤极了，他开了一个军事会议，决定溯江西伐。龙骧巨舰上竖立大旗，写着"吊民伐罪，纳顺招降"八个大字。

朱元璋研究了敌情，想趁陈友谅将帅不安之际、军心离散之时，大举进攻，这要比等着被攻有利。于是，朱元璋便亲自统军顺风溯流，一鼓攻下安庆、江州，守将丁普郎、傅友德全军归附。

陈友谅逃到了武昌，而江西州县和湖北东南角都成了朱元璋的版图。一个扩大，一个缩小，几年来的局面，完全扭转了过来，朱元璋的兵力已经可以和陈友谅一决雌雄了。

当江南朱陈两军血战正酣的时候，江北的军事也发生了极大的变化，红巾军接连失败，形势很是危急。元朝大将察罕帖木儿收复关陇，平定山东，招降红巾军丞相花马王田丰，军威极盛。

几年来，在山东宋朝大帅毛贵礼贤下士，开辟田土，治绩斐然。原来的濠州的赵均用和彭早住，驻军淮泗一带，早住病死，均用北上和毛贵合伙。二人大闹意见，均用杀了毛贵，毛贵部将又杀了赵均用。杀来杀去，军力衰减，给察罕胜利的机会。

山东失去后，小明王的都城安丰恐怕保不住，连朱元璋的根据地应天也岌岌可危。朱元璋几年来的安定和发展，全靠小明王大军在北边牵扯元军主力。

如今局面突变，要直接和元朝大军接触，估计军力对比相差太远，实在抵挡不住。两次派代表去见察罕帖木儿，送上重礼和亲笔信，要求通好，预伏一笔，以为将来打算。这时察罕帖木儿正在围攻益都，红巾军奋死抵抗，朱元璋料益都一时不致失陷，察罕帖木儿在肃清山东之前还没有余力来进攻安丰，才敢趁这间隙，西攻陈友谅。

察罕帖木儿的代表户部尚书张昶带了御酒，八宝顶帽，和任命朱元璋为荣禄大夫、江西等处行中书省平章政事的宣命诏书，元至正二十二年，也就是1362年12月由江西到应天，其时察罕帖木儿已被田丰刺杀，子扩廓帖木儿（又名王保保）继为统帅。

不久又得到情报，扩廓帖木儿和另一大将孛罗帖木儿在抢地盘，打得正热闹，眼见得元军不会南伐了，越发定下心，断了投降的念头。当察罕帖木儿的代表带着元朝官诰到应天的时候，宁海人叶兑写信给朱元璋，劝他不要接受元朝官爵，自创局面，立基业，并且还指出了进行军事行动的战略步骤。

朱元璋觉得叶兑的攻取战略面面俱到，确有见识，心里佩服，要请他做官。叶兑却推托不肯，回到了家乡。后来，就经过几年平定东南和两广的规模来说，果然和叶兑所说的差不多。

小明王从称帝以来，凡事都由刘福通做主。领兵在外的大将，原来都是福通的同伴平辈，不太听调度，军队数量虽多，军令却不一。占的地方大，不久又被元军收复。有的大将打了败仗，不愿受处分，索性投降敌人，翻脸打红巾军；有的前进太远太突出了，完全被敌人消灭；其余又被察罕帖木儿和孛罗帖木儿两支军队打垮了。只剩下山东一部军力，做安丰的掩护。

到益都被扩廓帖木儿包围以后，刘福通亲自率军救援，大败逃回。益都陷落之后，安丰就孤立了。龙凤九年二月，张士诚的大将吕珍乘机攻围安丰，城里粮食吃完，粮道断绝。刘福通见情势危急，派人到朱元璋处搬兵解围。

在朱元璋出兵之前，刘基极力阻止，以为大兵不宜轻出，如果救驾出来，作何安置？不如让吕珍解决了，借刀杀人落得省事。而且陈友谅在背后，万一乘虚来攻，便进退无路。

朱元璋则以为安丰失守，应天失去屏障，从军事观点上来说，不能不救，遂亲自统兵出发。刘福通趁黑夜大雨突围逃出，朱元璋摆设銮驾伞扇，迎小明王暂住滁州，临时搭建宫殿，把皇宫里的左右宦侍都换上自己人，供养极厚，防护极严。小明王名为皇帝，其实是俘虏，受到朱元璋的保护与控制。

那是在2月14日的那天，小明王内降制书，封赠朱元璋三代：曾祖九四资德大夫、江西等处行中书省右丞、上护军、司空、吴国公,曾祖母侯氏吴国夫人;祖初一光禄大夫、江南等处行中书省平章政事、上柱国、司徒、吴国公,祖母王氏吴国夫人;考五四开府仪同三司、上柱国、录军国重事、中书右丞相、太尉、吴国公,妣陈氏吴国夫人。

当朱元璋出兵安丰的时候,陈友谅果然乘机进攻,以大兵包围洪都。这回真正是两线夹攻,虽然张士诚还不明白。对方规模比上次更大,陈友谅看着疆土日渐缩小,气愤不过,特造大舰,高几丈,簇新的丹漆,上下三层,每层有走马棚,上下层说话都听不见,载着家小百官,倾国而来,号称 60 万。

洪都守将朱文正死守,陈友谅用尽攻城的方法,朱文正也用尽防御的方法。经过 85 天的激战,城墙攻破了几次,敌兵涌进,都被火铳击退,连夜赶修工事,攻城守城的人都踩着尸首作战。一直到了 7 月,朱元璋亲统率 20 万大军来救,陈友谅才撤兵,掉过头来到鄱阳湖迎战。

这一场水战,也许是我国有史以来规模最大的一次。两军主力苦战了 36 天之久。这一战的结局,决定了两雄的命运。

在会战开始的前四天,朱元璋留下伏兵,把鄱阳湖到长江的出口封锁,堵住敌人的归路关起门来打。两军的形势,一边号称 60 万,一边是 20 万。水军舰船,陈友谅的又高又大,联舟布阵,一连串十几里;朱元璋的都是小船,要仰头才能望见敌人,两下一进行比较,就显得渺小可怜。

论实力和装备,都是朱元璋方面居劣势。但是,他也有优势:就士气来说,陈友谅大军在南昌顿挫了 3 个月,寸步进不得,动摇了必胜的信心;而朱元璋方面则千里救危城,生死关头决于一战,士气不大相同。

就舰船说,数十条大舰连在一起,转动不便;小船进退自如,运动灵活,在体积方面是劣势,运动方面却占了优势。就指挥而论,朱元璋有经验丰富的幕僚,作战勇敢的将帅,上下一心;而陈友谅性情暴躁多疑,将士不敢发表意见,内部出现裂痕。

更重要的是补给,朱元璋军队数量少,有洪都和后方源源不断的接济;而陈友谅军队的后路已经被切断了,粮尽士疲,使之失去了战斗的意志。

朱元璋军队的主要战术是火攻,用火炮焚烧敌方的大舰,用火药和芦苇装满几条船,敢死队驶着冲入敌阵,点起火来,和敌方几百条战舰同归于尽。接战时分水军为 12 队、火铳长弓大弩分作几层,先发火铳,再射弓弩，最后是白刃战。

短兵相接，喊杀震天，从这船跳到那船，头顶上火箭炮石交错，眼睛里一片火光，一团刀影，湖面上是漂流着的尸首，在挣扎着的伤兵，耳朵里是轰隆的石炮声，噼啪的火铳声。

陈友谅的船是红色的，而朱元璋的船是白色的，一会儿白船围着红船，一会儿红船围着白船，一会儿红船白船间杂追赶。有几天白船像是占了上风，有又几天红船占据了优势。朱元璋激励将士苦战，多少次身边的卫士都战死了，座舰被炮石打碎，换了船搁浅动不得，险些被俘。

一直打到最后几天，陈友谅的军队已经绝粮，右金吾将军建议烧掉船，全军登陆，直走湖南，左金吾将军主张再战，陈友谅同意走陆路的办法。左金吾将军怕降罪，领军来降，右金吾将军看情形撑不住了，也跟着投降了。陈友谅军力愈加削减决定退兵，打算冲出湖口，不料迎面又是白船，前后受敌。

陈友谅正要亲自看明情势，打算决一死战，于是，他把头伸出了舷窗外，不巧即刻就被飞来的箭给射死了，至此陈友谅的军队也全部溃败，部将护着陈友谅的尸首和太子陈理，连夜逃回了武昌。

战事的胜利取决于最后一分钟，造成陈军溃败的是陈友谅的战死。朱元璋虽然胜利了，可是他也是极其危险的，始终也没有弄清到底是谁射死了陈友谅。

第二天，朱元璋焚香拜天，慰劳将士，宣誓将来要天下一家。后来，朱元璋又对刘基说："我真不该到安丰去，假如陈友谅趁我远出，应天空虚，顺流而下，我进无所据，退无所依，大事去矣。幸而他不敢直攻应天，反而去围南昌，在南昌守了3个月，给了我充分的时间，这一仗虽然打胜了，但是也真算是够侥幸的啦！"

运气真的是特别地眷顾朱元璋：他怕察罕帖木儿的兵威，正接洽投降事宜，察罕帖木儿被刺杀了；扩廓帖木儿准备南征，又和孛罗帖木儿抢地盘，打得难解难分；陈友谅第一次约张士诚夹攻，张士诚迟疑误了事；第二次张士诚围安丰，陈友谅不取应天而围南昌，又被箭给射死了。

朱元璋这样想着，越想越有理，再发展下去，就想成"天命有归了"，从此，他一心一意地秉承上天的付托，作长远而宏大的计划。计划的第一步就是称王，称王是不成问题的，小明王在他的控制之下，写一道圣旨派人送去盖印就成。

于是，朱元璋自立为吴王，设置百官，以李善长为右相国，徐达为左相国，常遇春、俞通海为平章政事，立长子朱标为世子，并且发布了号令。

军队的服装原先的只是用红布作为记号，穿得五颜六色，现在也统一了。规定将士战袄战裙和战旗都要用红色的，头戴阔檐红皮壮帽，插猛烈二字小旗。攻城系拖地棉裙，取其虚胖，箭不易射进去。箭镞开头是铜做的，现在疆土广了，也有了铁矿，于是便改用铁的了。并且大批量地制造铁甲、火药、火铳、石炮，武器也是越发犀利耐用了。

随后，朱元璋亲自率领水陆大军攻打武昌，立湖广行中书省。到了年底，陈友谅的疆土——汉水以南，赣州以西，韶州以北，辰州以东——都成了朱元璋的版图。

惊天地、泣鬼神的鄱阳湖大战，在元末的战争史上，也是最为激烈悲壮的一战。双方实力强弱差异巨大，战争的结局却是逆向发展，堪称战争史上的典范。

一举消灭张士诚

朱元璋在消灭陈友谅后，曾对全国的几股军事势力作了详细的分析：河北的元军有兵而无纪律；河南的元军有兵却没有战斗力；关中的李思齐、张良弼的军队因道路不通，导致粮饷供应不足；只有江南张士诚的军队能和我们抗衡。因此，朱元璋就把攻击的目标锁定在了张士诚的军队上。但是，要一举消灭张士诚，也不是一件容易的事，所以朱元璋还是采取了谨慎的战略。

张士诚早年以贩卖私盐为业，后来发了点小财，并结交了当地的豪绅买通官府，从而使得"生意"越做越大。后来他不甘心来自多方的敲诈，杀死了歹徒，从而闯下了大祸。

张士诚遭到了官府的通缉，当他走投无路时，便与其患难乡亲李伯昇等18人结盟，树起了造反的大旗，接连攻陷了泰州、兴化、高邮等长江下游的一些地区。

张士诚为人讲义气，轻财而好施与，因而受人拥戴。元末时期，张士诚率盐徒起义，于1354年在高邮称诚王，建国号为周，建元天佑。1356年，张士诚建都平江。此时，在张士诚控制的地区中有太湖流域的鱼米之乡，其物产是十分丰富的，自古以来就是我国经济发达的地区，最有可能成为成功人士物资保障的重要基地。

可是暂时取得胜利的张士诚此刻却不求进取，仅仅满足于现状。在攻取平江后，张士诚大兴土木，建筑富丽堂皇的楼台馆舍；养美女，日夜行乐；张士诚还怂恿当年和他一起走江湖的穷哥儿们花天酒地，因而导致部下日益腐化；就连作战时，将领们也是躺在家中不赴命；将领们即使是打了败仗也不会受到处罚，不会被兴师问罪。张士诚的弟弟张士信做了丞相后，生活也是极其荒淫，从来都不过问政事，进一步走向了低迷。

在如何攻打张士诚的问题上，朱元璋在谋士们的帮助下，制定出了详细的策略步骤。随着策略的逐渐成熟，朱元璋于 1365 年，正式下达了征讨张士诚的命令，并一举攻下了通州、兴化、盐城、泰州、高邮、淮安、徐州、宿州、安丰诸州县，将东吴的势力赶出江北地区。与此同时，张士诚渡江夺取了苏、松，比朱元璋攻取集庆早了一个多月。张士诚先下手为强，折断了朱元璋东下三吴的路径，而元璋骑踞应天，也对张士诚构成了极大的威胁。由此不难看出，双方的争斗不可避免。

至正十六年七月初三，张士诚首先发兵镇江，向朱元璋发起挑战，但却被徐达击败。消息传到应天，朱元璋随即发去 3 万兵马协助进攻。徐达驻军于常州城西，汤和驻扎于城北，张彪驻扎于城东南，从而形成了四面包围之势。张士诚急派张九六率数万大军去增援，张九六也是一员猛将，他根本就没把朱元璋的军队放在眼里。徐达用兵一向谨慎，他看准了张九六的骄横，便决定用智取，最终将张九六擒拿。

张九六被俘后，张士诚十分沮丧。他一方面命令常州将士严密防守，一方面遵照母亲的命令，派使者孙君寿到应天下书，愿意每年输粮二十万石、黄金五百两、白银三百斤，罢战弭兵，各守封疆。可是，朱元璋却要乘胜拿下常州，于是便回书说"馈粮五十万石，即当班师"。张士诚不愿意接受这个苛刻的条件，于是谈判被迫中止。

张士诚经过休整，决心与朱元璋再战。五月初一，他派出左丞相潘原明、元帅严再兴屯扎上新桥，逐个攻城。永兴翼都元帅耿炳文却先发制人，进行了主动出击。潘原明、严再兴不能对耿炳文进行抵挡，边战边退，死伤惨重，有好几百人被生擒。

五月初五，朱元璋乘长兴得手，命镇守镇江的江淮分枢密院副使张鉴、金院何文政渡江攻克泰兴。至正十七年七月初五，朱元璋命邓愈移镇宁国路，准备向南攻取徽州路。朱元璋决定先由胡大海攻取绩溪，而后围宣城，攻打黟县、休宁、婺源，一路奏凯。在占领了宁国和徽州之后，朱元璋继续向东南方向扩展。

至正十七年，对于朱元璋来说是春风得意的时光，东向奏凯，南指风靡，西部也有所拓展。江北除了据守泰兴外，10 月又攻克了重镇扬州。朱元璋的策略依然是避强打弱，着眼点仍在东部和南部。东部是以防为主，防中有攻；对南部则是稳扎稳打，步步推进。至正十八年一开春，朱元璋与张士诚在江阴、常州展开了拉锯战。在战役中张士诚没得到什么便宜，双方暂时休战。

至正十八年十月初，朱元璋命令胡大海攻下兰溪后，急速向婺州城挺进，但近两个月却一直未能攻克。朱元璋决定把优势兵力集中在浙西地区，尽快完成领土的拓展，并且完成对张士诚的北、西、南三面的钳制，同时还要堵住陈友谅向东的行进之路，打破他的紧缩包围。

至正十八年，朱元璋率领大军抵达婺州城下。这时，有一个避乱严州的和州儒士王宗显受到了朱元璋的接见，他将刺探到的婺州城内将士各怀异志的情况作了汇报，朱元璋心里愈发清楚明白了。

朱元璋观察完敌阵后，说道："松溪山多路狭，车行不便。我若派出一支精兵，必能制胜。他的援兵一破，婺州城绝望，内部涣散，可以不攻而下。"第二天，朱元璋出兵，果然是兵出捷至，胡深逃回处州，婺州陷落。12月20日，朱元璋率大军浩浩荡荡开进了婺州城。

进城之初，朱元璋便发布了严厉的军令，禁止将士抢掠。这时，有一个官员自恃为帐前亲随，因而不听从约束夺取了民财，当即就被砍了脑袋传首示众。为了稳定秩序，朱元璋命人在城内加强了日夜巡逻。

有一天晚上，朱元璋带领贴身护卫小先锋张焕夜间巡视，被巡逻哨兵阻拦盘问，张焕忙上前解释说："这是大人。"要他赶快放行。

哨兵说："我不管你们是什么大人，只知道犯夜的人一律捉拿。"张焕好说歹说才算放行。朱元璋见晚间秩序良好，巡哨也是非常地认真，很是高兴。

第二天，朱元璋派人给了那个哨兵二石米的奖赏。在饱经战乱和洗劫之后，婺州士绅百姓能够见到这样纪律严明的军队，感到十分庆幸。随后，朱元璋又开仓赈济，下令禁酒，更是远近传颂。

经过一段时间的调整后，朱元璋又将婺州路改为了金华府，并在这里设立了中书分省，并健全了政府衙门。任命王宗显为金华知府，协助朱元璋积极地大规模地礼聘读书士人。儒生们多年来第一次感受到了自己是如此受到当局的重视，便纷纷投效。

不久，朱元璋又礼聘得到了三个大名士，他们分别是许瑗、王冕和宋濂。许瑗是江西乐平人，在元朝末年两次考中举人。他劝朱元璋"非广揽英雄，难以成功"。许瑗受到了朱元璋极大的器重，做了参军，后来被升任为太平知府，最终死于太平保卫战。

王冕是绍兴路诸暨人，幼年家境贫穷，父亲无力供他上学，让他去放牛。王冕一边放牛，一边读书，还学习画画。后来被儒学大师收为弟子，王冕便成为闻名遐迩的通儒。朱元璋钦佩王冕的自强不息，又发现他的确有独到的见地，就任命他为咨议参军。尽管王冕也想大展所学，可不幸的是不久后他便病死了。另一位名士名叫宋濂，在明朝建立后他成了明朝的开国文臣之首。朱元璋为了创造一个安定和睦、隆兴文治的氛围，命知府王宗显恢复了停顿多年的府学，而宋濂就做了金华府学的五经师。

与此同时，为了显示仁德之治，至正十九年三月初二，朱元璋发布了宥囚之令，布告金华所属州县，除非是大逆不道或者是敌人的探子照旧关押外，其余罪无大小一律进行释放。

朱元璋在建设巩固金华根据地的同时，也对周边地区进行了进一步的谋划：对东部的方国珍安抚拉拢；对南部处州、衢州引而不发；对北部的张士诚则是先打他个下马威，攻中求守。

经过几个月的整顿建设，对金华的治理严而有序，朱元璋与军队的声望和影响也是越来越大了。在至正二十四年，朱元璋称吴王，因1363年张士诚早已自立为吴王，因此，在历史上张士诚被称为东吴王，而朱元璋则被称为西吴王。1365年，朱元璋正式下达征讨张士诚命令。战争开始前，朱元璋作了极其充分的准备。他特别加强了对军队的训练，从而来提高战斗力。他亲自检阅将士，进行分队演习，优秀者会有不同等级的银两奖赏，所有将士都给酒馔进行慰劳。

3天后，朱元璋派出有威望的统帅徐达、常遇春、胡廷瑞、冯国胜、华高等率马步舟师水陆并进，规取淮东、泰州等地。3天后他们进逼高邮，再围取淮安、濠州、泗州。

1366年，徐达攻取了高邮、兴化等地，4月又攻占了淮安。不久，朱元璋发书致宿州的吏民，招降也获得了成功。朱元璋再次以徐州为根据地，相继攻取了邳、萧和宿迁、睢宁等诸县。

至此，大约用了半年多的时间，朱元璋就把张士诚的势力驱逐到了长江以南。他占领了淮东地区暨长江北岸的大小诸镇，也完成了预期的计划，而后便准备直向张士诚的心腹地区进攻。待淮东诸郡县平定后，朱元璋准备对张士诚发起大规模的歼灭战，夺取江南地区。在战前的军事会议上，朱元璋听取了大家的意见。为了争取群众，安定民心，朱元璋又发布了讨伐张士诚的檄文，因此展开了强大的舆论攻势。

朱元璋在檄文中揭示了元末的统治腐朽以及农民借宗教起义的深刻的社会背景，还有朱元璋本人从起兵到灭陈友谅的经历。同时，在文中还列举了张士诚的八大罪状。由此也可以看到，朱元璋正在极力表明他的强大已经超乎了元朝，其力量也是在各路起义军之上。

8月4日，徐达、常遇春统军20万，水陆齐发攻打湖州，四面进行围攻。张士诚派兵6万赶来解围，10月，双方战斗进入到了激烈的阶段，张士诚亲率大军增援。同年11月，杭州、湖州先后投降了朱元璋，平江成了一座孤城。于是，朱元璋以重兵包围平江，发动了平江战役。

平江是张士诚经营多年的地方，城防坚固，粮草十分地充足，所以要想攻克平江是极其不容易的。刘基曾一再说到张士诚胆小怯战，屡误军机，并非是贬抑之词。因为有许多大好的战机，都被他轻易地放过了。那时，朱元璋的绍兴、诸全守将谢再兴举起叛旗，投降了张士诚。

谢再兴辜负了朱元璋的信任，私下让左总管、糜万户两个心腹，到张士诚的辖地杭州，贩卖货物牟利。时间一久，事情败露。朱元璋怀疑左、糜两人来往杭州，泄露军事机密，下令把他们抓起来杀掉了，然后将两颗人头挂在谢再兴的厅堂上示警。

谢再兴感到异常愤恨，觉得朱元璋的手段太狠。于是，率领全体人马，挟持着李梦庚，投到了张士诚大将吕珍帐下。诸全是浙东军事重镇，对衢州、处州起着屏障作用，一直设重兵布防。谢再兴的叛变，使李文忠极为震动，但惧于对方的势力，不敢出兵征讨，只能派大将胡德济移师诸全五指山下，防范张部南侵。但是，这个极为有利的形势，也被张士诚错过了。

几个月之后，当朱元璋被陈友谅牵制在鄱阳湖中，身陷泥潭不能自拔时，这又是一次绝好的机会。而张士诚既不西击应天，也不南下浙江，而是安坐在姑苏城中，钟鸣鼎食，姜绕姬环，过得十分悠闲自在，仿佛虎视着他的强大敌手，能在他的宴乐声中，自行溃灭。其结果，自然是养虎遗患，自掘坟墓。眼下，张士诚据守的疆土，南至绍兴，北达通州、泰州、高邮、淮安、徐州、宿州、濠州、泗州，直达山东的济宁。朱元璋决定先扫清江北地区，剪其羽翼，然后南下江浙，攻其腹心，步步为营，稳扎稳打，力求万无一失。

平江战役开始时，朱元璋筑墙围城，并造有三层的木塔楼，高过城墙，以弓弩、火铳向城内射击，还设襄阳炮日夜轰击。城内一片恐慌，张士诚几次突围都以失败告终。反复无常的张士诚贪图享受，对他的部下也是十分地放纵，这不得不说是致其失败的原因之一。

徐达率领部队开始进攻平江，他在城外垒起了长围，把城严严实实地围住了，从此便断绝了内外联系。徐达率军在长围外驻扎兵营，平江的八个城门都被围堵住了。朱元璋的士兵进行猛攻，而张士诚的兵士却进行死守。在半年的时间里，平江仍然未被攻下。此时，张士诚城内的弹药已经用尽，他就自制飞炮，击中率也是很高的；等到城中的木石用尽，张士诚就开始命人拆祠庙、民宅为炮具。而城外的徐达则命令架木作房屋状，以竹笆支撑，军士埋伏其下，以此来展开攻势。

张士诚仍然死守着平江，双方相持已经长达 10 个月之久。这个时候的张士诚已经是面临外无救兵、内无粮草的窘境了。在平江被围困的最后一天，当张士诚的弟弟张士信正在胥门城楼上与参政谢节等一起用餐时，一盘桃子刚刚端上桌，随着一声巨响，一个飞炮打了过来，张士信的脑袋被炸得粉碎。兄弟惨死，张士诚又沮丧，又愤怒，命令进行飞炮还击。一时间，炮声震耳，飞石满天，围城部队遭受到了很大的损失。直至正二十七年九月初八，朱元璋率军攻入平江城，张士诚则展开巷战相抵抗。

后来，徐达听说张士诚逃跑，便追到了吴王府，不见张士诚的影子，急忙带人进府四处搜寻。只见张士诚和他的王后并排挂在了梁头上。徐达急忙命人把他们放下来进行抢救，张士诚被救活了，而他的妻子却永远地离开了人间。

死而复生的张士诚知道自己成了俘虏，竟一言不发，仿佛是一具死去许久的僵尸，徐达只得用门板将他抬到船上。张士诚躺在舱板上一动不动，不吃不喝，不言不语。第二天，张士诚被押到了应天中书省。

只见五花大绑的张士诚，被抬到了中书省的大堂上，接着，他又被按着跪到地上。张士诚仰头闭目，沉默不语。朱元璋问话，张士诚不搭理；李善长问他，张士诚则破口谩骂。这时，朱元璋怒喝一声："来人！给我将此贼乱棍打死！"随后，上来的四名武士便将张士诚按倒在地，乱棍齐下，不一会儿张士诚便气息全无了，东吴也随之灭亡了。经过两年多的浴血奋战，朱元璋终于取得了平定张士诚的完全胜利。

随后，徐达又根据朱元璋的旨意，与常遇春约定在攻占姑苏后各分一半进行抚定，因此大军进城之后，秩序井然，号令严肃，军士不敢妄动，居民晏然。张士诚在平江失守之前，烧掉了征收赋税的图籍，而没有烧毁城中百姓的住宅和建筑。对此，平江百姓还是很怀念他的。朱元璋占据姑苏后，很快就把平江路改成了苏州府。

朱元璋总结了张士诚失败的教训，对群臣说道："我初定应天，各守自己的境土，不曾有意对其攻伐。但他诱我将士，连年挑起战事，最终被擒。假如早有觉醒，对外睦邻，对内安抚百姓，岂能被打败？再又骄奢自娱，不念民艰，其下又没有对他忠心耿耿的谋士，终致失败。"

最后，朱元璋又定下了下一步行动的目标，说道："现在陈友谅、张士诚二人皆被消灭，东南虽空，但中原尚存忧患。大家应当通力协作，不能自以为太平，而忘乎所以。汲取张士诚的教训，要引以为戒。"大军凯旋回到应天后，朱元璋进行了论功行赏。他把李善长升为宣国公，徐达升为定国公，常遇春升为鄂国公，其他各将士也有相应的赏赐。

歼灭义军方国珍

朱元璋的皇帝梦在平定张士诚后更加涌动于心，可是，离梦寐以求的皇帝宝座越来越近，他的心病也越来越痛楚。部下将帅都尊韩林儿为皇帝，而今，朱元璋也想做皇帝。他救了韩林儿，并以礼仪肃然地供养在滁州，现在却成了他走上皇帝宝座的最大障碍，对此，朱元璋后悔莫及。

朱元璋不想直接地除掉韩林儿，那样太不遮人耳目了，并且会落下个千古骂名，要做就做得干净漂亮，并且是神不知鬼不觉，不留下任何痕迹，因此，要想个万全之计。朱元璋苦苦思索着，忽然，一条妙计浮上了心头：从滁州到应天，必须越过长江天堑，眼下正是隆冬季节，寒风凛冽，波浪滔天，如果舟覆人亡，那岂不是很平常的事情。不过，此事关系重大，必须得找到一个可以托付重任的人。

朱元璋想到了在巢湖归附的水师头领廖永忠。此人耿忠任事，颇有智谋，而且他还不是东系红巾军出身，与韩林儿也素无来往，是一个理想的人选。于是，朱元璋急忙把廖永忠从苏州调回来听命。

廖永忠回来当天，朱元璋便在内室秘密地接见了他，对他说："永忠，我之所以特地调你回来，就因为你有这份忠心。皇帝远在滁州，登基问政，鞭长莫及，故派你去滁州，将皇帝和全体官员眷属接到应天，相信你一定会不负所托。"朱元璋拍拍部下的肩头，目光中充满了信任。

"大王，只恐末将不宜担当接驾重任，况且眼下大江上风急浪高，万一出现非常情况，末将也担待不起呀！"廖永忠面有难色地说道。

朱元璋眯着眼睛答道："即使出现了意外，那也纯属天意，非人力所能抗拒。懂吗？"廖永忠陷入了困惑，见朱元璋的眼神中，不仅有期待和信任，似乎还有许多言外之意。

第二天，廖永忠带领几只大船，去了大宋皇帝韩林儿的驻地滁州。

得知朱元璋派人来接他去应天，韩林儿的一颗心立刻收紧起来。韩林儿想：如果真的要到了应天，在朱元璋的羽翼之下看其脸色，他还会把我这个吃闲饭的人当成皇帝吗？

韩林儿怀着满腹狐疑，小心翼翼地召见了廖永忠。韩林儿设宴，隆重款待了廖永忠，并捧出一匣珠宝送给廖永忠，廖永忠却坚辞不受。韩林儿又握着廖永忠的手，含泪说："到达应天后，朕当效法古人禅让天下，免为虚名所累，爱卿务必大力成全。"

"该帮忙的，微臣不会袖手旁观，陛下不必多虑。"廖永忠说。

"那我就放心了！"韩林儿放心地说道。

3天后，廖永忠率领船队踏上归程。韩林儿一家及文武大员都被安排在一条飘扬着龙旗的大船上。北风催帆，船行如飞。第二天傍晚，船队便来到著名的长江瓜步渡口。这时，天空飘起了雪花，黑云滚滚，呼啸的西北风，将宽阔的大江挤压得颤抖起伏。一个接一个的黑浪，猛扑在江边的石崖上。风急浪高，船只颠簸得厉害，黑夜过江，廖永忠害怕出事，特地到韩林儿及其亲属坐的御船上，亲自指挥操舵。

船队缓缓进入了大江，越往前走风浪就越大，船只像在浪尖上跳舞。一忽儿沉入黑谷，一忽儿跃上浪尖。偌大的木船，像一片树叶似的在激浪中摇摆颤抖。船上的人被摇得东倒西歪，不少人开始大口大口地呕吐。廖永忠指挥着舵手与浪涛搏击，但仍然无法让大船稳定前进，他连连跺脚，只恨自己倒霉的运气。

忽然，临行前朱元璋飘忽不定的眼神和让人迷惑的嘱咐，浮上心头。廖永忠豁然开朗，也许这是上天在成全自己。廖永忠迎着风浪，接过舵柄亲自掌舵。恰在这时，一个巨浪打来，船身猛向南倾斜。在这种情况下，本应向北打舵，让船身稳定，廖永忠却顺势将舵往反方向猛扭。浪击舵板，舵助浪威，御船忽地向南面翻倒过去……凄惨喊叫声，立时沉寂下去。吓破胆的小明王、大臣和亲属们都被扣到了激浪中。

廖永忠同时翻身落水，他冲出水面督促着水手和自己一起，在水下寻找大宋皇帝，搭救落水者。无奈，天黑浪高，到哪里去找？韩林儿一行人早已经被汹汹巨浪吞噬得无影无踪。

廖永忠水性好，自然安然无恙。他被别的船救起，心安理得地回到应天复命。出乎廖永忠意料的是，不等他说完遇险的全部经过，朱元璋便倏地变了脸，并且大声呵斥他。

"大王，末将已经尽了十二分的努力，实在是风浪太大，天意不可违抗呀。"廖永忠把"天意"捧了出来，低声辩解。

"你还敢狡辩?!风浪大就该翻船?别的船怎么没翻?来人呀,给我捆起来,拉出去砍了!"

"大王,末将确实是尽了力的呀。不信问问同行的人,是人的责任,还是天意?"廖永忠跪到地上,大喊冤枉。

朱元璋立即讯问随行的官兵。不料,各个异口同声:廖永忠一路小心护持明王,江心遇险时还不顾个人安危奋力搭救。如此的英勇无畏理当予以奖励,才不负将军舍己救人之忠勇……

"看来,这真是上苍的安排,人力无法违抗的天意。"朱元璋长长地叹了一口气,宽容地说道,"廖永忠,念你已经尽了力,暂时不予处置,重回苏州效力,戴罪立功吧!"韩林儿等一命呜呼,绊脚石变成了奠基石,朱元璋异常高兴。

再说前方战事,雪片似的捷报使朱元璋处于亢奋之中。他准备南北同时用兵,早日平定全国。盘踞在苏湖一带的张士诚被彻底消灭后,据守福建的方国珍便失去了屏障。朱元璋曾与方国珍达成妥协,两家各守边界互不侵扰。但方国珍在与朱元璋通好的同时,又接受了元朝的封号,元朝还让方国珍将张士诚纳贡的十几万石漕粮运向大都。

方国珍是浙江黄岩人,也是元末明初浙东农民起义军领袖。他长得身长面黑,力勒奔马,与兄国馨、国璋,弟国瑛、国珉,以佃农和贩私盐为生计。方国珍起兵较早,但他原无大志,开始时仅是为了反抗地主阶级的经济剥削和报复其政治迫害,后来则汲汲于富贵之求,满足于元朝授予的一官半职。方国珍的突出特点是诡谲多变,谁的势力大便投靠谁,在预料不准和把握不定的时候,他则是两面三刀,多方应付,除了个人利益以外,他无任何政治原则。

至正十六年,元朝授予方国珍运粮万户之职,利用他为元政府漕运江南粮饷,后来,他被升为江浙行省参政。朱元璋曾多次致书,劝方国珍不要脚踏两只船,无奈方国珍置若罔闻。在至正二十二年,金华蒋英等叛乱杀了胡大海,提着人头去投奔,方国珍害怕得罪朱元璋而不敢接纳。方国璋在台州与蒋英部队遭遇,战败后被杀害。

朱元璋得知,派人前去吊祭。第二年,参军胡深攻下瑞安,乘胜向温州推进。方国珍再次派使者求饶,许诺每年供奉白银3万两,一旦朱家军攻破杭州,便将温州、台州、庆元三郡,献给朱元璋。

可是,等到朱元璋攻克了杭州,方国珍不但不履约,反而与元朝扩廓帖木儿及福建的陈友定相互勾结,妄图互为策应。朱元璋写信给方国珍并列出了其12条罪状,命他悬崖勒马,每年纳贡23万石粮食,方国珍依然置之不理，朱元璋大怒，向他发出了最后通牒。

方国珍召集弟侄及将领商议对策，多数将领心存侥幸，认为张士诚尚在支撑，自己地连东海，有舟船连接，朱元璋无可奈何。于是，便将珍宝细软悉数搬到大船上，准备万一抵抗不住时，便逃往大海躲避。

方国珍执迷不悟，只有兵戎相见。1367年，朱元璋派参政朱亮祖率衢州、金华等地驻军讨伐方国珍。方国珍的部队毫无战斗力，朱亮祖几乎兵不血刃就攻克了台州。

10月11日，朱元璋又派中书平章汤和为征南将军，都督金事吴祯为副将军，与朱亮祖南北夹攻，夺取方国珍的巢穴庆元路。朱亮祖的部队，由台州、黄岩南下一路势如破竹，很快便拿下了温州。

11月初，与征南副将军吴祯联手，在乐清县盘屿水域，大败方国珍之子方明善水师。紧接着，方国珍老巢庆元落入汤和手，方国珍率船队逃向大海。朱元璋立即增派水师追讨方国珍。

眨眼间，方国珍便成了孤家寡人。他将完整城市留给了汤和，他则率领部属装载着宝物向海上逃逸，但汤和紧追不舍。方国珍只好率子侄部下向汤和投降，同时派儿子方明完奉表去应天，向朱元璋谢罪请降。

当方国珍匍匐在朱元璋脚下时，朱元璋告诉他来得太晚啦。方国珍叩头谢罪说："臣何尝不知来得太晚，无奈身不由己，望陛下垂怜！"

朱元璋由于即将荣登九五，尊称为皇帝，为了显示天覆地载之恩，沧海大泽之量，不仅赦免了他们的罪过，还进行了妥善的安置。不仅给了方国珍一个广西行省左丞的官衔，还在京城为他建造了名为"千步廊"的豪华宅第百余间，方国珍高高兴兴走马上任。从此，称霸浙东10多年的草莽英雄，成了朱元璋手下的一名驯臣。

与此同时，在讨伐方国珍的同时，朱元璋还派中书平章胡美为征南将军、江西行省左丞何文辉为副将军，东出江西，攻打福建的陈友定。湖广行省平章杨璟、左丞周德兴则率师攻取江西。

胡美挥师度杉关，入邵武，锐不可当，直下建阳。后续部队在广信指挥使沐英的指挥下攻破分水关，直逼崇安。陈友定的主力据守在福州和延平一带。福州城堡垒密布，高台相接，布防极为严密。陈友定则亲率精锐据守在福建分省驻地延平，准备与朱元璋的大军决一死战。

汤和、廖永忠统领水师从宁波南下，直扑福州，守军顽强抵抗，终因寡不敌众，很快被占领。福州陷落，延平成了孤城，不久便被攻破。陈友定服毒自杀被救活后，被押到了应天。可是，他的话再一次激怒了朱元璋，朱元璋猛拍桌案把陈友定和他的儿子推出去斩了。

北伐直捣大都

朱元璋解除了北伐的一个障碍，清除了称帝前行路上的一块绊脚石后，他又在南方战场取得胜利，接着，他又迎来了北伐和统一全国的有利战机。

随着前方接连传来捷报：广东、广西相继被平定。除了四川、云南，整个江南地区都被归入了朱元璋的版图，朱家军对于仍然占据着中国北方的元朝统治者，实行重锤敲击的时刻到了。

北伐中原，进军大都，推翻元王朝，进而统一全国，关系到朱元璋皇帝大业的完整和长久。北方幅员辽阔，元军四处布防。先打哪里，从何处进军，都要认真考虑，进行缜密的部署。为了慎重起见，朱元璋请来了刘基和陶安，与他们单独商量着对策。

"大军北伐在即，应该采取哪种战略，还请二位多多发表见解。"朱元璋向刘基和陶安诚恳询问着。

陶安说道："眼下江南几近全部平定，鱼米之乡尽归我所有。而此时，元朝也已经闻风丧胆，所以微臣认为，军队可以长驱中原，直捣大都。"

"中丞，你的高见呢?"朱元璋向刘基问道。

"微臣以为，还是应该采取讨伐张士诚的战术，先剪其羽翼为好。"

陶安摇头否定地说道："张士诚宽待部下，将士勠力为其卖命，直攻其老巢，四方来援，我将陷入被动。而元则不同，他的部下各怀异志，阳奉阴违，如同一盘散沙。我认为如果径直攻入大都，并没有多援之虑。"

"真会是这样吗?"朱元璋又问。

"大王尽可放心。"陶安肯定地答道。

刘基轻咳一声说道："大王自起兵以来，与各路豪杰角逐，之所以现在能够拥有整个江南，就在于用兵谨慎。现在更要谨慎，万不可因中原动荡混乱，而生轻敌之心，望大王三思啊！"

"是的，他们手中的几十万人马不是在睡大觉，我并非是胜券在握，还是谨慎些好啊！"朱元璋点头赞同，"陶先生，你说呢？"

陶安只得点头答道："刘中丞老谋深算，用计万无一失，臣下完全赞同。"

朱元璋说道："好，那就这么决定了！"随后，朱元璋再次对北方的形势进行了反复的斟酌，征询谋士们的意见，又与参战将领们再次进行商讨。经过多次讨论之后，朱元璋正式下达了北伐的命令：命徐达为征虏大将军、常遇春为征虏副将军，统率 25 万大军，由淮河入黄河，直捣中原。出兵之前，朱元璋再次召集主要将领进行训话，并且进行反复叮咛，谆谆告诫。朱元璋严肃地告诫道：

> 将帅出师，必须取其长，用其短。诸位都是英勇善战的猛将，但持重稳健，纪律严明，进退攻取，得大将之体者，莫如大将军徐达；当百万之众，冲锋陷阵，所向披靡，莫如副将军常遇春。我所担心的，不是遇春不能战，而是冒险轻敌。当初在武昌，有几个敌骑挑战，他竟然亲自迎敌。身为大将，岂可与小校争能？切戒，切戒！如临大敌，遇春可与冯胜分为左右翼，各领精锐进攻。右丞薛显、参政傅友德，皆勇冠三军，可独当一面。徐达则要专主中军，策励诸将，运筹帷幄，不可轻动。古语说："将在军中，君不干预者胜。"你要好生体会。

朱元璋稍微停顿了一下，继而又对徐达嘱咐道："大将军，我把北伐重任交给你了，你一定要从严治军，上下一心。审进退，通机变，战必胜，攻必克。我虚彼实，则远避之；我实彼虚，则迎击之。时刻都不能忘记立威任势。我与众豪杰相驱驰，他们之所以失败，就是因为威弱而势轻的缘故，你一定要牢牢记住呀！"

随后，朱元璋又对薛显和傅友德等人说："当初，刘邦、项羽楚汉相争，彭越曾在山东立下大功。今天出师先攻打山东，你们要以彭越为榜样，英勇立功，我等着给你们论功行赏呢！"由此不难看出，朱元璋对此次北伐是多么重视和慎重。

1367 年，应天北门外七星山下，新搭建的拜将台上，旌旗招展，朱元璋要在这里举行隆重的拜将誓师大典。只见拜将台上红烛高烧，朱元璋点燃三炷贡香后便插到香炉里，随后，朱元璋跪到朱红拜垫上，恭恭敬敬三叩首，祈祷天地神灵，保佑北伐顺利成功。随后，学士陶安又宣读了讨元檄文。

等一切都结束后，徐达下达了开拔的命令，朱元璋拉着他的手，步下拜将台，直送到校场外面方才止步。朱标则和李善长等大臣一起，将徐达、常遇春等一直送到了长江边，等到他们上了渡船方才告别返回。

10月24日，徐达刚刚抵达淮安，便派人对驻守沂州的王宣、王信父子劝降。王氏父子看到大军压境，抗拒必败，只得派使者到淮安递降表。但是随后，朱元璋又写给徐达一封密信，要他加意防范王宣父子，因为他们反复无常，不可轻信他们的话。

果然不出朱元璋所料，刚刚过去半个月，王宣便悔约叛变，派他的儿子王信到营州等处募兵，加强沂州防务，同时杀害了徐达派往沂州的使者。徐达大怒便率师急驰沂州，连夜挥师攻城。王宣抵挡不住，只得打开城门投降。

徐达恨王宣父子的反复无常，当即命令将他们用乱棍打死。沂州的陷落，使山东的元将吓破了胆。紧接着，平章韩政又攻下了滕州。徐达又率主力北上，一举攻克了战略要地益都，并连下所属州县，俘敌1万多名及大批马匹，从而切断了山东东西部之间的联系，使得济南、济宁两重镇陷入孤立无援的局面。

十二月初三，徐达北抵乐安，沿途的元军望风而逃。一连串的胜利用势如破竹来形容，一点儿也不过分。两天后，大都督同知张兴祖率部连克东平、东阿。元参政陈璧等5万部众投降。孔子的56代孙袭封衍圣公孔希学，率曲阜县丞、邹县主簿前来迎接张兴祖，从而加快了兖州以东州县的归附进程。

十二月初七，徐达的主力部队顺利攻克济南，张兴祖又将济宁收复。至此，山东的战略要地全部到手。形势发展得太顺利，朱元璋担心将士轻胜生骄，再次飞书到军前告诫徐达。徐达和常遇春感谢吴王朱元璋的及时提醒，也深知肩上担子的沉重。他们明白，眼下最高统帅要求他们的只能是凯歌，而绝不能是哀乐。

不到一年的时间，朱家军就相继取得了占领山东、河南、潼关的战绩，完成了朱元璋的"撤其屏蔽""断其羽翼""据其户槛"的计划，至此便对元都城形成了三面包围的态势。

洪武元年正月，推翻元朝即将完成之际，朱元璋在应天即皇帝位。这对直捣元大都起到了极大的鼓舞作用。此时，对于北伐直捣元朝的老巢，朱元璋也有着自己的看法。

朱元璋认为，自己的军事行动发起于江南，骑兵力量不足，并且中原局势尚不稳定，因此其成败都系于天命，元顺帝弃都而逃不必穷追。但却需要固守强围，以防其侵扰。这不仅决定了当时的北伐方针大计，而且影响了明朝时北部边防的格局。这也是元朝统治者退出大都以后，并没有彻底灭亡，一直在北部有一个或几个政权坚持活动的一个因素。

洪武元年闰七月四日，朱元璋亲自画北征布阵图，派人送给大将军徐达，并再次提示徐达"率师北征，廓清中原，拯民艰苦"。本月十五日各路兵齐会临清，于是大将军徐达率马步舟师北上，至德州，副将常遇春及都督副使张兴祖俱以师会。二十日徐达师至长芦，遂派兵克青州。再进至直沽获海舟七艘作浮桥济师，副将常遇春、都督副使张兴祖各率舟师并河东西以进，步骑走陆路而前，元丞相也速等望风奔逃，元都大震。很快，北伐大军从南向北，横扫河北。25日徐达率师进至河西务，战败元守将平章俺普达朵儿只进巴，28日进入通州城。

元顺帝见大明军来势凶猛，急诏淮王帖木儿不花监国，与中书左丞相庆童同守京城。就在徐达逼近大都的当夜，元顺帝率后妃、皇太子等悄然打开健德门，向居庸关逃遁。至此，统治中国达98年之久的元王朝宣告结束，大都改称为北平。

徐达登上齐化门，宣告监国淮王帖木儿不花、中书左丞相庆童等人的种种罪状，当即斩首示众。其余投降官吏将士，一个不杀。他派人查封了府库宝物、图籍档案，并将皇宫四门封锁，派张焕率领一千余人严密把守，严禁任何人接近。同时发布百姓各安其业，将士不得扰民的严令。大都之战，百姓没有受到惊扰，街肆秩序井然，充分显示了徐达治军法令森严。可是，他的严明法纪，却遭到了许多将士的反对。

至此，北平这一座幽州古城，从五代时石敬瑭割让与契丹起，已有430多年。宋朝太祖至神宗祖孙四代曾做过努力，试图夺回，可未能如愿。

第二天，举行了隆重的仪式，群臣上表称贺，随后下诏改大都路为北平府。徐达受命置燕山等六卫，以保卫北平。然后朱元璋令徐达和常遇春夺取山西，留3万兵士分隶六卫。

实现统一成大业

那是在新年的伊始，在应天城内将举行隆重的登基大典，一个新王朝即将在这里诞生。飞雪报春形势喜人，一派欢歌笑语回荡在应天城内。建国在即，新帝登基的准备工作正在紧锣密鼓地进行着。李善长率文武百官奉表劝进朱元璋为帝，朱元璋认为此等大事不能潦草行事，应当按着礼仪办理。

洪武元年正月初四，朱元璋即皇帝位，定国号大明，建元洪武，建都应天，中国历史上又一个盛大的王朝宣告建立了。其实，大明这一朝代名号的决定，事前曾经经过长时间的考虑。

历史上的朝代名称，都是有其特殊意义的。大体上可以分为四类：第一类用的是初起时的地名，如秦朝和汉朝；第二类用了所封的爵邑，如隋朝和唐朝；第三类用的是特殊的物产，如辽和金；第四类用的是文字的含义，如大真和大元。大明不是地名，也不是爵邑，更非物产，它应该被归结到第四类。

大明这一国号出于明教。明教有明王出世的传说，主要的经典有大小明王出世经。经过了五百多年公开的或秘密的传播，明王出世成为民间所熟知所深信的预言。这传说又与佛教的弥勒降生说混淆了，弥勒佛和明王成为二位一体的人民救主。

韩山童自称为明王起事，败死后，他的儿子韩林儿继称小明王，西系红巾军别支的明升也称小明王。朱元璋原来是小明王的部将，害死小明王后继之而起，国号称为大明。据说这一提议是刘基提出的。

朱元璋的部下分为红巾军和儒生两个系统，这一国号的采用，使两方面人都感觉到满意。就红巾军方面来说，大多数都起自淮西，因此受到了彭莹玉的教化，其余的不是郭子兴的部属，就是小明王的余党，是天完和汉的降将，总之，他们都是明教徒。

国号大明，第一是表示了新政权还是继承小明王这一系统，所有明教徒都是一家人，应该团结在一起，共享荣华富贵。第二是为了告诉人们"明王"在此，不必痴心妄想，再搞这一套花样子。第三是为了使人民安心，本本分分地来享受"明王"治理下的和平合理的生活秩序。

就儒生方面来说，固然是和明教无渊源的，和红巾军处于敌对地位，用尽心机，劝诱朱元璋背叛明教，遗弃红巾军，暗杀小明王，另建新朝代。可是，对于这一国号，却用了儒家的看法去解释。"明"是光亮的意思，是火，分开是日和月，古礼有祀"大明"朝"日"夕"月"的说法，千百年来"大明"和日月都算是朝廷的正祀，无论是列作郊祭或特祭，都为历代皇家所看重，儒生所乐于讨论的。而且，新朝是起于南方的，和以前各朝从北方起事平定南方的恰好相反。

再拿阴阳五行之说来推论，南方为火，为阳，神是祝融，颜色赤，北方是水，属阴，神是玄冥，颜色黑，元朝建都北平，起自更北的蒙古大漠，那么，以火制水，以阳消阴，以明克暗，不是正合适吗？再说，历史上的宫殿名称有大明宫、大明殿，古神话里，"朱明"一词把国姓和国号联系在一起尤为巧妙。因此，儒生这一系统也赞成用这一国号。

可见，同意使用大明这一国号，也是出自于不同的思想。一些人是从明教教义上，而另一些人则是从儒家的经说上，因而使得他们最终都认为这是最合适的称号。

10天之前还是连日的雨雪交加，可是到了正月初四，忽然云开雪停了。这天一大早，只见整个天空都被朝霞染得通红。北风匿迹，树梢轻摇，近半个月的冷风阴霾一扫而空，一轮红日喷薄而出。新修的皇城和铺上雪毡的大地，到处蒙上了一层吉祥的金黄色，使节日里的都城显得分外辉煌灼目。朱元璋梦寐以求的盛大节日终于到来了，应天城沉浸在欢乐吉祥的气氛之中。家家张灯结彩、清扫门庭。千年古都金陵要以崭新的面貌，迎接新皇帝登基大典。

时辰已到，祭仪开始。首先是柴祭迎神。朱元璋焚香后，率众臣集体叩拜，然后宣读祭天祝文。祝文宣读完毕，朱元璋率众臣饮祭酒、吃祭肉。然后进入送神阶段：坛上燃起大火，将玉帛埋于地下。朱元璋率众臣一齐跪到地上，仰望长天，注目送神。至此，祭天仪式宣告结束。

其次便是皇帝即位的时刻，只听李善长率领文武百官，向北跪拜，齐声呼喊："恭请大明皇帝升座。"

这时，只见朱元璋换上绣有日月山川图案的衮服，头戴平顶冠冕，迈着方步从后面缓缓走了出来。朱元璋来到祭坛中央，在大红飞金龙椅上款款落了座，他俯视跪在地上的文武百官，神色庄严。

"吾皇万岁，万岁，万万岁！"百官山呼万岁，行三跪九叩大礼。朱元璋正式登基了。此时的朱元璋恍如在梦中，只见他端坐在龙椅上一动不动，两行热泪潸然而下。祭天大典一结束，洪武皇帝朱元璋便带领诸子及众大臣，去新落成的太庙祭祀先人。

登基大典的第三步是金殿受贺，朱元璋登上御辇返回奉天殿后，正式接受百官的朝贺。按着规定的礼仪程序，由中书省左相国、宣国公李善长等率文武百官上表庆贺，表文中颂扬了朱元璋的辉煌功绩和无量的功德，当今为皇帝实属人心所向，定开太平于万世。

朝贺完毕，朱元璋命李善长奉表册立马氏为皇后，立世子朱标为皇太子，以李善长、徐达为左、右丞相；所有功臣宿将都加官晋爵；皇族不论活着的还是死去的全部都封为王；对外戚进行追封，包括皇外祖、皇后之父母等封为王。至此，登基大典全部结束。朱元璋成了君临华夏神州的大明朝洪武皇帝。这一年，他41岁。

新朝开基，百废待兴。朱元璋告诫功臣们不要持满骄纵，当务之急还是战争，此时，朱元璋把目标转向了北方。大将军徐达将元军在山东的最后一个据点乐安收复之后，继续挥军向汴梁进发。

洪武元年五月二十一日，大明皇帝的车驾到达了汴梁。朱元璋抚慰有功将领、慰问士兵，同时他也考察了地理和民情。私底下朱元璋单独向徐达征求了下一步北征的方略。朱元璋在汴梁期间，除了指挥北伐战役，还游览了大相国寺、黄龙寺、宋代铁塔等名胜古迹。他在汴梁逗留了两个多月。七月二十三日，才起驾返回应天。

与此同时，虽然元顺帝已经逃跑，但是"元亡而实未亡耳"，攻占元都后的明王朝仍然受到元朝残余势力的威胁。元顺帝居于上都，保有完整的统治机构；元将李思齐拥兵陕西，扩廓帖木儿以强悍"骑兵十万、步卒倍之"据有山西，并且不时地对内地进扰；元太尉纳哈出屯兵20万于金山，这就形成北方元残余势力三路钳制明军的形势。

已在明朝控制下的地区由于久罹兵革，也多是无人之地，再加上各地水旱灾害不断，人民的生活还是无着落，各种形式的反抗活动也仍时有发生。朱元璋是从起义中推翻了元朝而建立大明的，因此他清楚地知道，农民起义是灭亡一个封建国家的重要力量。明朝建立后，一旦出现了农民起义的情况，朱元璋就会坚决地进行镇压，实际上这已经纳入朱元璋的总体统治之中了。

那是在洪武二年十一月，真州人王昭明联合18人进行起事，朱元璋镇压后只把王昭明给杀了，释放了其余的人。那是在洪武三年六月，又爆发了陈同起义，这次起义是大明建立后最先与官军展开激战的农民斗争。泉州惠安人陈同起义后攻向永春、德化、安溪三县，姚得和龚胜等率兵进行镇压。陈同进行了顽强的抗战，姚得和龚胜等所率官军失利。当时驸马都尉王恭镇福建，听到此事后便亲自率领精兵进行讨伐，最终，陈同被捕遭斩，其余败军统统投降。

大约从 1373 年开始，随着明朝统治的巩固，社会经济的恢复与发展，朱元璋所代表的统治阶级中，越来越多的人利用其经济和政治手段压迫剥削广大劳动人民，以致发生了多起人民的反抗斗争。起义次数也是明显地增多，地区也遍布南方和北方，中原与边疆。在此时，发生过湖广罗田县王佛儿起义、福建古田县山民起义、房州段文秀起义等多起起义事件。

在这些起义中，有的是因为天灾困苦引起的，有的则是因为贪官污吏所逼引起的，但后者显然更为严重。当时的山西汾州，因旱灾严重朝廷早已下令免民租，但是本地的一些官僚却仍然进行征赋。由于这种现象不断地出现，从而激起了农民起义的爆发。

对于连续不断地出现农民起义，朱元璋感到有些不耐烦了，于是，他便借着江西的一桩利用宗教起义事件，大肆议论，说人民有"厌居太平好乱者"，也就是说，在这样的政治和谐下，也会出现一些作乱的人，而他统治下的明朝军队，其作用正是对内镇压犯上作乱的人，对外则是防御侵略的。

对统治阶级压迫剥削产生的严重不满，激起了来自社会最底层人民渴望通过反抗斗争得到平等的意愿。这不仅是广大人民的追求，即使是朱元璋，他从维护明朝长治久安的立场出发，也会予以关注。朱元璋也看到了官军迫害人民，把群众逼上了梁山的事实。

透过不断出现的农民起义，朱元璋看到了贪官污吏是害军害民的罪魁祸首。不断出现的人民的起义斗争，是受到贪官污吏的压迫与剥削后发生的。这样，为了维持国家的长治久安，就要与贪官污吏进行长期的斗争。但是，朱元璋并不会因此就会原谅起义的人民，他仍然坚持着镇压一切反抗的斗争。

统治国家的官吏和保卫安全的军队反成了祸乱之源，这绝非是朱元璋的心愿。他的理想是要在和平时期保持常规军队，以备不时之需。同时在面对上述形势问题上，为了迅速取得和稳定对全国的统治，他在继续完成对全国的统一事业的同时，也在采取措施恢复和发展生产。

八月十五日，大将军徐达、副将军常遇春、右副将军冯胜、偏将军汤和、平章杨璟等，统率大军西取山西。常遇春率军南下取保定、真定，然后自娘子关西进。冯胜、汤和自河南府渡黄河取怀庆，自南向北攻取泽州、潞州。十一月中旬，元将扩廓帖木儿遵照元主自开平发出的指令，从太原出雁门关，经居庸关进攻北平。扩廓帖木儿来到怀来后得报太原告急，他又急忙掉头回去支援。当扩廓帖木儿到太原时，部将豁鼻马早已经被明军策反了。

十二月的一天深夜，城内突然多处起火，同时四门洞开，常遇春率部呼啸而进。扩廓帖木儿在十八名亲兵的护卫下，骑马夺路逃走，常遇春一直追击到忻州方才收兵。扩廓帖木儿逃向了甘肃。太原城顺利到手，豁鼻马以下四万余众，全部归降，山西一举平定。

次年三月，大军渡过黄河进入陕西作战，守将李思齐远奔临洮，张思道据守庆阳不敢出击。由于庆阳城防坚固，攻击比较困难，于是徐达采取了困而不打战术，偏师围困庆阳，主力西击临洮，守将李思齐被迫投降，张思道得知临洮失守，逃到了甘肃投靠扩廓帖木儿。他弟弟坚守庆阳被困三个月后，终于被攻下。至此，陕西的全部地区也被平定了。

洪武二年四月，朱元璋命副将军常遇春率偏将军李文忠出师塞北，攻打元朝老巢开平。六月开平顺利被攻破，元顺帝逃往和林，常遇春追逐了数百里才收兵。可是，在回军的途中，常遇春猝然病死，年仅40岁。常遇春勇猛无畏，战功赫赫，不愧是一员虎将。

扩廓帖木儿败退西北后，依然打着元顺帝的旗号不断在边境进行侵扰。1370年，朱元璋任徐达为征北大将军征讨扩廓帖木儿。大军兵分两路，同时出击：徐达出潼关，自西安捣定西，直击扩廓帖木儿；李文忠则北出居庸关，向和林进击，追歼元顺帝。四月初八，在甘肃定西县北沈儿峪，徐达大败扩廓帖木儿，扩廓帖木儿仅携眷属等少数人北遁和林。大明军威远震西疆，河州以西，吐蕃、朵甘、乌斯藏等部落皆望风归附。

四月二十八日，51岁的元顺帝妥欢帖木儿，在仓皇北逃中死于和林以北的应昌，皇太子爱猷识理达腊嗣位。后来，大将李文忠进攻应昌，元嗣主仓皇北逃，五六万人被俘。至此元朝的残余势力受到了致命的打击，接近了灭亡状态。洪武三年十一月初七，征虏大将军徐达、左副将军李文忠凯旋班师回朝，朱元璋亲自到龙江关迎接慰问。十一月十一日，朱元璋驾临奉天殿，举行庆功盛典，由太监宣读了封爵行赏圣旨。

1371年，汤和灭夏后又平定了四川。1375年，扩廓帖木儿的死使北元势力进一步削弱。1381年，傅友德灭元梁王势力，平定了云南，至此明朝巩固了在北方和南方的统治。

洪武四年，明军曾从海上进兵辽东，占领了辽阳以南地区。洪武二十年，冯胜率军从陆路进击纳哈出，纳哈出大败后投降，辽东遂全部平定。朱元璋从建国至平定辽东，前后用了二十年的时间，至此终于完成了明朝的统一大业。

第二天，李善长、徐达率领文臣武将进宫谢恩，朱元璋在华盖殿接见了他们。赐坐之后，朱元璋谦逊地说道："今天成就一统之业，都是各位爱卿的功劳呀！"

徐达等将领赶忙起身跪地叩头，齐声说道："臣等起自田垄，风云际会，有幸追随陛下。每次征战，无不是遵循陛下的胜算。用兵次第，如以掌运指，待战事结束，竟至不差毫分。这是天赐皇上圣智，非臣愚等之所及。"朱元璋掩饰着得意，手捋疏须，嘴角上提。

然后，朱元璋对于征战杀伐，滔滔不绝地作了不容辩驳的总结。毋庸置疑，经过十多年的学习磨炼，朱元璋已经成长为一位杰出的战略指挥家。

但是，对于朱元璋把大明江山的统一，完全归结于自己的英明决策，却有了贪功之嫌。由此可见，谋士刘基、陶安等人的运筹帷幄之力，将士们的流血牺牲之功，也只不过是他在嘴上说说而已了。在朱元璋的心里，臣下们的智慧功劳也已经变得越来越淡了。

从此以后，谁敢对荣膺天命的洪武皇帝朱元璋产生半点怀疑或者是腹诽，那就无异于犯上作乱、自寻死路，他必欲置之死地而后快。洪武皇帝的独裁和残忍在刚登上宝座便露出了端倪。但此时的文臣武将们却没有注意到这一点，他们只看到了新皇帝励精图治的勤勉与忧思。

朱元璋在励精图治的同时，还在不断地提高自身的修养。朱元璋认同传统道德规范的过程，是他与知识分子交流学习传统典籍的过程。这一认识之所以重要，是因为它不仅是朱元璋个人思考的需要，而且也是他做了皇帝之后，成为了社会的需要。

朱元璋身为皇帝，他认为人能够修身是一种良好秩序的开端。朱元璋并不直接谈论自己修身的心路历程，而往往是以典范的面貌展示给他的官员们。

洪武九年，在面对新上任一批省级地方官员时，朱元璋在讲话中再次大谈修身意义。他说："圣贤们所讲道理，无非率性修道而已，人若能终身以此为准绳，一定会受用不尽。有人从小并不知道事物是非曲直，但是长大后仍能做到孝敬父母、关爱兄弟，这便是人与生俱来的善良天性。如果能够循着这一道理做下去，即为率性之道。一个人做好事，而其他有志者效仿他，这便是修道之教。推广此意，有什么好事做不成呢？你们这些地方长官只要努力做，就会永远保住官职。"

朱元璋多次对大臣们表达自己正心、诚意态度和价值观念。他说："君主应该谨慎看待嗜好，不受外界诱惑，如同明镜止水，正可以鉴照万物，否则便似镜子蒙垢，水中有渣，自身昏暗不清，又如何照物？"

朱元璋始终都认为，人都有喜好，问题在于你所爱好的是什么。譬如，国君爱贤才，则大臣中多为有才干者；国君喜欢正直的人，则左右亲近无奸佞小人，这样国家才有希望。如果喜好失当，势必造成"正直疏、邪佞进"的局面，如果到了这个时候要想再治理好国家那就太难了。所以他表示君主能否正心、修身，与国家的治乱是息息相关的。

朱元璋曾对群臣坦陈己见，他说："智力虽然足以使人取得天下，但不足以获得人心，我每次回忆起这句话，总是通宵难以入眠。静观往事，无不如此。当初我起兵的时候，论智谋不如张士诚，论实力不如陈友谅，但是我对他们完全以诚相待，从未使用欺诈的手腕，所以他们最终败在我的手下。我想，人的智力总有穷尽和不及的时候，唯有至诚，别人才能真的信服你。"

有一次，朱元璋到东阁，翰林待诏朱善等人在场，朱元璋再次就人应有的品德发表了看法。

朱元璋说道："一国之君，如果以天下之好恶作为自己的好恶，处事就会公正；以天下的知识作为自己的知识，就能够明达。人的天性就是爱自夸，爱说别人的错误。君子则不然，君子扬人之善，不自我吹嘘，君子能够原谅他人的错误，而待己却是十分地严格。"

朱元璋还一再提倡诚心对待万物，他说："对待世间万物，都不要简单地用眼睛或耳朵去观察感受，唯有用心感悟，才能认清复杂的事物，万万不能凭借智力，以为靠天生的聪明就能够成功，其实，诚心才是真正有效的处世之道。"

当然，朱元璋在谈及君主"修己"时，其实带着很强功利主义色彩。他要求全国官员正心、诚意、修身，也是为了有效地维护大明政治社会秩序而采取的一种有效手段。他由修身为起点，推及治国平天下，以儒家"德治"的方法，实现对大明的有效统治。

现在，大规模的战争已经成了过去，接下来，朱元璋考虑得最多的便是如何巩固新王朝的政治统治和安抚九州百姓。

制定《大明律》

明朝建立后，一直都在推行严刑峻法。洪武七年，明朝正式颁布了《大明律》。这部记录了 606 条法规的书籍，相比于唐、宋、元时的律条，写得更加详尽严峻。

即使是这样，朱元璋抛开既定法规，又先后颁布了《大诰》《大诰续编》《大诰三续》《大诰武臣》等律条。这些法外之法，大都是朱元璋独出心裁的产物。有了法外之法，还有法外用刑，因此增添了许多酷刑。朱元璋始终认为，在治理乱世时必须要使用重刑，才能够让不法之人感到惧怕。

朱元璋意识到对皇亲国戚的保护还是不够，因而他强调推行"刑不上大夫，礼不下庶人"那一套儒家礼法。对于皇后家、皇妃家、东宫太子妃家、王妃家、郡王妃家、驸马家以及公侯之家，除了谋逆大罪一律不赦外，其他方面如果犯了罪，则由皇上谅情裁决，其真意无非就是宽大赦免。

洪武三十年，朱元璋又重新颁布了《大明律》，对 73 条较重的量刑标准进行了更改。几个月以后，他又将原《祖训录》加以修订，改称为《皇明祖训条章》。朱元璋在谈到汉代吕氏专权的教训之后，又再次进行重申：

> 以后不许设立丞相，不许后妃干政，不许太监干政，后世敢有改变祖训者，以奸臣论处！

与此同时，朱元璋再次劝诫诸藩王，一定要与皇帝同心同德，以护卫大明江山，并保住自己的荣华富贵。后来，朱元璋又对儿子们的不安分，表现出了忧心忡忡。所以，他不厌其烦地以"妄窥大位者，无不自取灭亡"相威胁。

朱元璋对法制极为重视，这也是源于历史与现实方面的两个原因。第一，鉴于元朝灭亡的教训，法制不立，纲纪废弛；第二，是维护明朝统治的需要。

朱元璋在建立明朝之前就开始着手制定法律了。早在至正二十四年，朱元璋被拥立为吴王后，即建置百官，一个新王朝初具规模，立法也提到议事日程上来了。朱元璋明确指出建立新秩序，必须要有法可依。

朱元璋调动和组织大批官员制定法律始于1367年。这年10月，朱元璋命中书省以《唐律》为蓝本，着手制定律令，即《明律》，也称《吴元年令》。以左丞相李善长为总裁官，另以杨宪、刘基、陶安、徐本、范显和文原吉等20多人为议律官。

朱元璋遂发谕令，明确了立法原则："立法贵在简当，使言直理明，人人易晓"，"务求适中，以去繁弊"，"法网密则无大勇，法密则国无全民"，等等。当年十二月初，《律令》一书编成，内容以《唐律》为标准，适当进行了增减，最后改定，共计285条。朱元璋下令，将此律令刊布公众，并颁之各个郡县。

为使百姓明理及通晓民间所行事宜，又编成了解释律令的《律令直解》一书。1368年，又进行了修订和完善，朱元璋亲自进行增删。洪武六年，先颁布《律令宪纲》，后又下诏刑部尚书刘惟谦详定，篇目皆以《唐律》为准。

最后，朱元璋进行亲自主持，每成一篇，则命揭示墙壁上亲自裁定，直到翰林学士宋濂写《表》进呈，方命令颁行，这就是著名的《大明律》。其全律总计606条，被分为36卷。其中与人民生活有关的部分朱元璋以口语通俗的形式写出，称作《律令直解》，目的是使百姓都能看得懂，使之家喻户晓。

但是，朱元璋修订法律的活动并未至此而结束。在洪武九年，朱元璋又命丞相胡惟庸、御史大夫汪广洋等人以"务合中正"的要求，重新更正《大明律》13条；在洪武二十二年，朱元璋命翰林院同刑部官员，根据历年所增者，再次修订《大明律》，并将《名例律》冠于篇首。至此，总共确定为30卷，共460条。后来经过皇太孙的请求，朱元璋又命令改定为73条。

朱元璋为了把《大明律》推广到社会生活的各个方面，也为早日革除元朝的徇私灭公的恶习，洪武十八年，他又编成《大诰》，也称

《御制大诰》，次年又编《续编》《三编》，内容都是官民犯法的记录，惩治贪官的备案。

《大明律》颁布之后，朱元璋要求所有臣民都要熟读，学校还要把它作为教材使用，每家每户也都要持有，如果家中有一本《大诰》，要是犯了罪，便可以减刑一等；如果没有，那就要加刑一等。一时间全国讲读《大诰》的师生到京城入朝的竟达 19 万人之多，皆得赐钞钱而返。

由此可见，这种做法，既起到了传播律令的作用，又使全国臣民驯服地在君主制下生活。同时，朱元璋要求司法量刑治罪"只依律与《大诰》为准"。《大诰》罗列罪行有千余条，而且为了达到以重刑来威慑臣民的目的，它又具有法律效力。1397 年，《大明律》《大诰》最后编成，并成为定型本，终明之世未曾修订。

形式上《大明律》的制定是以《唐律》为参考标准的，但从其内容来看并不如此，在量刑上大都比《唐律》重。如臣民以"十恶"定谋反、"谋大逆"等罪时，不分主、从，一律凌迟处斩。《唐律》在量刑上要分犯罪的不同情节，而《大明律》则没有区分；在年龄上，《唐律》规定 15 岁以下不处死罪，而《大明律》则没有这种区分。由此可见，明朝的法律更严厉一些。

朱元璋亲自主持和参与制定的明朝律令，尤其是《大明律》，经过数十年的酝酿创制修订，最后定型颁布天下，真可谓"日久而虑精"。它是我国封建社会一部比较完善的法典，也是承前启后的法典。条例简而概，精神原则严谨，是以封建小农经济为基础的法典代表。它的影响不仅是当代及其后的清朝，甚至还远到日本、朝鲜、越南等国家。

依法行事不避情

朱元璋不断地对执法官员们进行告诫：执法就像射大鹄一样，必须要掌握好弓箭才能够射中。维护好社会秩序，维护好统治才能够得民心，这就必须要振纲纪、明法度。朱元璋认为有了法律，就要维护法律的尊严和威信。

朱元璋在即位之前，攻占浙江金华时就下令禁酒。但是，很多地方却没有认真执行，特别是一些官员更视其为儿戏。此时，带头违犯的正是朱元璋身旁第一员大将胡大海的儿子。

当朱元璋知道胡大海的儿子带头违反命令时，便下令将他逮捕，还要军法从事。而当时胡大海正在领兵征越，有人为了不惊动胡大海，奏请免杀其子。可是朱元璋却坚决不答应，他说道："宁可使大海叛我，不可使我法不行。"所以亲手杀了胡大海的儿子。

这个消息传出后，全境震惊。从此，朱元璋所颁布的一切法令，再不敢有人轻视了。经过几个月的整顿建设，金华被治理得逐渐趋于条理化，朱元璋和他的军队在浙西的声望和影响也越来越大了。

朱元璋强调审讯主持公道，平和宽恕。除非大逆不道才能定罪，百姓犯罪不得连坐。同时，对平民百姓要体现平恕、重亲情和人性的原则。

洪武元年，朱元璋北巡，刘基和李善长则留守京师。刘基的责任是督察奸恶，以肃清京城。这时，中书省都事李彬犯了法，刘基立即将他逮捕并治了罪。李彬求李善长替他说情，以此来免其处罚，刘基不同意，反而以天旱不下雨，如果杀了李彬天必降大雨为说辞杀了李彬。

朱元璋回到京城后，发现怨恨刘基的人越来越多，因而找了个借口，送刘基回老家去了。由此事也可以反映出，朱元璋对刘基的执法严苟是不完全赞成的，他再三强调执法者主持公道，但是要做到宽严相济。

朱元璋为使执法得以"平恕"，彰显法律的公允，他发旨采取了以下四项措施：

其一，为使人民有冤得申，在皇宫的午门外设置了"登闻鼓"。规定：凡民间词讼得不到申理，或者有冤不能前来者，均准许击登闻鼓，监察御史须立即奏报，敢阻止者死罪。一旦有犯人不得申冤或提什么建议的，有特殊的情况，朱元璋仍予以通融。

其二，警告人民避免犯法。朱元璋有令，要在府州县及其乡之里社立申明亭，张榜公布当地严重触犯刑律者的罪过及姓名，使人有所警戒，"以开良民自新之路"。

其三，朱元璋亲自审案宽释。洪武二年，监察御史谢恕巡视松江，以"欺隐官租"罪名逮捕了190多人到京师，其中多数人喊冤枉，治书侍御史文原吉等上奏了此事。于是朱元璋命召数人亲自审问，了解了实情，原来纯属是冤案。

其四，提倡"明刑慎罚"。朱元璋不是无原则地放宽行刑，而是求其轻重适宜，强调"明刑慎罚"，即把犯罪事实弄清楚，处罚时也要慎重。

朱元璋认真地依法行事，虽然有些罪犯得以宽释，但最终判决有罪的人还是特别多的。作为一朝的当政者，为了维护明朝的专制统治，总的来看是极其残酷的。

此外，朱元璋还采取了劳教犯人的措施，就是不把犯人囚禁于监狱中，而是通过劳作治罪、教诲。被劳教的犯人有戍边免死的普通商民和获罪的官吏等等。如发临濠屯种的一罪犯，原是在两广戍边；有的施以酷刑以外，继续劳教；有的赴京师筑城，劳教表现好的可再被起用。

洪武七年，有一批在凤阳劳教的官吏，"已历艰苦，必能改过"。后来，经过选拔有149人至京师"各授职有差"。

睦邻友好保和平

作为明朝的开国君主，朱元璋在内政事务上大刀阔斧地进行着改革，而且还进行着孜孜不倦地追求。相对而言，他在处理对外事务方面，似乎并没有什么显著的作为。睦邻友好、相安无事成为朱元璋在处理对外关系时的最高原则。洪武元年，朱元璋刚登基不久，他就派使者出使高丽、安南等国。除了通报改朝换代外，还表达了与各国重新建立外交关系的意愿。朱元璋宣布了外交政策："与远迩相安于无事，以共享太平之福。"他甚至自谦地称："朕虽不德，不及我国古先哲主，使四夷怀之，然不可不使天下周知。"

洪武四年，朱元璋在奉天门召见各部大臣，就对外关系问题发布训示："海外诸蛮夷国家如果对中国有所侵害，不可不加以讨伐，但是，如果他们没有危害中国，则不可以主动兴兵征讨，地广非久安之计，民劳乃易乱之源。"明代初年，国内统治还不稳定，百废待兴，也需要一个和平安定环境，此时，朱元璋采取睦邻友好的外交方针是有道理的。

洪武末年，在重新修订颁布《皇明祖训》中，朱元璋还特地将这一方针放在显著的《首章》中，让子孙世代都遵守：四方诸夷皆限山隔海，僻在一隅，得其地不足以供给，得其民不足以使令。若其不自揣量来扰我边，则彼为不详。彼既不为中国患，而我兴兵轻犯，我亦不详也。吾恐后世子孙倚中国富强，贪一时战功，无故兴兵，杀伤人命，切记不可。"人不犯我，我不犯人"是朱元璋对外关系思想的一大特征，但他实际上并没有停留在"人不犯我，我不犯人"的这个层次上，他特别反对使用武力来解决国家之间的争端，他主张国与国之间的关系应该靠道义、道德来维系。

讲到汉武帝巩固边防的雄才大略时，朱元璋是非常赞赏的。他认为北方胡人侵扰边境，自古是常有的事。以汉高祖那样的权威，统率大军尚不能击败匈奴，反而被围困，那文帝和景帝也就只能守成了。虽然多次遭受匈奴侵扰，但是也只能是被动地进行防守了。

只有汉武帝才能真正地把被动的局面扭转过来，他发大军进行征讨，先后五次出塞打击匈奴，洗雪汉军白登被围之耻，最后终将匈奴降服。此举虽对国力有所消耗，但消除匈奴侵扰边境之患，其功不可没。

洪武年间，明朝与朝鲜的关系一直时断时续。洪武二年，朝鲜国王派使者入贡请封，与此同时，他仍与北元保持着密切的关系；洪武十七年，由于军事格局发生了变化，朝鲜与北元的交通被完全隔断，朝鲜这才断绝了与北元的联系。

洪武二十六年六月，朝鲜边疆招诱女夏人500多名，随后发生了潜渡鸭绿江寇掠辽东的事件。同年十月，又有朝鲜海寇人在金州新市发生掠劫的事情。此时，五军都督府及兵部等大臣多次奏请加以讨伐，可是都被朱元璋拒绝了。朱元璋总是说："兴师伐之，本来不难。我拥有骑射舟师，水陆毕备，且为百战之兵，亲杰精锐，带甲百万，舳舻千里，水漈渤澥，陆道辽阳，区区朝鲜，不足以具朝食。只是为百姓着想，而不欲轻燃战火。"每次都以道义、利害诸理加以劝阻、警告。

洪武末年，安南与思明州发生了领土争端，明朝政府屡次下令让安南归还，大臣们也都建议举兵征讨安南，朱元璋却不同意。朱元璋建立明王朝后，以宗主国自居，视其他周边邻国为藩属国，明廷的涉外关系也就保留了宗藩关系的根本特征，只是这种宗藩关系在朱元璋看来是无足轻重的。朱元璋受到"求相安无事"涉外指导思想的支配，对藩属各国没有任何要求，使得这种宗藩关系比以往更加名义化，以至各国与明王朝的关系事实上是平等的。

那时，维系宗藩关系的主要纽带是相互之间的贡赐活动，各国定期派使臣携带本国的土产或奇珍异宝之类及相关文书，向明廷朝贡，这标志着该国承认明朝宗主国的地位。明廷接受贡物，给予隆重接待，回赐大量礼物，也就表示明朝视该国为自己的藩属国。

对于各种外交礼节活动，朱元璋都主张从简，他认为这不仅可以减轻朝贡国负担，对朝廷来说也是十分省心的，可避免节外生枝。

洪武五年，朱元璋就朝贡问题指示如下：高丽国贡献次数太多，甚至一年多次，加重了其百姓负担，而且海路异常艰险，因而使者的人身安全也是难以保证的。特别举了当年高丽使者洪师范一行在返回途中遇到大风，船翻后溺死了39人，另外113人则漂流到嘉兴海岸才被救起的例子。朱元璋认为，幸亏有被救者可以回国说明情况，要不然高丽国能不起疑心吗？因此，朱元璋提出三年朝贡一次，所贡之物以所产布十匹足矣，不必过多。同时，也将此令告知占城、安南等国。但是，多数藩属国并不遵守规定，朝贡次数仍远远超过了规定次数。

洪武七年，朱元璋不得不重申有关规定，由礼部通知各国。但是，第二年安南又要求增加朝贡次数，朱元璋只得又一次让中书省转达他的意思："朝贡常制，三年一次，来朝使臣人数也以三五人为宜，贡献物品也不必过于丰厚，表示诚敬之心即可。"

洪武十六年，朱元璋又专门制定了朝贡勘合制：朝贡使者必须持明廷颁发的勘合。勘合由明朝制定，每个朝贡国发给勘合200道，号簿四扇，分存双方，以供验比。洪武五年正月，琐里派使臣朝贡时，朱元璋对中书省大臣说："西洋琐里，涉海而来，艰难险阻，难计年月，其朝贡无论疏数，厚往而薄来可也。"后来，朱元璋又对礼部官员批示说，对来朝贡的各国给予丰厚赏赐，以表示朝廷的关怀之意。各国所贡之物，多数为供玩食用的奢侈品，少数可用于生产、生活，如马匹、药材等，量也极为有限，对于中国来说自然是无足轻重的。历代统治者多重视各国朝贡的政治意义与象征意义。

洪武十六年二月，占城国王阿答阿者派使臣杨麻加益等前来朝贡，其礼品包括象牙20只以及檀香、幡布等物品，明朝回赐给使臣织金文纻30匹，瓷器19000件。在此后，得到同样赐物的还有暹罗、真腊等国。洪武十九年九月，阿答阿者又派他儿子等人前来朝贡，其礼品包括象牙54只，还有犀角、胡椒、乌木、檀香、花丝布等。朱元璋回赐占城国王冠带、织金文纻和龙衣，并赐王子黄金200两，白银1000两。

受经济利益的驱动，外国使者往往趁朝贡的机会携带私货来到中国进行交易，或者换取中国的优质手工艺品。对此，朱元璋统统给予了宽大的政策。如在洪武三年，中书省请求对高丽贡使携带入境的私人货物征收税金，同时还禁止他们额外携带中国货物出境，但是这些都被朱元璋给否定了。

洪武十七年，明朝又明确规定：海外诸国朝贡使者，有附带私货入境交易者，一律予以免税的优惠。各国朝员使者所带土产愿在中国进行交易的，悉听尊便。他们因不知避忌而违犯有关规定和律令，也予以宽宥，不加追究。中国商人与外国使者进行交易的，除了不准私自进行外，也不准赊买、故意拖延、欺骗、敲诈等行为，违者便会被问罪。

朱元璋不只是尊重各国的主权和领土完整，而且他也从来都不插手干涉别国的内务。这种外交政策，在当时赢得了许多周边国家的好评。

倡廉洁惩贪污

　　出身于农民家庭的朱元璋，做了明朝皇帝之后就有了双重的身份和背景。他异常痛恨贪官污吏欺压和剥削劳苦大众，嫉恨贪官污吏横征暴敛破坏社会秩序，尤其是对抗他的法令，而对付这一社会弊病的方式就是倡廉惩贪。

　　明王朝建立时，百姓生活很艰难，而功臣们则是尽情享乐，并且还产生了一些骄纵之气。可是，从社会最底层上来的朱元璋深深知道民间的疾苦，也知道那些东西意味着什么。

　　有一天，朱元璋下旨宴请文武群臣，为皇后祝寿。臣子们非常高兴，以为又可以重温战争年代那段大碗喝酒，大块吃肉，猜拳行令，一醉方休的快乐时光呢！

　　可是让他们做梦也没有想到的是，这个宴会有些特别：第一道菜上的竟是炒萝卜，第二道菜是炒韭菜，第三道是两大碗青菜，最后一道是葱花豆腐汤。

　　朱元璋逐一大赞每道菜的好处："萝卜上了街，药店无买卖"；"韭菜青又青，长治久安定人心"；"两碗青菜一样香，两袖清风喜洋洋"；"小葱豆腐青又白，公正廉洁如日月"。群臣听后，顿时恍然大悟，原来皇帝这是在教育他们要勤俭呢。

　　随后，朱元璋又当众宣布："今后众卿请客，最多只能'四菜一汤'，这次皇后的寿筵即是榜样，谁若违反，严惩不贷。"

　　朱元璋的俭朴在穿戴上的体现也是十分明显的。有一次，朱元璋走进东阁检查政事时，因为此时正好是酷暑时节，所以汗水湿透了衣衫。这时，侍从们拿来衣服给朱元璋换上，在场的人看见拿来的衣服都是经过多次洗过了的，没有一件新衣服，在场的官员们被他的这种俭朴的精神感动了。

此外，朱元璋不仅自己坚持勤与俭，而且他还要求各级官吏也要这样去做，否则，他将决不容情。在面对贪官污吏的问题上，朱元璋更是严加惩处，甚至不惜大开杀戒。

倡廉并不是不给官吏们应有的待遇，作为皇帝朱元璋对官吏想的还是很周到的。明朝建立前一年，他任命了234名郡县官吏，并下令给他们优厚的派遣费，以免到任后，借贷侵渔百姓，对奉公不利。

勤俭是廉洁之母。朱元璋不厌其烦地向官吏们讲述着要以俭朴为荣、奢华为耻的道理。朱元璋对奢华者严惩不贷，对节俭者则会给予奖励。

朱元璋告诉新上任的官员，百姓所出的租赋以资国用，也是官员们的俸禄来源，明白了这一道理，当官的应该勤于政事，尽心于民。民有词讼应当为其办理曲直，不能尸位素餐，贪赃枉法。

朱元璋一生简朴勤奋，他很少征召女乐舞伎进宫，也不迷恋戏曲，更没有丝竹环绕、长夜饮宴的习惯。他一心扑在国事上，稍有空闲，不是读书练字，就是与文人学士谈论经史文学。

每当耕耘收获的季节，朱元璋总是亲自劳动，并一再教诲内监和儿子们：吃亲手种的东西，味道会特别的香。不仅是皇帝本人，就连皇后在后宫也能够起到带头的作用。宫女内部也能自行节俭，穿洗濯之衣。朱元璋总是说不能浪费了天生之物，劳民伤财，所以谁都不敢不谨慎从事。

不仅如此，朱元璋对从劳动者身上抽取的这些物资也是十分珍惜的。有一天，朱元璋在内廷看见有的宫女把很少的一点丝线丢在了地上，他立刻召集来所有的宫女，向她们说明生产这类蚕丝是何等的不容易。朱元璋斥责宫女们不应该无故丢失，并立下规矩，从今以后再有犯此错误者定斩不饶。

由这件事情可以看出，朱元璋对劳动人民用辛勤劳动生产出来的物品是多么爱惜。与此同时，朱元璋也不会放过对孩子和身边的宫姬等人的教育。

朱元璋要求宫中的裁剪师把做衣服剩下的绸缎片，缝制成百纳被面；剩下的丝绢布头，缝成衣服赐给王妃、公主们，并且时刻会告诉她们，桑蚕丝制成丝绸是何等费工费时的事儿。朱元璋还要求，包表笺是绣金龙的，要求宫人把金子清洗出来，积少成多，铸成金块。

朱元璋对宫内的太监也不放过教育的机会。洪武三年十月的一天，天降大雨，宫内遍地积水。朱元璋见两个小内监穿着新靴子在雨水中行走，立刻严厉训斥："地上这么多积水，你们穿着新靴子走在泥水中，难道一点都不心疼吗？尔等如此不知爱惜，给我各打二十板子。"两个小太监被打得腿瘸股肿。从此，内监们哪个还敢再浪费，宫廷内奢靡之风也大大地改变了。后来，朱元璋还宣布百官上朝如果遇着雨雪天气，允许穿雨衣和雨靴，以此来珍惜贵重的官衣。

在饮食上，朱元璋最不喜欢大吃大喝，饮酒作乐，尽管他能喝酒，但却很有节制。曾经有潞州派人进贡人参酒，太原岁进葡萄酒等都被朱元璋给拒绝了，并向他们说明了中国自有秫米供酿造酒，何必以此劳民。

明朝初建时，全国多处受到灾害。遇有父母忌辰时，朱元璋也不会忘记曾经的苦难日子。于是，他便率领妻妾吃草根、野菜、粗饭等，以此来表示愿意与百姓共苦。

朱元璋曾经说过，珠玉非宝，节俭是宝。对于居住的地方，朱元璋也从来都不会挑剔。即使在修建皇宫时，他也把那些雕琢奇丽的设计都给去掉了，他要求宫殿中不要多施彩绘；在宫妃住的地方，墙壁和屏风上，画的也都是耕织图；在太子东宫画的是朱元璋的身世以及后来的经历图；在处理国事的殿堂内，则书写了治国平天下的经典谋略。由此可以看出，朱元璋讲究的是居室的实用，殿堂也不讲求奢华，只追求效果。

朱元璋出行用的舆辇服饰，也是以铜代金，从来都不会过多地奢侈，从而表现出了他珍惜百姓的辛勤劳动的作风。其实，朝廷官员为皇帝贺寿是封建王朝礼制的极为正常的现象，可是朱元璋在生日来临之时也是一拖再拖不许贺寿。直到洪武十三年，他拗不过群臣，说定依朝中规矩办事的要求，才允许朝贺，这也是朱元璋俭朴低调的表现。

朱元璋高兴的是马皇后能够以身作则，做出榜样。这位出身贫寒之家的后宫之主，平时都穿浆洗过的衣服。有时衣服褪了色，甚至有了破绽，仍然舍不得丢掉，补好之后继续再穿上。马皇后命人用杂丝织成绸子，做成被子赐给老弱孤独者。做礼服剩下的丝绢布头缝成百衲衣，赐给王妃、公主，让她们知道蚕桑的艰难。

朱元璋知道，自己是"吃了苦中苦，方为人上人"的，这苦中之苦对于保住这份巨大的基业至关重要。而自己的儿孙们，他们生于富贵，滋生骄奢之心在所难免。如不及早教诲，将会毁掉他半生拼杀所创下的基业。因此，朱元璋会利用各种机会，对儿子们进行教育，并尽量创造机会让他们经受磨炼。

朱元璋叫太监们在后花园里种上蔬菜，朱标和众王子读书累了，就会去浇水灌园，捉虫除草。有一天，朱标和几个兄弟正在空旷的菜地上打闹玩耍。

朱元璋见孩子们在菜地上摔跤、叠罗汉，浑身上下沾满了泥土，不由心生疼爱。心想，帝王家的孩子不该如此寒碜，他们应该有更舒适的玩乐场所。但转念一想，随即打消了这个念头。

这时，朱元璋的二儿子朱樉问道："父皇为什么不给我们建一座漂亮的花园玩呢？"

朱元璋不慌不忙地说道："孩子，这里本来可以弄些台榭亭阁，曲水拱桥，让你们游玩。可是，我却命内侍开成了菜园。知道是为什么吗？"

"为了省钱呗。"朱樉麻利地答道。

"是为了省钱，你们知道，每天的花用钱，是从哪里来的吗？"

"户部。"

"那，户部的钱又是从哪儿来的呢？"

"不知道。"

"户部的钱，都是从老百姓那儿收来的。我们自己种菜吃，就是为了爱惜民财民力。当年，商纣王建了好多歌台舞榭，整天饮酒作乐，不知体恤百姓，百姓人人痛恨，起来把他推翻了。而汉文帝就不同，他想建一个露台，一计算下来，相当于十户人家一年的生活费用呀，立刻就打消了这个念头。你们看，一个奢侈，一个节俭，多么不同。结果，一个国亡，一个富足，天差地异。你们明白我的意思吗？"

孩子们齐声答应"明白"，朱元璋才高兴地离去。

在明朝洪武年间，为官清廉者不在少数，以廉能受到朱元璋奖赏的官吏也是大有人在。如宁国知府陈灌，在任时大力兴办学校，访问疾苦，严禁豪绅兼并土地，"创户帖以便稽民"，就是建立类似户口的簿子便于掌握居民情况，得到了朱元璋的肯定，以此为榜样，颁行全国；又如济宁知府方克勤，鼓励农民开垦，3 年不纳税，言而有信，田野得以开垦，户口增加数倍，使该郡富足，而他本人却是极为简朴的，一件布袍穿 10 年也不更换，饭桌上也是没有肉的。

此外，有个一父教子的生动事例，引起了朱元璋的重视。吴兴县人王升，有罪被囚在狱中，刑部查狱因时，发现了王升给其子平凉知县王慎的信，奏报给朱元璋审阅之后，朱元璋对其是赞叹不已，信中说道："为官须廉洁自持……抚民以仁慈为心，报国以忠勤为本，处己以谦敬为先，进修以学业为务，有暇日宜玩味经史。至于先儒性理之书，亦当潜心其间，于此见得透彻，则自然所思无邪。又熟读律令，则守法不惑。仕与学，盖不可偏废。"

朱元璋阅读后，亲手写诏书给王升，他认为王升是位善教者，能以忠尽之言叮咛其子。在贪风遍布之中，能看到这样的家训，谁也比不了。肯定此信"劝善惩恶，移风易俗"，实有国之务。于是，朱元璋便下令将王升释放了。

朱元璋对犯有其他过失的官吏尚可宽恕赦免，但唯独对贪官的处罚是极其严厉的，他一般都不会轻易放过。洪武四年，朱元璋下令"自今官吏犯赃罪者无贷"，即贪污犯赃罪者不能宽恕。

除去用刑法规定的笞、杖、徒、流、死五刑外，对付贪污官吏，朱元璋还允许法外用刑。抽筋、割膝盖、剥指、剁脚、剥皮等酷刑，都成了惩治贪官的利器。

在各地的官衙前，都设有一个"剥皮场"和一个高挑着贪官人头的长杆。在官衙的办公书案旁，则吊着一个填充稻草的人皮，宛如一个活人吊在那里。恐怖之状，不忍目睹。重刑可以使人丧胆，朱元璋认为只有这样，才能震慑和恐吓住那些心存贪渎恶念的不法之徒。

朱亮祖是庐州府六安人，元末时，朱亮祖便拉起队伍做了义兵元帅，据守宁国，称霸一方。不久，朱亮祖为了自保，归顺了元朝。朱元璋占据集庆后，亲自督师攻下宁国，生擒了这个土皇帝。

朱元璋觉得朱亮祖是个血性汉子，当即加以重用。在与胡深合攻陈友定时，朱亮祖作为主帅，逼迫胡深孤军深入，结果，在建宁城下使其被俘遇害。

朱元璋降了朱亮祖的官职，并对其进行了严厉的斥责。在平定方国珍时，朱亮祖却立了大功。后来，朱亮祖以副将军的身份，配合廖永忠征讨两广，更是功勋卓著。洪武三年封永嘉侯。洪武四年，率师伐蜀，虽有勋劳，但因擅杀军校，功过相抵，没有得到奖赏。

元朝末年时，广东是地方军阀何真的地面。何真归降后，广东一直处在军事管制之下。所以，军人在这里有着特殊的权力，不但百姓怕兵，连地方官都得退让三分。

军人的一切需求，不但都由地方政府进行筹办，而且他们还擅立名目，借端进行勒索，就连县衙的吏员也常常遭到他们的斥骂甚至责打，朱亮祖坐镇广州后更是擅作威福。官军的横行霸道，更是变本加厉，甚而同地方豪强沆瀣一气，从中盘剥百姓，欺压良善，使得民怒沸腾。

如今，广州府首县来了个刚正耿直、保护百姓的县令道同，因而立即遭到了朱亮祖的刁难。他几次把道同叫到帅府，威逼利诱，软硬兼施，要他给自己留条后路，少管军队的"闲事"。道同则是不亢不卑，巧妙周旋。朱亮祖只得暂时隐忍。

　　一天，朱亮祖听说道同抓了他的爪牙跪街示众，立刻火冒三丈，决定亲自会会这个愣头青。他把道同请到帅府设宴款待，酒过三巡，朱亮祖不经意地问道："听说，县太爷抓去了5个买东西的人，这是真的吗？"

　　"是的。不过，他们不是寻常的购物者，而是……"道同理直气壮地说道。

　　"不管是什么购物者，既然是购物，就没有什么大不了的。依我看，贵县还是不与他们计较为好。"

　　"侯爷，道同蒙皇上厚恩，荣任一县之长，自应造福一方，为皇上效力，为百姓做主，岂敢随意释放恶人？那帮恶棍，欺行霸市，强买强卖，不亚于恶霸强盗。对其绳之以法，罪有应得。"

　　"不瞒贵县，他们当中有本帅手下人的亲友呀。"

　　"侯爷，王子犯法与庶民同罪。莫说是侯爷部属的亲友，就是侯爷自身的亲友，卑职也不敢徇情枉法呀。"

　　"难道你连这点面子都不肯给本侯吗？"朱亮祖继续说道。

　　"这不是给不给侯爷面子的事情，而是执法或枉法的大事，还望大人谅情。"道同正色抗辩道。

　　"那你就好自为之吧。"朱亮祖被顶了个张口结舌，扔下一句话后便扭头离开了宴席。

　　朱亮祖越想越气，第二天，他便亲自带领一队武士，来到县衙前驱赶围观的百姓。跪地示众的泼皮无赖，一看救星到来，一齐大哭喊冤。朱亮祖怒气冲冲地答道："本帅知道你们都是被冤枉的好人，我是来救你们的。都给我放了！"说罢，朱亮祖大手一挥地说道。

　　统帅一声令下，武士们一齐抢上前来放人，看管罪犯的衙役哪里敢制止，只好眼睁睁地看着人犯被劫走。朱亮祖骑在高头大马上，耀武扬威地走了。

　　走了一段路后，朱亮祖竟然有些生气，一个尊贵的侯爷，竟在大庭广众之下，去解救那几个地痞流氓，实在是太有失尊严了。听着沿途百姓的讥笑咒骂，他才感到此举的轻率鲁莽。回到帅府，朱亮祖愈想愈窝火，竟然把一切怨恨发在道同身上。

第二天，朱亮祖借着官员常规拜见的机会，硬说道同"礼仪不周，藐视大臣"，并吩咐当众责打了二十板子。

朱亮祖不但袒护坏人，而且又让自己无端受辱，道同怎能咽得下这口恶气？这个蒙古族汉子发誓，拼着性命不要，也要与这个无法无天的家伙斗争到底。

朱亮祖释放了恶人，又当众殴打县令的"威名"愈传愈远，那些仗势作恶的富豪劣绅，纷纷投其所好，你送金银珠宝，我送美媛名姬。朱亮祖来者不拒，一律"愧受"。吃了人家的嘴软，拿了人家的手短，自然是有求必应，无力不出。

有一家姓罗的财主用金钱开路，结识了朱侯爷，又把年轻美貌的妹妹送给侯爷做小妾。朱亮祖大喜过望，视罗氏兄弟如同家人手足。罗家本来就是当地一霸，现在成了侯爷的大舅子，就更加有恃无恐，为所欲为了。

罗家不仅抢人田宅，夺人妻女，而且还经常带一帮豪奴横行乡里，简直是无法无天，使得百姓们对他们恨之入骨。由此控告罗氏的状纸，像雪片似的飞到了道同的大堂上。不少人甚至还在路上等候着道同，拦住他的官轿喊冤。

道同简直忍无可忍，决心拼上一条命，也要捋一捋侯爷的虎须，狠狠惩治那帮恶魔。于是，他下令逮捕了罗氏兄弟，严加审讯。朱亮祖听说之后极为愤怒，立即派兵包围了县衙，将罗氏兄弟当堂放走。

道同眼睁睁地看着罪犯被劫，也没有任何办法，一个小小的县令，根本就无法制服兵权在握、统辖一方的大员。正在长吁短叹时，道同忽然想到了皇帝。当今皇帝一再倡导廉洁，严惩贪贿，并提倡地方官吏控告权贵，何不上一个奏章，据实进行弹劾？

可是，道同又转念一想，朱亮祖是炙手可热的侯爷，是作为皇帝亲信派来弹压地方的，皇帝岂能听信一个七品小令的劾奏，去处置一个朝廷勋贵？就是派员调查，又有谁敢为了穷苦百姓而去得罪权贵，到了那时，百口莫辩，简直是自找难堪，也许还会搭上性命。

但是，道同继而又一想，既然已经三番两次得罪过朱亮祖了，那太岁爷绝不会饶过自己，借助官员考核的机会，随意捏造上几条罪名，要了自己一条小命，也不过是动动手指头的事情。

现在，已经没有退路可走了，倘若拼却一腔热血上书，万一使皇帝感悟，不但为民除了害，自己也可以保住身家性命！于是，他冒着杀头的危险，搜罗了朱亮祖的种种罪状，秘密上奏了皇帝。

朱亮祖也没有睡大觉，他的幕僚们献计说，道同顽劣不驯，无端受到惩罚，十之八九会向皇帝上书。与其被动挨打，何如先发制人？朱亮祖一听也有道理。于是，恶人先告状，一封弹劾番禺县令的奏章，派快马送去了京城。

　　道同的奏折还在路上，朱亮祖的奏章，已经率先摆到了朱元璋的御案上。一个封疆大吏居然郑重其事地弹劾一个小小县令，这是没有先例的，聪明的朱元璋立刻嗅到了事情蹊跷。再仔细看奏章的内容，果然是非同寻常：道同不仅排挤大臣，目无官长，以蒙古苗裔相标榜，而且，他还纵容刁民聚众闹事，那些刁民或为故元残匪，或为何真旧部。其事可疑，其心可诛……

　　为朱亮祖拟折的幕僚，不愧是刀笔里手，一句话击中了要害：一个蒙古"苗裔"，而与"故元残匪""何真旧部"相勾结，不啻是明目张胆的"谋逆"，这是朱元璋最为害怕的事情。于是，他当即写了个"斩立决"的手谕，派使者送往广州。

　　朱亮祖在京城的坐探，立刻买通了使者，让他舍舟就陆，六百里快马，日夜兼程。圣谕到达广州的当天，抗击权贵、为民请命的道同，便血洒法场，衔冤而去。

　　道同被杀后，土豪劣绅欢欣鼓舞，善良百姓则悲伤哀叹。月黑星昏之夜，百姓们在路口道旁，悄悄焚香奠酒，烧化纸钱，送父母官的冤魂上路。道同的冤死，也使许多同僚震惊哀伤。

　　广东的布政使徐本更是为道同抱不平，他了解道同的为人，更敬重道同的品德。道同廉洁自律，与家人一起常年吃糙米粗食，省下俸禄厚奉老母，并周济贫寒百姓。

　　徐本曾经与道同发生过一次龃龉，小县令的执拗与倔强，竟使徐本深为敬佩。事情是这样的：番禺县有一个姓胡的郎中，医道虽然高明，品行却是极其恶劣。他仗势凌辱百姓，被道同抓来问罪，按律当受笞刑。

　　恰巧，徐本正要找这个名医看病，急忙亲临县衙，请道同赦免胡郎中。他礼貌地恳求道："贵县，胡郎中虽然按律当受刑，无奈，本官急需他诊治，可否谅情饶他一次呢？"

　　道同决绝地摇了摇头，说道："朝廷之法难废，百姓之屈必申。请大人不要学永嘉侯的样子。"徐本说情碰了壁，悻悻而去。胡郎中受过笞刑之后，才被放走。

　　一个小小下属竟然如此不肯给面子，徐本心下愤愤不已。事后扪心自问，对道同忠于法宪、体恤百姓的"固执"，反而产生了几分敬意。正所谓不打不相识，从此之后，两人反倒成了朋友。

现在，这个忠于朝廷、爱民如子的好官，无端蒙受不白之冤，含恨而死。徐本对官海的险恶，朱亮祖的心狠手辣，目无王法，惶惶不可终日。他不知道哪一天，就会轮到自己的头上。

道同被杀的第五天，他的奏章才被送到了朱元璋的手里。朱亮祖贪污受贿、暴戾蛮横、赏恶罚善、为害百姓等罪状，每件都是条分缕析，凿凿有据地写在奏章上。自己因为打击土豪，便受到朱亮祖凌辱答杖，以及百姓身处水火之中而哭诉无门的种种苦状，更是写得一字一泪。

朱元璋将奏章反复看了三遍，觉得自己上了朱亮祖的当，不由得拍案叹息起来："那道同，官卑职微，处在达官贵人的包围之中，却敢于同邪恶抗争，实在是凤毛麟角呀。那朱亮祖竟然胆大包天，捏造谎言欺骗朕躬，实在是死有余辜。既然诛杀道同的手谕，刚发出不久，追回还来得及。"

于是，朱元璋派飞骑速下广东，追回前命，并命道同立即入京陛见。但是，一切都晚了。飞骑的四蹄再快，也没有朱亮祖的一把刀快。使臣赶到广州，道同早已经被杀了。

朱元璋知道后，他细细算算日期，立刻醒悟过来：是朱亮祖在使计捣鬼骗了自己。他气愤之极，当即颁下一道谕旨，锁拿朱亮祖以及他的儿子、时任广东卫指挥使的朱暹，一同进京。

那是在洪武十三年九月初三，朱亮祖父子镣铐叮当，被带进午门。朱元璋站在奉天门的台阶上，一脸肃杀怒气。朱亮祖一见，吓得脸色苍白，急忙跪地膝行。来到皇帝面前以头撞地，哀哀哭求道："陛下，臣知道，我父子罪该万死。望万岁看在臣跟随你老人家、南征北战、出生入死的分儿上，饶恕我父子的性命吧！"朱暹也紧跟着哭求。

朱元璋把压抑在胸中的怒火迸发出来，说道："留下尔等性命，只会用鱼肉百姓、残害清官和耍鬼蒙骗来报答朕躬！"只见朱元璋大手一挥，"武士们，给朕狠狠地打！"

善观眼色的武士们知道，皇帝要的是催命棍。一个个蜂拥上前，用尽全力狠狠打去。直到朱家父子血肉横飞，气绝身亡，朱元璋方才在侍从的簇拥下，恨恨离去。

朱亮祖被杖死的消息传到广州，百姓们激奋不已。有的跪到大街上，北向叩谢，高喊皇帝万岁。有的喜极而泣，庆幸正义伸张、父母官道同的沉冤洗雪。为了不忘父母官的恩德，很多家庭供起了道同的神主。

同时，也是为了展示皇帝的仁慈，朱亮祖父子被打死的第二天，朱元璋发布旨意，以侯爵之礼安葬朱亮祖，并亲自撰写墓志铭，详述他的丰功伟绩。其实，明眼人一看便知，这不过是演了一出猫哭老鼠的闹剧。朱氏父子公然欺瞒朝廷，横行不法，更使朱元璋认识到武将们的咄咄威焰，促使他加快了诛杀武臣的步伐。

说到朱元璋严惩贪官污吏的事件，那就不得不再说一下钱粮案。钱粮案中包括了两桩案件，其中一案就是发生在洪武九年，也就是1376年的"空印案"，这是明朝建立以来牵涉官员最多的一件大案。

朱元璋登基后，制定了一种月报制度，各地的户口、钱粮、学校、讼狱等，府州县要逐月统计上报。后来，由于太麻烦，在1373年时改为了季报和岁报。除了逐级上报，各府州县及布政司每年年终，还要将户口钱粮等事项向户部呈报。

为了表示确凿精到，要求所有上报账目，都要精确到分、厘、毫、丝。但是，地方与户部的账目很难分毫不差。因此，遭到户部驳回的事常常发生，各地也只得在京城重新登造一次账目。

这个新账，必须用原报衙门的大印。而从京城返回本地用印，有的要往返数百里、数千里，甚至上万里。不但备极辛苦，而且拖延时日。报账官吏只得带上预先盖好印章的空白文书，在京城里做账。

但是，朱元璋却认定是各地方官员和中书省勾结作弊，欺骗愚弄自己。于是，他把有关人员统统抓了起来，并立即处死了。凡是参与其事的吏员，各杖一百，充军到边远地方。

朱皇帝一言既出，上万颗人头，顷刻间无辜落了地！其实，空印文书的出现，是得到中书省和御史台的默认的。这时，一个名叫郑士利的布衣，不惜冒死上书，希望澄清事情原委，为冤死者鸣冤。

朱元璋认为郑士利情真意切，有理有据，自己做得太冒失，杀害了许多无辜的官员。于是，决定奖励这个仗义执言的布衣，但随后他从中书省得知，郑士利的哥哥是刚受空印案牵连而死的，朱元璋立刻转变了态度把郑士利杀掉了。

朱元璋严惩贪污之令屡次下达，但违反法规的人还是有的。其中一桩大案就是洪武十八年发现的盗窃仓粮"郭桓造罪"。

有一天，朱元璋接到一份密奏，密奏告发户部侍郎郭桓伙同北平布政司、按察司官员贪赃舞弊、盗卖官粮。朱元璋拍案而起，怒不可遏。

郭桓是户部侍郎，户部主管全国户口、土地及钱粮等。在朱元璋惩治贪官污吏案件中，拿以六部为罪魁，而郭桓被指责为诛首第一人，也是头一次，从公布的罪状中看到贪污的事实是极其严重的。

　　罪状中说郭桓等收受浙西秋粮 450 万石，而郭桓实收 60 万石上仓、钞 80 万锭入库，这些可抵 200 万石，其余 190 万未曾上仓，还有 50 万贯钱，伙同其他人私分了。又有应天等五府州县，有数十万亩官田地夏税秋粮，但是并无一粒上仓，而是被郭桓等户部官员分赃，军队卫所的仓粮被卖空。

　　事发之后朱元璋进行了严惩：六部以及各省的大部分官吏都被牵连了进去，左右侍郎以下的官吏，全部被处死了。至此，逮捕判刑、处死的各省官吏，多达两万人。朱元璋仍然不解气，命令穷追猛打，由官追到民，"罪赃"遍天下。因此，很多富室特别是江南富户都被牵连进去，中产之家大抵破产。

　　朱元璋惩治贪官无论有多么狠，那都是可以理解的。可是，郭桓案只有少数人有贪贿的事实，但瓜蔓株连达数万人之多，这样看的话的确有点过头，也不可避免地制造了许多冤假错案。

　　可是朱元璋并不认为自己处置过当，他对诸位大臣振振有词地说道："郭桓赃罪暴露后，天下诸司尽皆犯有赃罪，系狱者数万，无一赦免。足见跟空印案一样，这是两起惊人的联合作案。不彻底铲除，不足以固国基；不加以严惩，不足以平民愤。怎么能说不是一件大好事呢？"

　　精明过人的朱元璋，很清楚自己在做什么，他是有意矫枉过正。其实他是找个借口，制造一场血案。这样，不仅可以打击震慑贪官污吏，还可以借机打击地方豪强势力。因为在朱元璋的心目中，那些人都是横行乡里、梗顽不训、鱼肉百姓、危害国家的渊薮，严厉地进行打击铲除，乃是利国利民的天大好事。

　　朱元璋毕其一生，都没有停止对贪官污吏的打击。贪贿之徒像割韭菜似的，割了一茬又一茬，难免没有冤死的人，但朱元璋打击贪官污吏的成效，却是有目共睹的。贪官，贪的是金钱，图的是富贵享乐，有谁见过不怕死的贪官？所以，用严刑峻法打击贪官污吏，不失为厘清官场必不可少的手段。

　　朱元璋很注意六朝败亡的教训，而应天又是六个短命王朝的都城。作为一朝的最高统治者，朱元璋懂得以史为鉴，可以治国。不仅如此，他让人抄录许多前人古训，放在宫中醒目之处，以便能够时刻地警示自己，记住曾经的教训。

勤政事忌懒惰

在历代帝王中，洪武帝朱元璋的励精图治、勤政不懈与任何一个帝王相比都毫不逊色。朱元璋有几个习惯就是他长年积累的结果，同时，这也充分表明了他的勤政。

每当朱元璋要吃饭时，如果他想到了一件事，就会立刻拿出纸片记下来，然后挂到衣服上。有的时候朱元璋想的事太多了，纸片就会挂满衣裳。等到上朝时，朱元璋再一件一件地去处理。

还有一个习惯是，凡是奏疏上达，他就命令左右的人把奏疏中的事情节录下来，然后粘到墙上，最后分清主次来处理，这样下来，就使得墙壁上的帖子一天要更换好几次。也正是如此，朱元璋孜孜求治，成效可见。

朱元璋认为身为人君，无论在什么时候，也不能滋长怠心。身为大明皇帝，朱元璋既不是在向群臣诉苦，也不是宣扬个人，他的目的很明确，那就是要大家共同努力，让他以身作则来勤求治理。

朱元璋的勤奋在称帝之前就已经显露出来了，他往往是通宵达旦地听取名儒讲史论经。当了皇帝后，朱元璋更是不敢懈怠，他日理万机，每天四更便会起床，天不亮就会上朝。下了朝，稍有空闲朱元璋就会与儒士们谈史论政。到了下午三点左右，他又在朝堂听政，处理国家大事，直至黄昏掌灯时分才回宫。无论春夏秋冬，朱元璋都数十年如一日的这样做着。

大凡勤奋的人，都会反对怠惰的人，以至于对他产生厌恶。朱元璋经常会以前人的经验教训来激励自己，他要把勤政与怠惰和统治的兴废联系起来。

朱元璋还把"勤"与"惰"的道理及其后果，以故事的形式写成《勤惰说》一文，文中说："有勤、惰二人，即同乡又其志向相同，但未来入仕当官可做事大不一样。勤者为民时，家境丰厚，夜间读书，白天带着书本种田；惰者同为民，只是精研文学，其他不作，未暮而寝，日高才起，吃完饭念几行书本即悠悠然，自以为很清高。有一天，惰者到勤者田里，劝他像自己一样，以待明君之用，勤者不听，说：'农、书俱不弃也。'又一天，国君听说二人皆为儒者之学，召至京城，各给官做，皆侍驾而朝。按着国君的要求和朝廷的规矩，每天须凌晨而起，待时召见，日暮而归，犹不能安寝。一旦做起事来，勤者容光焕发，反之惰者憔悴。再者君命勤者管水部，于是亲到现场，变害为利，筑堤固防，得到国君赞赏。反之惰者，管教种地，到了田里，不知如何操作，欲为民利，反成民害，受到了国君的责备。惰者决心要改正，请教勤者，说你平日所学比我简单，而用起来何以超过我呢？谁教你的？回答说，别无其他，不过根据经典所说，'顺天之道，因地之利'，你比我熟悉这些话，只是没有照之实行。惰者听了此言，明白了'博学而不能行，不如没有，学得少而专精可真妙'。这里告诉一个道理，读书要勤奋懂真谛，和实践结合起来，勤于思考。"

通过本文可以看出：勤奋的人，虽然劳其精力但终究会获得成功，懒惰的人则是适得其反的；国君勤于政事，奖勤惩懒，实际上正是朱元璋的自我写照。

面对初建的明朝，朱元璋迫切地要通过自己的努力实现繁荣富强，长治久安。对于这些，勤政便是其中的一个重要因素。朱元璋决定在政治上要呈现出朝气蓬勃，摆脱旧王朝的陈规陋习，让明朝以崭新的面貌呈现在世人面前。

朱元璋任用了许多老臣。危素是一位自元朝以来就德高望重的名儒，明朝初年他已经70多岁了。他是翰林侍讲学士兼弘文馆学士，平日很受朱元璋的尊重。

然而，有一天，危素带着拖沓履声去见朱元璋，当朱元璋问及是谁时，危素回答说："老臣危素。"当时朱元璋就显现出了满脸的不高兴。办完事走后，朱元璋说他不再适宜在朝中当官了，于是，就把危素贬到和州去守墓了。此事不但表明了政治上的残酷性，而且也看出了危素在政治上的态度与朱元璋励精图治的精神是不一样的。

其实，朱元璋的身体并不特别健康，但即使有病了，他也仍然坚持亲自处理朝政。有一次，朱元璋从建康冒着冰雪赶赴婺州，受了寒气腹痛不已。后来，经过医生严景明的细心调治便很快痊愈了。为此，朱元璋写了"良医景明"四个大字，并且赐给了这位医生。朱元璋一生勤政，他除了在患病时有短暂休息之外，当政数十年坚持上朝理政。

建立礼仪法规

朱元璋制定了很多的礼仪法规，一方面表示他对传统礼仪的重视和继承，另一方面也体现了因时制宜的改革。但是，最主要的是通过礼仪法规的制定，把制礼和治乱结合起来维护朱氏的皇权威严，对社会各种关系进行调整，并向广大民众开展教化。具体地说，定礼制是为辨贵贱，明等威，这是一代帝王治国必须做的。

为了使百姓知礼仪，朱元璋接受了儒士们的建议，大力倡导教化，以教化推动治理。朱元璋要求 8 岁以上的儿童一律入塾读书，学习应对、射、御、书、数等知识。15 岁以上的孩子要学习《诗经》《书经》《礼记》《易经》等儒家经典。甚至他还要求成年男子在忙碌完之后，也要去听讲道德礼仪。

如果老百姓犯了盗窃、斗殴等过错，由老人与里长共同调解。不听教诲者，则可以用藤条竹抽打，但不得拘押刑罚。除了教诲惩罚之外，同时还提倡扬善。对孝子贤孙，义夫节妇，里长、老人可以直接上奏朝廷。每里都要设"申明亭"和"旌善亭"，有罪过的将姓名写在"申明亭"上，有了善举则张榜在"旌善亭"上。同时，每乡还设一个摇铃，由一个残疾人每月六次，在全乡巡回摇铃，高声吟唱六句为善去恶的唱词："孝顺父母，尊敬长上，和睦乡里，教训子孙，各安生理，勿作非为。"

洪武三年，一场大旱灾袭击了江南地区。从仲春到盛夏，四五个月滴雨未降。本应绿油油的稻田里，此时却土地皲裂，禾苗干枯，早稻彻底无望了。朱元璋焦急万分，他决定亲自去山川坛祈雨。他穿了一身麻布素服，足踏草履，既未骑马，也没坐车辇，在锦衣卫拱护下，徒步走出了奉天门。大臣们各个麻衣素服跟在后面。

走了不远，朱元璋便看见街道两旁跪满了烧香礼拜的百姓，春雷般的山呼万岁声，此起彼伏。自从登上皇帝宝座，"皇帝万岁"的颂扬声，天天在脑中盘旋，即使是这样他也不觉得厌烦。

今天，朱元璋不但高兴不起来，甚而觉得有愧于百姓的期望。直到登上山川坛，仍然在心里虔敬地祝祷，希望溢满心头的至虔至诚，能够感动上苍，降下一场及时甘雨。

行完礼仪，祈求完天地神祇，朱元璋吩咐大臣们，各回衙门理事。自己则在坛顶的草垫子上，露天盘腿而坐。六月盛暑，又是久旱不雨，太阳一露脸，就将滚滚热浪拼命地向大地抛洒。近午时分，大地像一只大蒸笼，热浪炙得人皮肤刺疼，窒息难忍。尽管侍从不住地给他用冷手巾擦拭身上的汗水，朱元璋仍然感到肤疼头晕，似乎随时都会晕倒。

朱元璋极力昂起头，挺直腰杆。无奈，虔诚的祝祷并没有感动上苍，汗水也没有换成雨水。第二天，朱元璋又在烈日凶焰下苦熬了一个白天，夜里仍宿在山川坛上。第三天一大早，大臣集体恳请他回朝，朱元璋仍然坚持说：“怎能半途而废呢？放心吧，烈日晒不死朕，朕只担心天不下雨！”

然而，朱元璋在山川坛上一直虔诚地跪了三天，也没有祈来一星半点雨水。第三天傍晚，他快快不快地下坛回宫，但仍然沐浴斋戒，夜宿廊庑之下，坚持不懈地向天祈雨。

“轰隆隆……轰隆隆……”一声声惊雷，接连不断地滚过天空。

刘基正在午睡，突然被响雷惊醒。趿着鞋来到窗前一看，乌云低垂，大地幽暗。一阵狂风卷来，大树弯腰，风沙弥漫。一场大雨就要来了。他长长地吁了一口气，孩子似的，扶着窗台高声喊了起来：“望穿双眼的好雨呀，赶快来吧！”

“哈哈，父亲好久没有这么高兴了。”刘琏不知什么时候来到了刘基的身后。刘基兴奋地答道：“为官者当以民瘼为念，皇帝更是以苍生为念。范文正公‘先天下之忧而忧，后天下之乐而乐’的教诲，人人都应引以为戒。”

“儿子谨遵教诲。可是，虽然皇上堪称是开国英主，但动不动就苛刑杀戮，能说是以苍生为念吗？”

刘基有气无力地答道：“皇上以武功平定乱世，以文德治理天下，寰宇之内赖以粗安，这是他最大的功德。多年征战，他再三号令，不嗜杀，不扰民。遇有荒歉，多次减免灾区税粮，也是一大功德。不过，他多猜善疑，往往诛杀失当，以致牵连无辜太多，又显得不仁不义了。”

“要是陈友谅、张士诚等人得了天下，也会这样吗？”

过了许久，刘基才自语似的说道：“不论是谁，初得天下时，都会有一些抚民安众的善举。不过，做多做少，却是因人而异。陈友谅恣肆暴戾，唯我独尊，肯定不是恤民的角色。张士诚虽然仁慈，但茬弱少谋，耽于淫乐，也不会把百姓放在心上。相比之下，洪武皇帝，要勤奋清廉得多。自从登基以来，除非是生病，每天两次上朝不辍。披着星星起床，日上三竿方才退朝。吃过早饭，不是读书，就是批阅奏章。午后，再次召见臣民，直到暮色苍茫，方才回宫休息。已经是难能可贵了。"

正说着，侍从来报：皇帝驾到。由于刘基神机妙算下了雨，朱元璋特地来奖赏他，将两个女子赐给刘基，让她们照料刘基的起居。刘基不敢忤旨就收下了，但始终都没有收房。

刘基曾说："军国大事，自然是要陛下亲躬；微末细事，不妨让丞相和中书省径直处理。公文呈送，奏折格式应当进行简化，废话连篇的习惯，应予禁止，以减却龙体之劳。此乃微臣之陋见，不知是否得当？"

刘基的话，并没有改变朱元璋的做事原则。他害怕大权旁落，根本不敢放手让丞相和中书省去处理所应承担的公务，事无巨细，一律亲自过问。除非是生病，朱元璋总是坚持每天两次上朝办公。每天晚上，他都要把白天做过的事，仔细想一遍，有不妥当的，立即笔录下来，以便次日更改。但是，事情的多头多绪，内外奏折的繁多和冗长，终于使朱元璋不能忍受了。历代沿袭下来的文牍制度相当烦琐，写给皇帝的奏章更是叠床架屋，穿靴戴帽，帽子甚至大到把身体都淹没了。整天在这样的文牍海洋中打滚，只怕什么人也难有耐心。这天晚上，一颗特别明亮的流星，陨落到西北方地平线上，恰巧被朱元璋看在眼里。这时，陕西来了奏报：西岳华山西峰，一块巨石突然崩塌。天星陨，山峰塌，乃是天降灾异之象。朱元璋心下忐忑，立即下诏，广求直言。

皇帝的号召，迅速得到了朝廷内外的积极响应。一时间，奏折纷飞，洪武皇帝的龙案上堆了足有一尺多高的"直言"。早朝后，已经很累的朱元璋仍然伏到龙案上看奏折，他顺手拿起一份奏折一看，是刑部主事茹太素上奏的。由于茹太素的奏折写得拖沓啰唆，繁文废话令人厌烦，于是，朱元璋打了他一顿板子。

随后，朱元璋命宋濂拟订一个范本，以后行文、进言，都要按照规格行事。有了统一的格式，拟订公文，上折叙事，没有人再敢套话、空话连篇，皇帝的负担也减轻了许多。可是尽管这样，每天要批阅的奏章，数目仍然多得惊人。朱元璋虽然感到苦于应付，但是为了江山社稷，他如果不这样就会感到不安心。

选贤与纳谏举措

朱元璋自从崭露头角开始，身边就聚集了各种贤能人才为他出谋划策，通过这些智者的一些计谋，他如虎添翼并且取得节节胜利，直到成为一国之尊。

在人类漫长的争斗中，只有尊重人才并得到他们支持的人，才可能在最后赢得胜利。如果说斗争的开始是靠个人的机遇、智谋和勇力，那么，到了最后决定胜王败寇的关键，那就只能看是谁赢得了人心。

历代的儒士都有一个很高的理想，那就是《大学》中所说的修身、齐家、治国、平天下。穷则独善其身，达则兼济天下。自从反元起义开始，一直到建立了明朝，朱元璋逐渐认识到，这些成功的实践，并非是他个人的力量就能够实现的，这些与贤臣的辅助是分不开的。因此，朱元璋得出一个结论："举人贤才，立国之本。"

在朱元璋的这些功臣中不仅有文臣武将，同时还有儒者学士，其中著名的武将首推徐达。在众多同辈人中徐达唯独崇拜的是朱元璋，认为他是最有前途的。而朱元璋也视徐达是个不可多得的人才。

想当年，朱元璋还在郭子兴麾下时，有一天吃饭时，朱元璋对李善长说："我想立一员大将军，让他统领军校，操练三军，你知道什么人可当此任，请为我推荐一人吧？"

李善长沉吟半晌说道："主公想求这样一员大将，也许有一个人，可担当此任。"

朱元璋问："是何人？"

李善长说："濠州城外永丰县，有一人姓徐名达，祖籍是凤阳人，精通韬略，名震乡关，如今也有 20 多岁了。徐寿辉、刘福通、张士诚等人去请他都不去。他说，这些人不是可辅佐之人，坚意守己，待时而出，常说帝星自在本郡。若得此人，大事可成。"

朱元璋说："请你去请他如何？"

李善长说："过去商汤聘伊尹，文王访姜尚，汉得张良，光武求子陵，蜀主三顾诸葛，苻坚任王猛，此乃礼贤之效，还是您亲自去才是啊！"

第二天，朱元璋便跑去对郭子兴说道："麾下虽有数万甲兵，但无强将。李善长举荐徐达，我想与李善长去请此人。"郭子兴同意了。于是朱元璋和李善长一起策马而去。

朱元璋同李善长到了永丰县，他传令三军不许扰动居民。两人下马步入村中来到徐达家里，李善长上前叩门，过了好大一会儿，才见徐达来开门。

朱元璋仔细看着徐达，果然仪表非凡。徐达让客人进来，三人共入草堂，分宾而坐。李善长把朱元璋介绍给徐达，徐达命人备茶，茶罢一巡，徐达便说："朱公欲救天下的百姓生灵，有一件事必须先做。"

朱元璋忙问何事，徐达说："必须先扫净各地举兵造反的群雄，统一天下。今天元势尚盛，诸雄割据，以濠州一郡之兵来促成统一大业，恐怕是很困难的。"

朱元璋点头说："历史上，周文王得太公而灭纣，汉高祖得韩信而楚亡，我已经得了像你这样的一批良将贤士，况且我又是仗义诛讨，我实施的又是以仁治军，深得民心，我完成一统大业，又有何难的？"

徐达听了朱元璋豪气冲天的一番话，便大笑道："从来定天下者，在德不在强，明公能以仁、德为心，不嗜杀为本，天下足可平也。"随后徐达便安顿了一下家属，与朱元璋、李善长一起骑马来到朱元璋的招兵馆中。

朱元璋坐下来之后，问徐达打仗攻战都有哪些好招。徐达说："这我就很难说了，打仗应该临时发挥随机应变，哪有一定的招数？古人云，打仗可以分为三种胜：一是上胜，这是以仁取胜；二是中胜，这是以智取胜；三是下胜，这是以勇取胜。但这仁、智、勇三者，做大将的缺一不可。"

朱元璋又问："历史上不乏这样的例子，有些小国越打越大，而有些大国反而灭亡了，这是何故？"

徐达说："合天理，顺民心，爱众恤物，敬老尊贤，人自乐而从之，虽小可以致大；倘若淫暴虐，或柔而无断，或刚而少柔，或愚昧不明，或好杀不改，未有不亡者也。"朱元璋完全赞同徐达的观点，认为这徐达确实不是个等闲之辈。

当天晚上，朱元璋主动与李善长、徐达同眠共寝。第二天早起，朱元璋见徐达、李善长两人眼珠发红，眼圈发青，便问他们为什么没睡好，徐达说："主公的呼噜声太大了，所以我们睡不着。"

李善长忙出来打圆场："史书上讲，干大事的人都打呼噜的，呼噜声越大，作为越大，主公要是不打呼噜，我们反而会更睡不踏实。"

朱元璋将徐达引荐给郭子兴，郭子兴见徐达气度非凡，委实喜欢，当即封了个镇抚之职。

几天后，郭子兴校场点军：以朱元璋为元帅，徐达为副将，赵德胜统参军，邓愈统后军，耿再成统左军，冯国用统右军，李善长为军师，耿炳文为前部先锋，冯国胜为五军统制，李文忠为谋计使，率兵七万，去攻打滁、泗二州。

经过后来的事实证明，朱元璋请来的徐达真是个奇才，文武双全，出生入死，征战四方，功勋卓越，后来成了名声显赫的大明开国元勋。

徐达始终都听从着朱元璋的调遣，南征北战配合得也是异常默契，并且屡立战功。在攻占集庆以及北伐攻大都时，徐达都是率军一马当先，从而对战胜敌人起了关键性的作用。尤其是在对张士诚开始争战的决策上，徐达更加显示出了他的深思熟虑。

那个时候，朱元璋召集中书省及大都督府诸臣询问征讨张士诚的方法。李善长以张士诚兵力未衰，认为应缓攻打。徐达则说："张士诚暴殄奢侈，其罪行着实令人发指。同时，担任要职的官员也都不关注国家大事，因此使得百姓无比憎恨。与此同时，我方兵力精锐，如果在公布敌方的罪行后再去讨伐，那么，打败张士诚是指日可待的。"朱元璋认为言之有理，于是，决定立即出兵讨伐张士诚。

在明朝建立之后，徐达因为战功卓绝官至太傅、中书右丞相、征虏大将军，并被封为魏国公。事实上徐达始终都在战争的第一线，他关怀部下，并且与他们同甘共苦，从而使得战士对他非常感激，在战斗中也显示出了英勇无比的作战精神。

打败敌人之后，地方的秩序也是井然有序。此外，徐达的个人生活也是非常俭朴的，朱元璋对他也是极力地称赞。在有最难打的战役时，朱元璋首先就会想到徐达。在攻打常州，消灭陈友谅的战役中，徐达不辱使命，屡创佳绩。因此，徐达在军中的威信极高，各位诸将也是绝对服从，唯有在朱元璋面前他言听计从。

常遇春是怀远人，他投奔朱元璋后，也是表现出了英勇无敌的精神。常遇春在战胜陈、张的征战中，与徐达协同作战，后因为其勇敢善战而闻名军中，并且被朱元璋称之为"长城之将"。常遇春是一位难得的人才，为朱元璋打天下立下了汗马功劳。

李文忠是朱元璋的亲外甥，自从20岁丧母后，他就一直在朱家，朱元璋把他当作儿子一般对待。李文忠自幼便练就了一身好武功，他骁勇善战，在诸将领中也是首屈一指的将才。同时，他在军中也深得军士们的爱戴。

常遇春死后，李文忠受命统领常军，成为明初的主将之一。他与徐达、傅友德、沐英共同北征西讨。1370年，李文忠因功绩显著被授予大都督府左都督，并且还被封为曹国公同知军国事。李文忠于洪武十七年病卒。

冯国用和冯国胜是定远人。有一次，朱元璋率领队伍经过定远县妙山脚下时，恰巧遇到了一队人马。这支队伍的首领是冯国用和冯国胜两兄弟。他们虽说没有见过朱元璋的面，但对他的为人和才干还是知道的，所以，他们早就有了投奔他的意思。当他们得知朱元璋的队伍要从这里经过时就事先做好了准备。

朱元璋对冯氏兄弟的队伍是十分敬佩的，这是一支训练有素的队伍。冯氏兄弟有勇有谋，兄长冯国用书生意气，处事颇具儒雅之风。弟弟冯国胜则擅长武技，精通兵法，以多谋略闻名于军中。在其兄冯国用死后，他沿袭其职为亲军都指挥使，并且位于徐达和常遇春之下，曾受命为征虏大将军出征纳哈出。

在元朝统治下，整个社会早已是儒道废弛，人不习文，而冯氏二兄弟却文武兼备，又善兵法，这正是朱元璋需要的人才。

朱元璋和冯氏兄弟谈得很投机，第二天，冯氏兄弟就随朱元璋一起上路了。有了冯氏兄弟的加入，朱元璋愈发觉得将才的重要，他认为队伍需要补充领导人才，以便加强管理，像冯国用这样言谈具有远见卓识的人，现在真的是太少了。

朱元璋很高兴遇到了冯国用这样的儒生，内心深受触动。冯国用所说的平定天下之道，使朱元璋大有茅塞顿开之感，他看到了一条通向未来的光明道路，也深刻认识到了读书人的重大作用。冯氏兄弟归附朱元璋后，很快就得到了他的信任。

此后，朱元璋便开始注意网罗读书人，向他们垂询治道，请他们出谋划策。再说汤和，他与朱元璋是同乡。早在朱元璋南征定远时，在选定的24人中就有汤和。后来，汤和追随朱元璋南征北战，在征讨方国珍、捉拿陈友定等战役中，因屡建功绩而被封为中山侯。

洪武十一年，汤和被封为信国公。洪武十八年，汤和告老还乡。但是不久之后，倭寇纵横于海上，朱元璋又请汤和出征。于是，他和方鸣谦共同在山东、江苏以及浙东、浙西经营，并在沿海筑建军事据点卫所城59座。洪武二十年，也就是1387年，汤和又在闽中于沿海建卫所城16座，为后来在防倭抗倭上，发挥了多方面的积极作用。到了晚年，汤和在家乡居住10多年，与政治风险没有关系，寿终70岁。

有一年，朱元璋在农村寻访人才。他来到了徽州，朱元璋听说有个很有学问的高人叫唐仲实，因避乱住在洪门的山里。军队来到洪门，朱元璋便命令军队驻扎下来，自己和李善长骑着马，往山里去寻找。到了山庄，唐家大门紧闭着，朱元璋上前敲了两下，门开了。朱元璋上前作揖，问道："唐仲实在家吧？"

"哎呀，小婿外出未归，请将军留下姓名，我好转告。"

朱元璋全身披挂戎装未脱，就这样匆匆忙忙赶来，竟然未找到要找的人，他十分懊恼地说："真是不巧啊！"

白胡子老汉一听，哈哈大笑起来，说："哈哈，不巧之事天下多，做尽不巧就见巧。你说对不对，将军？"

朱元璋被逗乐了，说："对。"说完，写了四句诗：

> 夕阳落门遍地红，
> 元璋洪门访先生。
> 风雨大地同舟渡，
> 山里求贤为百姓。

写完便送给老汉，说："有劳老主，转给唐先生，等两天我再来。"

在回营的路上，朱元璋和李善长商议说："要等唐先生，且在洪门住下。"

李善长急了，说："兵贵神速！如此等待下去，恐有不测。"

朱元璋说："是的，但军为谋用，勇而无谋，虽猛何益？我决心等唐先生，请勿多言。"

第三天一早，唐仲实自己前来拜见，朱元璋一见大喜，迎进军营，宾主坐下，两人越谈越投机。朱元璋问道："唐先生，汉高祖、光武帝、唐太宗、宋太祖都在危难之时统一中国，请教先生，我当如何呢？"

唐仲实说："这几个皇帝都爱护百姓，所以能做到统一。现在，你攻取城池，军纪良好，民心安定，这也是大好事，但是，大多数老百姓对生产还没有信心，负担还很重啊!"

朱元璋连忙说:"先生讲得好，讲得对。目前我的积蓄少，费用多，只好多拿百姓一点儿，我也想让百姓能够松一口气，只是目前尚无万全之计呀!"

"将军，何不学曹操实行屯田?"唐仲实对朱元璋说道。

朱元璋一拍大腿，说:"好办法。"随后，朱元璋命令大将康茂才快速去办。

唐仲实见朱元璋行事如此果断很受感动，于是就说:"现如今耕作仍是老办法，产量不能提高。拿水稻来说，从神农尝百草到如今，还是撒稻，这要改一改。不过这是后话了!"

朱元璋说:"不是后话，现在就动手，我有办法!"

原来，朱元璋少年时家贫，给财主家放过牛。有一次由于只顾玩耍，牛闯进了东家的"撒稻"水田，吃了一大片"撒稻"秧苗，等到发现时，太阳已落山了。朱元璋害怕东家知道后自己受皮肉之苦，就悄悄地下了另一块"撒稻"秧地，拔了几把秧苗，补插在秧苗地里，远看着也是绿油油的，就跟原来的一样，东家竟然没有发现破绽。

朱元璋过了几天后再去看，那后插的秧苗渐渐由黄转青，竟然长得比"撒稻"还要好，秆子粗壮，叶子厚大。秋收时，那稻子就像狗尾巴一样沉甸甸的，每株要比"撒稻"多二三十粒，不到半亩地，长的稻要抵上一亩收成。

唐仲实一听，连说:"将军好记性，这也许就是天意，小人愿意拿百亩水田试种。"

"那就太感谢先生了。"朱元璋感激地说道。

朱元璋带兵继续南行，唐仲实则在洪门向各家佃户宣传改"撒播"为"栽秧"的新育稻方法，"栽秧"高产，按原地约收税，若"栽秧"失败了，唐仲实和朱元璋愿意赔偿。

当时，从洪门北到宁国、南到徽州的农民，都按照朱元璋的方法，把水稻的种植方法由"撒播"改为了"栽秧"。这年秋收，所有"栽秧"的水稻亩产量都比"撒播"的多收了五六成。

朱元璋在戎马之际，重视发展农业，这件事被传了出去，那些割据一方的草莽英雄听了都不以为意，然而老百姓听了却都盼望朱元璋早日到来。朱元璋登基以后，就颁布命令，全国推行"栽秧"，这使水稻的产量大大提高。

朱元璋在广纳贤臣的同时，还很注意军纪，并且能够虚心求言纳谏。他不断地整治着军队士兵的纪律，从而能够保证军队的战斗力。在攻打和州时，由于军纪败坏激起了当地百姓的严重不满。朱元璋很是恼怒，立即责令诸将整顿军纪，使得百姓对他又增添了几分信任，自然也就拥护他们了。

明朝建立后，统治范围扩大了，如何在世间纷纭新的争斗中掌握取得胜利的大计，这是朱元璋脑中不断思考的事情，于是，招贤纳谏为新政出谋划策便成了当务之急。

朱元璋采用了各种方式求贤，比如说颁发求贤诏令，派使者到全国各地访求贤才。凡是所选的文臣儒士要在新王朝发挥才智，贡献所能。朱元璋任用陶安，就说明了这一问题。

陶安是较早归附朱元璋的贤臣之一。在朱元璋渡江攻取太平后，儒生李习、陶安便率父老出城迎接。朱元璋第二天召见他们，谈论天下大事。陶安献策说："当今四海翻腾，群雄并起，攻城夺邑，在争雄长。然皆好女子玉帛，无拨乱救民之心。将军您若能一反群雄所为，不烧杀掳掠，顺天应人，民心悦服，必能平定天下。"

朱元璋问陶安："我想攻取集庆，您认为如何？"

陶安回答："集庆是古代帝王建都之所，龙盘虎踞，又有长江为天然屏障，若攻取以此为根据地，然后出兵四方，一定会战无不胜。"

朱元璋十分赞赏陶安的话，于是将他留在了自己的幕府中，遇事就同他商量。陶安在侍帝的十几年的时间里，为国家提出了许多可行之谋略，从而深得朱元璋的赞赏。十几年后，当朱元璋成就了帝业，他还曾追念说："劝我创建帝王基业的是陶安啊！"此后，李习也受到了朱元璋的重用，他被任命为新建立的太平府的知府。

朱元璋做事一向都是雷厉风行。1356 年，占据应天后，朱元璋马上宣布："贤人君子有愿意跟随我建功立业的，我都尊礼重用。"消息被传开后，夏煜、孙炎、杨宪等十几个儒士前来谒见，朱元璋均加以录用。

朱元璋听说曾担任元朝江南行台侍御史的名儒秦从龙隐居于镇江，在命徐达率军去攻打镇江时，朱元璋特地嘱咐说："镇江有一个名儒秦从龙，他才华横溢，你要设法找到他，并转达我希望见到他的心愿。"

徐达攻克镇江后访得秦从龙，朱元璋立即派侄子朱文正和外甥李文忠带着金银前去礼聘。当秦从龙抵达应天时，朱元璋还亲自到城门外迎接他。

一年后，由于朱元璋善待自己的部下，部下邓愈又向朱元璋推荐了徽州名儒朱升。朱升早年曾拜著名学者陈栎为师,他刻苦好学,至正四年参加科举考试,乡贡进士第二名。朱升曾出任地州学正,后见天下混乱便弃官回到家乡,隐居于石门山,闭门著述。

朱元璋早就听说江南文人才子众多,渡江以来一直留意求访人才。朱元璋对朱升的名声早已有所耳闻,现在又听了邓愈的介绍,知道朱升是个有才学的贤臣。朱元璋便微服从连岭出石门,登门拜访朱升,向他请教平定天下的大计。

朱升虽身在山中,却时刻都在关注着时局的变化,心中也是有所谋划,他被朱元璋的诚意打动了,就进言三策:"高筑墙,广积粮,缓称王。"这第一计策是为了加强根据地建设,巩固后方;第二计策是为了发展生产,积蓄经济力量;第三计策是让他不要过早地吸引对手的注意力。这三计言简意赅,为朱元璋经营江南指明了方向,朱元璋牢记于心,作为自己一段时期内奉行的基本方针。

朱元璋广纳贤士,表现得很谦虚,并鼓励他们大胆地提意见。他并不自高自大,对许多儒生他也都是亲自上门聘请的。

那是在龙凤四年,朱元璋途经徽州时特意召见了唐仲实、姚琏等人,并询问了民事得失。在得知筑城给百姓带来了很大的困苦后,朱元璋立即下令停工。朱元璋把这些贤人吸纳到身边,不仅有助于稳固当地的统治,而且也可以扩充自己的智囊团。

随后,朱元璋又召见了范祖千、叶仪,询以治道,接着他又请这些人为他讲解儒家经典和历史书籍,并把范祖千、王冕等人纳入幕府,让他们参议军国大事。朱元璋的这次徽州之行,使得他更想把民间的有才隐士都招在门下。

文臣中投奔早又在明称帝后为朱元璋重用者,应首推李善长。李善长不仅有智有谋,还熟知法家理论,谋事也是异常地准确,因而深受朱元璋的器重。

李善长知识渊博,裁决果断,娴于辞令,讨陈伐张的檄文多出自他的手笔;朱元璋称帝追封、册立也皆由他充任大礼使;改官制、修法律也是由李善长奏定。洪武三年,李善长被封为太师、中书左丞相、韩国公,是六公之首。朱元璋称其堪比汉相萧何,对他真是赞美备至。

有一天,朱元璋对李善长说道:"应该收些儒生,做些礼乐之事,以究管理之业。"李善长听了心中一惊,对朱元璋也更加的敬畏。如今,战事尚未尘埃落定,他就想到了礼乐之事,如果没有天子的胸襟,又怎么能够想到这些呢?

此后，对于寻找贤儒的事情，朱元璋又和李善长说了几回。李善长自己就是一大儒生，英雄识英雄，在他的心中其实早就有几个熟知的贤儒了。

只不过，如果将差一些的推荐给朱元璋，可能会使这个胸有大志的国公感到不快；如果将那些优秀的推荐给朱元璋，李善长又担心这样一来，自己将被赶下第一谋士的位置。因此，时间过去了很久，李善长始终都没有给朱元璋推荐一个贤儒来。

这次，李善长又听朱元璋说起了此事，知道朱元璋已经看透了他心中的那个小算盘。既然如此，李善长就不能不说出一个贤儒来。李善长稍稍犹豫了一下，对朱元璋说道："我见国公这一向忙于军务，还没来得及告诉你，在乐思山上有四位君子，皆是当代的贤儒，国公可以去请来，让他们来辅佐你。"

朱元璋听了非常高兴，当即表示要首办此事。李善长听了则有些不安，因为，在他的内心中有些惧怕那个刘伯温（即刘基）。朱元璋看着李善长的脸色，已经有些明白他的意思了。

灵谷寺的前身是什善寺，位于钟山的左侧，十分雅致清幽。刘伯温、叶琛、章溢还有宋濂，白天遍游了城里城外名胜，晚上便在灵谷寺里安歇。

四个人并不曾相约，只是在路上遇到的。这一天，朱元璋派了汤和来请，并且还带了千两黄金，令大儒们感到不快。四个人当中，章溢最为性直，汤和走后偷开口说道："伯温先生赞朱元璋宽大为怀，渴望别人来帮助，可是如今……"他望着刘伯温一笑。

"是不是连续的胜利，使他也生出一些常人的傲气？"叶琛说。

"我看不会，凭着吴国公的智慧与经验一定不会，要不然，我们也没有必要在这里再住上一晚了。"宋濂说道。

"你相信他会亲自来？"章溢问。宋濂点点头。

"伯温先生，你也相信？"章溢转向刘伯温。

"我当然相信。"刘伯温也说道。

"难道你不相信么？"

"我们四个人中有谁不相信，还会在这里等他？天时、地利、人和，我看他全占了。"章溢说道。

正在此时，朱元璋由李善长领着，进了灵谷寺的殿宇间。当朱元璋走到里间时，刘伯温等四人早起身相迎。李善长从旁上前，正要介绍，朱元璋拦住了他："四位贤士，我朱元璋久闻大名，虽未谋面，却已是很熟。右相国不必介绍，待我朱元璋猜猜看。"

　　说罢，朱元璋走近一个相貌伟岸、长着长髯的人面前："先生一定是博通经史、书无不窥，尤精象纬之学，才比孔明不弱的刘伯温。"

　　"国公夸赞，伯温实在是愧不敢当。"刘伯温点点头，微笑着说道。

　　朱元璋又走到一个状貌雄伟、美须髯的人面前："先生便是以强记博览著称，就学于梦吉，能晓'五经'的宋濂。"

　　宋濂点点头，双手作揖答礼道："与国公相识，真是三生有幸。"

　　朱元璋又走到一个身材修长、浓眉厚唇的人面前："先生一定是博学有才藻，曾授行省元帅的叶琛。"

　　叶琛大为感动地说道："感谢国公知我。"

　　朱元璋走到最后一个肩阔胸挺、勇猛壮健的人面前："先生一定是坚持不受浙东都元帅府金事，退隐匡山的章溢。"

　　"谢谢国公知我。"章溢点头说。

　　"幸会，幸会。"朱元璋欢快地笑着说，"我今天实在是太高兴了，能够与四位大贤士相见真是幸会，实是我朱元璋三世修来的福气。还请四位看在天下百姓的份儿上，随我朱元璋下山平息战乱，救民于水火。"朱元璋说完，便对四位贤士躬身一一作揖。

　　他们之所以来到这里，为的就是这句话，此时听到朱元璋说了出来，又见他如此诚意相请，自然大喜过望。四个人同声道："能得国公厚爱，我们愿意随国公下山，效力于麾下。"

　　朱元璋更加高兴，目光灼灼地望着他们，热情朗然地邀请道："我们就此下山去吧！"

　　宋濂、叶琛、章溢三人听后，都把目光一起转向了刘伯温。刘伯温稍一思考，非常坦率地说："恭敬不如从命，更何况我们来此钟山灵谷寺，不就是希冀国公的召唤么？"

　　三人见刘伯温说得这么坦率，先是目瞪口呆的一惊，随后便哈哈大笑起来。朱元璋和李善长见了也禁不住，跟着大笑起来。随后，刘伯温对朱元璋礼貌地一伸手，说："国公请！"

　　朱元璋对他笑笑，高兴地迈开大步，刘伯温、宋濂、叶琛、章溢，还有李善长都跟随着朱元璋，走出灵谷寺，走进了国公府。

　　朱元璋早已命人盖了一座礼贤馆，以备讲经讲学之用。当晚，四个人都被朱元璋安置在这座豪华的礼贤馆内。等不及第二天，朱元璋当晚就去了礼贤馆，他首先见着的是章溢。

　　"现在天下乱纷纷的，怎么才能平定下来？我为天下人求问先生，还望先生赐教。"朱元璋开门见山地向他请教。

章溢听了也直言不讳地说道："平定天下没有一定的准则，只有高尚品德的人才能做成这件事。只要国公宽仁待人，取得民心，天下一定是国公的。"

朱元璋点头称是，说："我授先生为金营田司事，并造福百姓，不知先生是否愿意？"章溢感谢朱元璋从百姓立场出发，让他为官，便欣然接受了，随后便跪下谢恩。

朱元璋双手扶起章溢，恭恭敬敬地朝章溢作了个揖，说："我代天下百姓感谢你。"

离开章溢后，朱元璋找到了宋濂，说道："不知先生对当今天下，有什么看法？"

宋濂说道："如今天下大乱，是因为人心已乱。要平乱世，武力统一固然重要，但统一人心亦是非常重要的。如果知道了哪些是好事，应该去做，知道哪些是坏事，不应该去做，真正地达到这般境地，那么天下自然也就统一了。"

朱元璋听了连连点头，说："先生学贯古今，一代大儒，请先生留在我身边以便能够随时请教，今后先生就在礼贤馆内，常常设坛讲课，传授《春秋》《尚书》《三略》等儒家经典，教化文武百官，不知先生是否愿意？"

"做学问之人，最美之事就莫过于将其所学传授众人，能够得到国公如此安排，宋濂感激涕零。"宋濂说道。随后，朱元璋又去了叶琛和刘伯温处。

刘伯温博经通史，尤其精通天象学，人们把他视为诸葛亮似的高人，也为朱元璋出了许多有价值的策略。在明朝建立时，57岁的刘伯温任御史中丞兼太史令。在制定法律、军制、官制等方面皆有刘伯温参与和定论。

有一天，朱元璋走进马秀英的卧房，马秀英便递来杯热气腾腾的龙井茶，这茶是要花点时间才能泡出来的。

"你怎么知道我会来？"朱元璋不解地问道。随后，他上前一步紧紧地抱住了挺着大肚子的马秀英。

这时，朱元璋看着马秀英，问道："依你之见，我是先打陈友谅，还是张士诚？"

"这两个人迟早都是你的手下败将，只是现在，我看还是先把已攻占的地盘稳固好。"马秀英说道。

"你也是这么看的？我还想在孩子出生之前的这三个月的时间里，消灭他们中间的一个，作为给我儿子的见面礼呢。"朱元璋笑着说道。

"凡要成大事都只能先将基础打牢，特别是征战之事，就更需要慎之又慎了，万万不能有半点儿差池，这不也是你自己说的吗？"马秀英望着朱元璋，轻言细语地说道。

"感谢，感谢夫人提醒。我想，明天还是同李善长一道，去乐思山上，请来刘伯温等四位大儒。"朱元璋说。

"刘伯温？听说他可是个大儒中的大儒！"

"是啊，他的架子太大了，今天我派人去请了，他还不肯来。"

"你是怎么去请的？"马秀英问道。

"我亲笔写了封信，派汤和带去，还带去了一千两黄金。"朱元璋细细地说着。

"黄金？你若不让汤和带黄金，他倒有可能会来。"马秀英说。

朱元璋不解地看着马秀英，希望她继续说下去。马秀英说："刘伯温是元朝大臣，家境颇丰，他要来追随你，也是为了功名。你拿黄金给他，他是不需要的，反倒认为你是小看了他。"

朱元璋听了连连点头，不由得紧紧地拥抱着马秀英，深情地说："对于患难之交，我是不会忘记的。"

朱元璋把四位大儒接到礼贤馆后，当晚朱元璋又去找了刘伯温。此时，刘伯温已经准备好了上等的茶，他是在专门等候着朱元璋的到来。朱元璋品着热茶问道："你知道我要来吗？"

"你也知我定在等你。"刘伯温说罢，两个人便哈哈大笑起来。笑完后，朱元璋又说道："元璋想以天下大事问先生，还请先生不吝赐教。"

"但问无妨，只要我刘伯温知道的，一定如实回答，只怕是刘伯温知道的，国公早已成竹在胸了。"

"千万别这么说，我今日能有些实力，也全靠大家的相互帮忙。就是这样，比之西面陈友谅，东面张士诚，也远去一些，如今处在两面夹缝之中，不知如何才有作为？"

朱元璋说话时，刘伯温认真地打量着他，只见朱元璋身长背挺，腰粗肩窄，额骨突出，下颊肥硕，眼细嘴阔，齿小唇大，手肥实而指细小，腿修长而脚板大，行动起来犹如龙虾在水……刘伯温心中暗自称奇，自己一生钻研相术，却还是第一次见到这般相貌的人。

见朱元璋正等着自己回答，刘伯温这才回过神来说："张士诚目前已经降了元朝，这是有些麻烦，但比较而言，陈友谅的麻烦则是更大的。一是他的力量强大，而且还在迅速壮大；二是陈友谅野心勃勃，先杀了自己的主子倪文俊，如今又控制义军领袖徐寿辉，可说是挟天子以令诸侯，对您发起进攻恐怕不远了。"

刘伯温一席话，直说得朱元璋额头直冒汗，急忙问道："那依先生之言，我现在当如何防御？"

刘伯温说："现在不是防御的事。孙子曰，决定战争胜负，主要是从这七个方面来分析比较：国君政治是否贤明，将帅指挥是否高明，天时地利哪方更好，法令能否得到贯彻执行，军事实力哪方强大，士兵训练是否有素，赏罚是否严明。就这七条，国公与陈友谅相比，胜负也就出来了。只要国公消灭了陈友谅，张士诚势孤力单，一举可破，然后国公向北挺进，便可成帝王之大业。"

朱元璋听了非常高兴，说道："先生分析得精妙，一定还有败敌良策，还请都能讲出来。"

刘伯温说："以上七条，陈友谅明显地占着的只有一条，那就是在军事实力上要比国公强大。因此，要打败陈友谅，国公必须集中所有兵力，将西路、东路、北路大军都召回来，方可一举击败陈友谅。"

"可是，如果召回常遇春与李文忠，张士诚与残余元军必然趁机进行反扑，夺我东部、北部的领土，那后果一定不堪设想。"

"国公的担心是非常正确的，但是群雄争霸在于实力，丧失土地换来实力壮大，才可能是最后的赢家。如其不然，则实力尽而土地丧，再无争胜之本钱，不知国公认为是这样的吗？"

"听了先生的这番话，使我朱元璋茅塞顿开，我在这里再次感谢了。"朱元璋说着，就席上朝刘伯温拱手作揖。

刘伯温慌忙还礼说："国公相貌不凡，威武仁厚，且能礼贤下士，实是帝王风范，令伯温大开眼界。"

朱元璋见刘伯温说得真诚，不由得也感动了起来，他握着刘伯温的手说道："我朱元璋为人直率，相处久了你就会知道，有关军国的大事，先生有什么想法时，还请随时赐教。"刘伯温点头称是。

这一夜，朱元璋就在刘伯温的馆里，与他彻夜长谈，直到天亮时方才离去。

刘伯温为人谦虚、心胸宽厚，在用人方面有着卓越的见解。明朝建立之初，在选相的人选上，刘伯温也有着他独到的看法，从后来的事实上也能够证明，他的见解是正确的，可惜这些看法却并没有被朱元璋完全接受。

在与陈友谅、张士诚交战的问题上，朱元璋也都要听取刘伯温的意见，几乎是言听计从。在打江山又怎样坐江山的问题上，刘伯温通过《时务十八策》为朱元璋讲明：谁能遵行褒善贬恶，赏罚适中，谁就是天下可定之人了。

刘伯温做了朱元璋的军师后，他向朱元璋推荐了奇才施耐庵。朱元璋很重视，特派刘伯温前去召请。施耐庵听到这个消息后便躲避了起来，因为他厌恶官场的险恶。

施耐庵回到了苏州，继续他的创作。施耐庵为了创作《水浒传》，呕心沥血，可以说，他是为《水浒传》而生，也是为《水浒传》而死。

1331 年春，年已 36 岁的施耐庵上京应试。天遂人愿，施耐庵中辛未榜进士。发榜后，他在拜谢师友中结识了同榜得中的刘伯温。从此以后，两人经常在一起谈古论今，十分投契。不久，朝廷派施耐庵到钱塘担任县尹。

面对官场黑暗，施耐庵不想同流合污，所以只干了两年，他便愤然辞官归隐。他从钱塘弃官回来后，便在苏州东南隅的施家桥开教授徒。施耐庵有匡济天下救民之志，他便想用笔耕来施展自己的抱负与才华。

那是在 1367 年 9 月，朱元璋手下大将常遇春攻破了平江。朱元璋再次派刘伯温带着御旨专程登门召请施耐庵。刘伯温费了很大的劲才找到施耐庵的新居。

这天，当刘伯温来到时，施耐庵忙出门恭迎。随后，施耐庵立刻命家人摆上酒席。他殷勤劝酒，自己也喝得很猛，一连干了几大杯，然后装着酒醉伏案睡着了。此时，刘伯温近前一看，桌上放着施耐庵还未写完的《景阳冈武松打虎》墨迹未干的一回书稿。顿时，刘伯温已明白施耐庵其意甚坚，就未再多说，回去复旨了。

施耐庵唯恐朱元璋再来召请，便到白驹场以西 18 里自己的庄田上，按苏州格局建了房院迁来居住。

当《水浒传》成书后，很快就被传抄到社会上去了，人人争相阅读。朱元璋因为两次派人请施耐庵出来做官都被拒绝了，所以一直有气。看到此书后，朱元璋的气就更大了，他随即派人把施耐庵抓了来，并且关进了南京天牢，兴师问罪。

刘伯温知道此事后大为吃惊，他到天牢去探望施耐庵。施耐庵要刘伯温想个办法救他出去。刘伯温狡黠地说道："这还需问我吗？你是怎么进来的，就应该能怎么出去。"说完刘伯温便一笑而去。

施耐庵反复琢磨着刘伯温这两句话，终于明白了："我是因为写书坐牢的，还是要通过写书才能出去呀—因我写了宋江一伙人起义造反，犯了朱元璋忌讳。要是把宋江等人写成像张士诚那样接受元朝招安，那不就得了吗?"他将创意向刑部阐明后，得到刑部的允许。于是他便在天牢里，把《水浒传》续下去，写了宋江等受招安，归顺了朝廷。

施耐庵用了整整一年时间，才把《水浒传》后五十回续成。最后送呈朱元璋进行阅览，再加上刘伯温的从中帮忙，施耐庵才被释放了。

宋濂是浦江人，他尤其擅长文化方面。宋濂与刘伯温是同时被召至应天的，他比刘伯温大1岁。宋濂不仅充当着朱元璋的顾问，而且还是太子的老师。朱元璋最为满意的是他在教授太子过程中，使太子认识到了孝友敬恭、进德修业的重要性。

宋濂在教授太子的10多年的时间里，凡是一言一行，都以礼法规劝，有关国之兴亡大事，必拱手相告，太子也都认真照办。宋濂的官职并不高，主要是发挥了他的学术专长。

明朝建国后，诏修《元史》，宋濂被任命为总裁官。后来，朱元璋召四方儒士数十人为编修，入宫中文华堂研习受训，任命宋濂为师。对于宫中之事，宋濂也是从不多言，因而深得朱元璋的信任。

朱元璋认为宋濂是最讲实话的，他从来都不会去评论群臣的好坏，处事也很公道。宋濂被推为明朝开国的文臣之首，这主要是他在文化学术上的贡献，四方学士也均称其为太史令。朱元璋命宋濂撰修《元史》的同时修国史，让他参与制定礼乐诸书。宋濂著有《宋学士全集》与《孝经新说》等，其著作、文章都被国内士大夫、外国贡使争相收存。

不得不说，朱元璋的确是一个网罗人才的高手，他遍撒人才网，不仅抓到小鱼之才，大鱼之才也纷纷落网。朱元璋无法按捺心中的喜悦，图大业的野心也是与日俱增。

对于人才朱元璋曾形象地比喻说："锋利宝剑可以刺穿犀牛和大象，但用它砍石头必会受损；骐骥可以奔跑千里，但让它拉犁耕田必将摔倒。"他强调人尽其才。刘伯温、宋濂、朱升等博通经史、长于谋略，朱元璋将他们留在了幕府，让他们发挥智囊作用；胡深等是精通兵法、骁勇善战的人，被任为将官，让他们统兵征战四方；汪广洋、叶琛、章溢等善于办事的人，则被派往各地担任行政职务。这样，大家都能充分施展自己的聪明才干，朱元璋的事业自然也就蒸蒸日上了。

朱元璋对俘虏得到的人才，也能唯贤任用。他坚持"神武不杀"的宽大处理政策，这充分说明，朱元璋虽然布衣出身，却很重视人才。

正如学棋要拜高师一样，求才也要求比自己更能的高才，这是成大事的人必须要有的认识。妒贤嫉能的人，是很难成大业的。

从朱元璋的举动中，可以看出他对于高级人才的重视，只有觅得高才，留住高才，善用高才，才有可能得到天下。无论是文臣还是武将，只要对反元有利，只要有助他得到天下，就一定要想方设法地把人才招至麾下，这样保证了事业的顺利进行。

虽说朱元璋重视人才，但是由于当时的地主、儒士大多都参与过镇压农民起义的活动，因而对朱元璋的招降心存疑虑。朱元璋考虑到这一因素，因而特地宣布"吾当以投诚为诚，不以前过为过"，讲明只要诚心归附，一概既往不咎。在朱元璋的感召下，不少曾经在元朝做官的地主、儒士和多年隐居的名贤，也都前来投奔他了。

朱元璋在推行求贤纳谏的同时，也采取奖励提拔的政策，一些地方官吏得到升迁。朱元璋这时已经认识到，君听不听谏言，臣能不能谏言，是关系国家的存亡问题。因此，朱元璋总是不断地告诫群臣，人君深居高位，就怕听不到看不见外界事物。若有忠谏之士，毫无隐讳地谏言，君的威信会日增，天下也会长治久安。反之，昏庸之主，拒绝纳谏，必然导致亡国。

朱元璋在用人问题上是很明确的，那就是要选用其所能，这也是广招贤才的主要目的。尽管他对谏言一般采取了鼓励态度，但也不是完全如此，有的就是因为谏言而受到了严厉的斥责。尤其是到了后期，朱元璋当政久了以后，就产生了狂妄、傲慢、多疑的心理。因此，后期对求言纳谏者与当初的态度是明显不同的，从而发生了许多纳谏者的悲剧。

叶伯巨是宁海人，通经术，当时是陕西平遥县训导，应诏上书，结果却是异常地悲惨。叶伯巨就当时的国家大方针，既揭露出了问题所在，又提出了相应的对策，有理有据。然而此书一上，下诏求言的朱元璋竟然勃然大怒，他不但斥责了叶伯巨，而且还把他捉来，下了刑部大狱，最终叶伯巨惨死在了狱中。

其实，朱元璋最愤恨的是叶伯巨说的分封诸王一事，这件事触动了朱元璋的内心，也是朱元璋最担心的一件事。因为那个时候，燕王的强势已经逐渐显露了出来，对此，朱元璋感到极为担忧。

另一件事情就是关于刑部主事茹太素的，他也是应诏上书。朱元璋命令王敏读给他听，"有才能的人，数年来幸存者只有百分之一二，而今当政者手下率领一些迂腐儒士、平凡世俗的官吏，能把国家治理好吗？"此话一说出口，即刻触犯了朱元璋的尊严。大怒的朱元璋还没有听完，就把茹太素在朝廷上杖打一顿。

后来，由于茹太素的刚直不屈，有好几次濒于罪死，但最后都得到了宽宥。直到后来有一天，朱元璋举行便宴，赐茹太素酒，吟诗道："金杯同汝饮，白刃不相饶。"

茹太素磕头致谢，当即回敬吟道："丹诚图报国，不避圣心焦。"朱元璋听了，不禁为之恻然把茹太素降了职。后来，朱元璋还是以借口犯法的罪名把茹太素处死了。茹太素的刚正直言，揭开了朱元璋的疮疤，从而触到了他的痛处，使自己丧了命。

尽管朱元璋害怕上当受骗，喜欢敢讲真话的人，但他更害怕自己的心思被别人猜中，因此他总是变幻莫测。如果一味地实话实说，梦想因此可以得到皇帝的青睐，甚至可以加官晋爵，有时往往也会适得其反，可能连宝贵的性命也得白白搭上了。

大礼寺卿李仕鲁就是这样一个不识时务的人，他崇尚正学厌恶异端。因此，他曾多次上书，要求皇帝崇正学辟异端。但是，朱元璋却始终不予理睬。

这一天，李仕鲁在朝堂上再次复奏，希望以满怀忠诚，刚正的言辞，使皇帝感动和醒悟。他摇着朝笏，慷慨激昂地奏道："陛下深溺佛教，无怪乎臣说的话总是听不进去。今天交还陛下的牙笏，请赐还臣这把老骨头，放归田里!"

李仕鲁一边说着，一边把牙笏放到了地上。李仕鲁一定没有想到，一句"深溺佛教"深深地刺痛了从佛寺走出来的朱元璋，当即勃然大怒，气急败坏地怒吼道："打死他! 打死他!"随后，众多武士闻声而来，一顿拳打脚踢，将李仕鲁当即打死在了殿上。

大理寺少卿陈汶辉，曾经也附和李仕鲁的奏呈，屡次以辟佛相争。当他看见上司被当廷打死后，惊恐得晕倒在地。退朝后，在路过金水桥时，陈汶辉一头扎到水中，追随他的上司去了。

御史王权因耿直憨厚，深得朱元璋赏识，受到格外恩宠，还为他改名为王朴。王朴本应"见好就收"，谁知，反而更加助长了直肠子的犟劲。

这一天，王朴为了一件小事，竟然与皇上当廷争论起来。朱元璋再也按捺不住，愤怒地命人将他拉出去砍头。可是，刚过了不一会儿，朱元璋又派人把他喊了回来，气呼呼地问道："王朴，你知罪吗?"

"臣不知。"直肠子变成了犟驴子。

"你多嘴多舌的毛病，改不改?"

王朴是横了一条心，毅然答道："陛下不以臣为不肖，任命为御史之职，却为何又如此摧辱？如臣无罪，安用杀之？臣若有罪，又安得生之？臣今日只愿速死！"朱元璋大怒，命人立刻杀死他。

朱元璋对王朴的隐忍，无非是想给朝臣们树立一个榜样。本来无意杀死他，只是那倔木头太不给自己留面子，这才起了杀心。王朴死后，朱元璋悄悄询问行刑人，王朴临刑前曾经说些什么，行刑人回答说："王朴念了一首诗。"

"什么诗？快快念给朕听。"

行刑人答道："小人记得是这样，'磊落丹心忧社稷，何曾挟私求利禄。早知耿忠犯君怒，何必更名称王朴！'"

"为什么不当即前来禀报？"朱元璋分明是后悔了。行刑人却不知该如何回答。

"一群坏事的蠢奴才！"此刻的朱元璋迁怒于人。当天夜里，几个行刑人都被暗暗杀死了。

朱元璋培养王朴这样的典型，可谓是用心良苦。朱元璋动辄大开杀戒，死亡的阴影重重地笼罩在朝臣们的心头。从此，人人明哲保身，谁也不敢说实话招祸惹灾。逆耳忠言的话也离朱元璋远去了，听到的尽是投其所好的甜言蜜语。此时，朱元璋知道自己已经处在蜜水和谎言的包围之中，这曾使他一度非常苦恼。

由上面的事件不难看出，朱元璋有时虚怀若谷纳谏，而有时却又顽固地拒谏，以致出现了极刑。然而产生这一切的原因，我们可以作这样的解释：朱元璋从起义到夺取政权，当上了大明朝的皇帝后，几乎就没有遭受到过重大的挫折，因而，他逐渐形成了过分自信和固执的脾气，这样的态度妨碍了他要正确地接受谏言。对于他的拒谏杀人，这完全是出自于他为了朱家王朝的专制统治着想。对于朱元璋来说，即使是正确的意见，若违背了其加强专制统治的思想，他也不会采纳，更有甚者会被他处死。

改革地方官制

朱元璋即帝位之初，在朝廷官职的设置上基本上沿袭了元朝的模式和名称。朱元璋坐上皇帝宝座越久，深感要确立明王朝的新体制，其核心内容就是要强化皇权，巩固朱家的统治地位。

现行的官制设置，最大弊病是权力分散，皇帝手下臣子们的权力过大，其中丞相权力又是最大的，这样就极有可能会威胁到皇权，从而产生皇权旁落的局面，这也是让朱元璋最为担心的。

朱元璋决心要改变这一体制，要保住朱家的天下，这就必须要建立高度集权的中央政权机构。同时，面对大明皇朝版图的扩大，对外能发挥保卫国土的职能，也必须建立一套权力集中的强有力的体制，这就要对政体进行大规模的变革。

朱元璋认为，要加强中央的权力，首先必须从变革地方政权、削弱地方势力开始，只有削弱地方权力，才能架空中书省。1376年，朱元璋宣布废除中书省，设立承宣布政使司、都指挥使司和提刑按察使司，分别担负中书省的职责，三者分立又互相牵制，从而防止了地方权力过重的局面。

地方官制的改革，为朱元璋收回相权奠定了基础。使地方事事必须秉承朝廷的意旨，原先是中央分权于地方，而现在则是地方集权于中央，从性质上发生了根本的变化。

洪武九年九月，朱元璋下令：废除中书省平章、参知、政事等官职，这是在进一步架空中书省；随后，设置了通政使司，职责是传送汇呈内外官吏的奏章，这又是架空中书省的一步骤。

洪武十一年，朱元璋诏令六部所属各司：奏事无须通过中书省。其结果是割断了中书省与六部的联系，中书省实际上成了一个空架子。以上的这些举措，可以看成是废相大改革的前奏。

中央机构改革的重点是废除丞相制，这是皇权和相权矛盾日益尖锐，达到不可调和的结果。明初中书省负责处理天下政务，地位最高。其长官为左、右丞相，位高权重，丞相极易与皇帝发生矛盾，明朝时以胡惟庸任相后的矛盾最为尖锐。

胡惟庸是安徽凤阳定远人，他早年投靠朱元璋。朱元璋见其有些才干，很是宠信他。胡惟庸历任元帅府奏差、宁国主簿、知县、吉安通判、湖广金事、太常少卿、太常卿等职。

胡惟庸也自觉奋进，曾以遇事小心谨慎博得朱元璋欢心，进一步获得朱元璋的宠信。在洪武六年，胡惟庸被拜为右丞相。当初胡惟庸还是处事十分谨慎的，可是，当他逐渐成为一人之下万人之上的丞相时，并且当他大权在握时，他就变得日益骄横，懈怠政事，专恣自肆，有时竟不向皇帝奏请就自己行事，简直不把皇帝放在眼里，使得朱元璋异常愤怒。

当政之相，结党营私侵害皇权的行径，激怒了朱元璋。于是，1380年，朱元璋以擅权枉法的罪名处死了胡惟庸和有关的官员，同时宣布废除中书省，以后不再设立丞相。从此，皇帝收揽了一切大权，彻底清除了丞相对皇权的威胁。

朱元璋从根本上改变了元朝以来的中书省制度，他废除了中书省，不再设置丞相。同时形成法律：规定以后子子孙孙都不设此官。废除了丞相辅佐皇帝的体制后，就提升了六部的职权，即把原来中书省下面的六个部，即吏、户、礼、兵、刑、工的地位提高了，权力也相对加大了，他们管理着全国的事情。

六部各设尚书一人，由原来的正三品升为正二品；左右侍郎各一人，由原来的正四品升为正三品；下置各司设郎中一人，员外郎一人。尚书一职权力较重，他掌握着全国的百官。

吏部：设尚书一人主持部务。其主要职责是：执掌全国官吏的任免、升降和惩处的权力，考绩以及甄选人才等。

户部：执掌全国户口、田赋及各省钱粮、税课、俸禄、粮饷之责。兼领所分两京、直隶贡赋，人力争调等之责。

礼部：执掌全国典礼、祭祀、僧道、宴飨、教育、贡举以及外交上的接待、给赐之责。

兵部：执掌武卫、官军任免，简练、镇戍、征讨及卤簿、仪仗、禁卫之责。

刑部：执掌法律、法庭、关禁等政令之责。

工部：执掌全国山川水利、交通、陶冶、织造、工程造作、屯田等政令之责。

通过改革，六部成为分理众事的机构，直接对皇帝负责，仅有行政执行权，决策权全部都归皇帝。这样，皇帝自己总揽了过去宰相的一切权力，形成了皇权和相权的统一，从而进一步加强了专制主义的中央集权。

由此可见，从地方到中央，这种把一切权力都揽在皇帝一个人手中的高度集中的状况是前所未有的。从秦始皇开始的封建专制主义经历了一千多年的演变，到了朱元璋的时候，形成了一个高度中央集权制的政治系统。从此，朱元璋成为历史上权力最大的君主。

但是，在这种高度集权下又产生了一个新的问题，那就是皇帝一个人什么都要管，什么报告奏章公文都要看，那就会有些招架不住了，于是，朱元璋就采取了招秘书的办法来帮他处理事情。

朱元璋在五、六品官员中寻找一些既有办事能力又有文才的人到内阁做机要秘书，并给了一个大学士的称号，称为殿阁大学士。那是在1382年，朝廷又设置了华盖殿、文华殿、武英殿、文渊阁、东阁等殿阁大学士。因为他们在内廷办事，侍奉天子于殿阁，人们就称其为内阁。

内阁之制是明代的新制，它是在朱元璋废相之后出现的一种变态体制。它既不是宰相制的翻版，又不是毫无作为的傀儡。到了后来，内阁成了政府机构，入阁也就是拜相。

内阁大学士中的第一名称为首辅，就是第一个辅助皇帝的人，尽管他有宰相之实，但绝无宰相之名，原因就是明初朱元璋定下了这一制度，无人再敢更改。

建立监察机关

朱元璋通过废中书省、收兵权的手段，牢牢掌握了国家的军政大权，但仅仅如此还是不够的，要想保证军政管理机关的官员都忠心尽职、严格执行皇帝的命令，还需要有另外一套监察机构。

在中央设立监察机构，最早是秦国的制度。秦始皇嬴政统一六国后，建立了中国历史上第一个封建王朝——秦朝。秦始皇为了监控文武百官，防止百官有不法行为，特地在中央设立了御史大夫。以后历代皆沿其制，到了魏晋南北朝时期，中央监察机构扩大为御史台，这种封建监察制度为不断适应专制皇权的需要正在日臻完善着。

洪武元年，也就是1368年，朱元璋曾对御史大夫汤和、邓愈，御史中丞刘伯温、章溢等说，振纲纪、明法度者主要是在你们御史台。这说明朱元璋对百官监察的重视。

洪武十三年，朱元璋又专门设立了左、右中丞，为正二品官职；左、右侍御史，为正四品官职。这年的五月，不知出于何种考虑，朱元璋废掉了御史台。

御史台被废掉以后，朱元璋又觉得御史台监控百官，其作用是不可小觑的。于是，朱元璋又于洪武十五年恢复了御史台，并将其更名为都察院，同时，还对机构本身作了相应的调整。都察院设立了监察都御史，为正七品官职；各道监察御史，为正九品官职。其职责是上至纠察百司，辨明冤枉，提督各道，为天子耳目，下到小人构党作恶，从"学术不正"到变乱祖宗制度等等。

每道铸印二枚，一枚由资深的御史掌管，一枚则藏于内府。有需要用的时候可以拿给他，但是用完后要及时监察归还。

洪武十六年，都察院被升为了正三品衙门。第二年正月，又被升为了正二品衙门，设官齐全，使监察制度在组织形式上趋于完备。这时都察院设立了左、右都御史，为正二品官职；左、右副都御史，为正三品官职；左、右金都御史，为正四品官职。下面主要说说左、右都御史的权力和职掌。

左、右都御史是专门负责纠劾百官的长官，其职责是辨明冤情，提督各道。具体来说就是都御史有三劾权、职官考察权和司法监督权。

三劾权是指都御史对京官行使的三项纠劾权力，即凡大臣奸佞、小人构党、作威作福乱政的，必须予以弹劾；凡百官贪冒、破坏官纪的，必须予以弹劾；凡学术不正、上书陈言变乱成宪的，必须予以弹劾。

而职官考察权，顾名思义也就是对在朝官员进行考核和监察的权力，它由都御史与吏部长官共同行使。都御史的司法监督权主要是在朝廷发生重大案件时，由皇帝下令三法司会审时行使的。都御史与六部尚书品秩相同，合称为"七卿"。

朱元璋对监察制度的一大贡献便是在都御史下再设十三道监察御史，以一个布政司为一道，每道设立 7 至 11 人，共计 110 人。职权是纠劾百司，辨明冤情，凡是大臣奸邪、小人构党、威福乱政、官员贪污舞弊、"学术不正"和变乱祖宗制度的行为随时都可以举发弹劾。

在京的监察御史的职责是巡视京营、仓场、内库、皇城，参与监临乡试和会试等；在外地的监察御史的职责是巡按、督学、巡盐、巡游、监军等。特别是巡按御史，他要代替皇帝巡察地方，大事上奏皇帝裁断，小事则自行处理，是最有威权的差使。

虽然监察御史只是个七品官，品级和外任的知县是一样的，但是它却是很有权力的官职。皇帝利用他们来挟制大官，以小制大，以内制外，赋予了他们很大的权力。

这些官员被皇帝看作是耳目，他们替皇帝听、替皇帝看，并且还随时要向皇帝报告。同时他们也被皇帝看作是鹰犬，他们替皇帝追踪、搏击不忠于皇朝的官民。一句话，都察院是替皇帝监视官僚的机关，是替皇帝保持传统思想、纲纪的机关。

都察院与以前的御史台相比权力更大，它不仅负责官员的弹劾以及对大政方针提出修改意见，而且还有监军权，即管理军队的权力。这些官员们的品阶并不算高，但是由于其拥有相当大的权力，却成了王公大臣们无法小视的一支力量。

都察院仅仅是明朝监察机构的一个组成部分，除此之外，朱元璋还创立了通政司和六科给事中。拥有独立监察权的六科给事中，即吏、户、礼、兵、刑、工等六科，其职责无所不包，朝廷中的大事给事中皆能参与。此职的创置，对于职权空前大为提高的六部起到了钳制作用，同时也分解了都察院的监察权。两者之间，亦可互相纠劾。

通政司成立于洪武十年，是监督臣民的机构。通政司设立了通政使，是专门负责向皇帝奏报四方陈情建言、申诉冤案或告发不法之事的官职，并且还要呈递天下臣民的实封奏章。

明朝监察机构的设立是，中央设都察院、六科给事中和通政司，地方则设提刑按察使司，他们的职权总的来说就是上下察举官吏不法行为，并随时奏报纠劾，他们的工作往往是司法的前奏，但并不等同于司法。

明朝时有一套完整的司法制度，但是能够显示出监察机构权威的都察院也参与到了司法的运作中。明朝的都察院、刑部和大理寺被合称为"三法司"，也被称为"三堂会审"。刑部受理皇帝交付的案件及地方上报的疑难案件，刑部下设十三清吏司，分治各省，处理陵卫、王府、公侯在京请衙门以及两京州郡案件。大理寺负责对案件进行复核。都察院也处理一些皇帝交办的案件，但主要是负责对审判的监察，以防止出现审判官员营私舞弊和裁判不公的现象。

朱元璋亲自设置的监察机构是相当重要的，它保证了皇帝对中央以及地方官员的绝对控制，使封建君主能够随时打击、清除不利于或者是有损于自己的专制与威严的人，实际上皇帝已经拥有了最高的司法权。

同时，随着宦官人员的不断变化以及机构的不断完善，在限制宦官上，又有了一些新的举措。洪武十年朱元璋制定了宦官禁令，从而来限制宦官干预朝政的行为。

朱元璋是一个善于总结历史教训的人，他非常明白宦官和外戚对于政治统治的危害。他认为汉唐的祸乱都是由宦官、外戚造的孽，皇帝大权旁落后任人宰割，政治黑暗，生灵涂炭，这一幕幕血的教训，使这位来自民间、经过艰苦卓绝的奋斗才登上皇帝宝座的皇帝不能不感到震惊。

朱元璋深感成功是来之不易的，而守住基业那就更难了。他苦苦地思索着治国之道，凭着他敏锐的观察力，朱元璋认定治国应先治家。要想使朱氏王朝万世不变，首先就是要把宦官、女宠、外戚问题解决好。朱元璋清楚地记得儒士范祖千当初投奔他时讲过的一段话："帝王之道，从修身、齐家开始，才能治国、平天下。"

朱元璋首先要解决的是宦官问题。宦官这在宫廷里是少不了的，但只能做奴隶使唤，让他们洒扫奔走，人数不可过多，也不可当作心腹耳目。做心腹，心腹病；做耳目，耳目坏。驾驭他们的办法，是要使之守法，守法就做不了坏事；不要让他们有功劳，一有功劳就难于管束了。

为了防止宦官参政并进而形成专权之势，朱元璋采取了一系列的措施来对他们加以限制。朱元璋对宦官的人数及品级进行严格的规定。1367 年，朱元璋设置了内史监，品级为正四品，并设有监令、监丞、奉御内使等宦官。后改内使监为御用监，官品定为正三品，这与汉唐相比低了很多。

洪武二年，朱元璋命吏部制定内侍官制时说："古代宦官不到百人，而后代宦官竟然多达数千，成为大祸患。"故吏部最初确定宦官人数为182 人。当时规定：内使监奉御 60 人，尚宝 1 人，尚冠 7 人，尚衣 10 人，尚佩 9 人，尚履 8 人，尚药 7 人等。虽然到了后来，内侍诸司机构有了更改和增置，但人数还是控制得严格，虽略有增加，但总数并不多。

朱元璋不给宦官立功机会，他规定：宦官专掌内职，不许兼外朝文武官衔，不得穿戴外朝官员冠服。他这样规定，是因为他始终认为，宦官中好人不多，不能给他们立功的机会。因为这些小人有功就会骄恣，要让他们知道法令的威严，用法来约束他们，防止他们干预政权。

朱元璋立下规矩，凡是宦官都不许读书识字。又铸铁牌立在宫门，上面刻着："内臣不得干预政事，违令者斩。"他还规定，做内廷官品级不许过四品，每月领一石米，穿衣吃饭公家管。并且，外朝各衙门不许和宦官有公文往来。

有一次，一个在宫内供事多年的老宦官不慎谈论了朝政。朱元璋知道后异常愤怒，本应将他处斩的，但念他是资深的老宦官，朱元璋就饶了他一命，下令立即把他逐出宫门遣送回家，终身不得再为官。

朱元璋又制定宦官禁令，规定：凡宦官在宫内相互谩骂、斗殴，不服管教者，视其情节，分别处以杖 60、杖 70、杖 80、杖 100 等刑罚。对心怀恶逆、出言不逊的，凌迟处死。同时还规定：知情不报者同罪。

朱元璋始终对宦官存有戒心，他曾说："宦官这种人，早晚都在皇帝身边，在人君出入起居的时候，利用小忠小信骗取皇帝的信任。时间长了，必假借威福以窃权，并干预朝政。久而久之，其势力就不可遏止。"朱元璋对宦官的制约是非常严格而且行之有效的。

在洪武一朝三十多年中，宦官小心守法，宫廷和外朝隔绝，和过去的历史朝代相比，算是家法最严的了。但是朱元璋有时也会打破自己订立的这些规矩。早在明王朝创立之前，他就时常派遣内使到军中传达命令，而且还派内官去犒赏军旅、访察下情等。洪武年间，朱元璋还派遣宦官参与核查税课，去西北交易马匹以及出使真腊等国。

在朱元璋的晚年，宦官建制已达到十二监、七局、二司共二十一衙门的规模，内官对外官的监督体制也基本确立。从这种意义上来说，朱元璋为明王朝正式形成宦官专权局面埋下了隐患。

为杜绝女宠之祸，朱元璋决心严宫闱之禁，以汉唐为鉴，严立家法，杜绝皇后、皇太后参政干政。洪武元年三月，朱元璋命翰林儒臣纂修《女诫》，他告谕朱升等人说："皇后虽贵为天下之母，但不可参与政事。至于妃嫔，不过是供奉服侍圣上之人，如果过分宠爱，就会骄恣违法，上下失序。朕观察历代宫闱，政由内出，很少不成为祸乱的。"

朱元璋还说："只有圣明的君主才能够防患于未然，其他的没有不被女色诱惑的，你们要为我撰述《女诫》，收集古代贤德妇女和后妃的故事来教育后宫的妃嫔，让后代子孙均有所遵循。"

《女诫》中规定：皇后只管宫中妃嫔之事，其他宫门以外的事一律不得参与，后宫妃嫔以下女使的一切费用，包括金银钱帛器用等，都要报给尚官监，由尚官监的内使核实后再支取，有违令者一律处死。宫人不准与外官私通书信，违者处死。宫人如有病，讲明病状，依病情给药。外朝大臣的妇人只有初一、十五才能入宫朝见皇后，其他时间如果没有特殊缘由不许入宫。另外规定：皇帝和亲王的后妃、宫嫔，一律从良家女子中择聘，绝不允许接受大臣们私自进献的女子。

朱元璋还命工部造铁制红牌，上面用金字镌刻后宫妃嫔们应遵守戒律，挂在后宫中以示警诫。他所以严格规定，是鉴于元朝后宫宫女、妃嫔私通外臣，并让番僧自由出入宫内，大臣也让妇人随意入宫，以致造成宫中屡出淫乱丑闻。而对于外戚，他听从马皇后意见，对他们严加防范。外戚主要指皇帝母族和妻族亲戚。这些人利用与皇帝的亲情关系，常把持和干预朝政以致造成混乱，明代以前的这种教训是很多的。

后来，朱元璋也放宽了政策，规定外戚可以封为公、侯，也允许他们干政，但是却不发给他们铁券。这样一来，在洪武年间，外戚没有形成气候，更没有形成专权的局面，这无疑有利于明初政局的稳定和社会经济的发展。

实施军制改革

朱元璋深知军队就是自己政治事业的坚实支柱，军队可以帮他打天下，也可以帮他看守天下，没有军队，旧王朝是不可能被推翻的，自己的政敌也不可能被消灭，新王朝就会被风起云涌的农民起义所吞没。

总之，要想成为一个国家至高无上的统治者，无论在什么时候，如果没有强大的军队做后盾，起到保驾护航的作用，那是断然行不通的，因此朱元璋十分重视军队的建设。

朱元璋进行军队建设的起点便是募兵，这就涉及兵源的问题。早在当年没有自己的队伍时，朱元璋就对兵源提出了很严格的要求。他认为一支军队要有一支军队的纪律，无论入伍前士兵的职业是什么，只要一进入到军队里，就要按照军队的纪律来对其进行约束与要求，必须要培养出一支能够打仗并且能够打胜仗的军队，否则要一帮庄稼汉来是不可能自立于群雄、自立于天下的。

朱元璋重视军队的纪律，他在检阅新军时，特别指出了这一点。朱元璋恳切地劝诫将士们说："你们原来是很大的部队，可是我毫不费事就收编了你们，原因在哪里呢？一是将官没有纪律，二是士卒缺乏训练。现在我们必须要有严格的纪律，进行严格的训练，才能够建功立业。"

朱元璋自起兵之日起就十分重视军队的建设，尤其重视军风、军纪和军队的素质方面的建设。在攻下大都之后，他对军队的建设提出了更高的要求。

朱元璋认为创建一个新的王朝需要一支强大的军队，而夺取了天下之后，仍然需要一支强大的军队来进行保卫，只有这样才会使内外的敌人没有可乘之机。无论是战时还是和平时期，军队担负的主要职责都是基本相同的，为此他一再告诫各部队将领：有备无患，不论和平时期还是战时，都要随时准备迎击敌人。

对军事机构的改革与调整，也是加强中央集权体制的一项重要组成部分。朱元璋登基后觉得大都督府的权力太大，在废除中书省的同时，他又采取了分权制衡的办法，把大都督府分成中、左、右、前、后等五军都督府。其长官为左右都督，分别管理京师及各地的卫所和都指挥使司。

此项改革在于化整为零，分散中央军事机关的权力，使军队的权力归皇帝直接掌握。为使五军都督府和兵部能够互相牵制，朱元璋规定，五军都督府对军队无调遣权，只是负责各都司卫所军队的管理和训练，军队的调遣属于兵部。遇有战事，由皇帝亲自派遣带兵的将领，战事结束后，将帅回朝复命，军队返回卫所。这样的好处是使将不专兵，兵不专将，以避免将帅拥兵自立，从而威胁了朝廷。

朱元璋所建立的常备军是和农业生产密切结合、逐步建成的。在攻克集庆以后，朱元璋主张实行屯田政策、广积粮食、供给军需。他和刘伯温研究了古代的兵制，总结了历史经验：征兵制的好处是举国皆兵，有事召集，无事归农，兵员素质好，来路清楚，平时的军费开支也少；其缺点是兵员都出自农村，如果要是有长期战争，那就会影响到农业生产。募兵制的好处是应募的多为无业游民，当兵是职业，训练的时间较长，作战能力也相对较高，兵员数量和服役时间不受农业生产的限制；缺点是要维持庞大的军队，军费的开支是很大的，此外，招募的兵大部分来路不明，没有妻儿老小的牵挂，容易逃亡，也容易叛变。较好的办法是扬长避短，将武装力量和生产力量结合起来，这样既可以灵活指挥，又可以避免财政上出现过重的负担。

通过以上情形，朱元璋和刘基共同创立了军队管理制度——卫所制，它是明代独有的军事管理制度。在明朝时，军人有特殊的社会身份。在明代户籍中，军籍和民籍、匠籍是主要的户口。军籍属于部督府，军人不受普通地方行政官吏的管辖，在身份上、法律上、经济上的地位，也都是和民户不同的，军和民是截然分开的。

顾名思义，卫所是由卫和所组成的。卫即是卫指挥使司，所即是千户所、百户所。在建制方面，如果是单一的一个郡，就设所，两个郡在一起相连则设卫。卫所是一个个或大或小的管理基层部队的机关，就相当于现在的连、团、旅、师的建制。这种严密的体制在历史上无疑是个首创。在现实中，管理效果也是非常的好。

卫所的兵源有四种：一种是从征，即起事时所指挥的部队；一种是归附，包括削平群雄所得的部队和元朝投降的军队；一种是摘发，指因犯罪被罚充军的，也叫作思军，这种人在军队中是没有地位的；一种叫探集，即征兵，是按人口比例进行的，一家有五丁或三丁出一丁为军。前两种是原有的武装力量，而后两者则是补充的武力，特别是探集军在数量上占了很大的比例。这四种来源的军人都是世袭的，为了保障固定的军人数量，法律规定军人必须娶妻，世代继承下去，如无子孙继承，则由其原籍家属中抽壮丁进行顶补。

明代的卫所大都分布在边地和各省内，卫和所都有固定军士人数，其下面还有总旗和小旗，军士数也有固定。大体上是 5600 人为一卫，长官是指挥使。卫又分 5 个千户所，1120 人为一千户所，长官被称为千户；千户所下分有 10 个百户所，每百户所有 120 人，长官被称为百户。所辖总旗二，小旗十，一个总旗领五个小旗，小旗有军士 10 人。

卫所是陆续建立起来的，到了 1392 年，全国有 17 个都指挥使司，分别隶属五军都督府。京师和外地共有 329 个卫，65 个千户所，卫所军总数有 120 万人。朱元璋及其王朝后代，借此制度使军队兵源得到了充分保障。

国家的行政、军事和监察三个机关是分别独立的，它们是单独对皇帝负责的；各系统职责分明，法令详密，这样的官僚机构更加完备了，使得效率也有所提高；皇帝的独尊地位由此也大为提高，国家政权在统一的基础上也显得更为牢固了。因此，朱元璋的一系列改革，是一个历史性的进步。重要的是统治全国的官僚机构更具有权威性，也更加集中、完备了，这也是史无前例的创举。

恢复农业生产

自从朱元璋登基以后，虽然他在政治上确立了绝对的统治地位，但是此时明朝的经济基础却极为薄弱，出现了一片凄凉景象。长江上下，关中冀北，到处都是背井离乡的人群。早已经被元王朝掠夺殆尽的地域，又加上20多年的战乱，无疑雪上加霜，原来富庶的江南地区现在却是一幅满目疮痍的景象。

在朱元璋的思想深处，有着中国传统的封建统治者一脉相承的观念。他有自己的理想，那就是以男耕女织的自然经济为基础，人民丰衣足食、安分守己地过日子。

为了摆脱这种局面，朱元璋与李善长、刘基、宋濂和陶安等人经过反复的计议，制定了一整套抚民方略，即减赋、垦荒、兴水利和打击豪强。同时，为了稳定北方新平定的地区，洪武皇帝朱元璋降旨免除一到三年的赋税。医治战争创伤的根本出路，就在于发展农业。对此，朱元璋再三强调，休养生息政策的重点就是农业。

要解决一个地域辽阔、人口众多的国家所缺乏的物质基础，重点就是要采取各种有效的措施。在这些措施中朱元璋保护了贫民，限制了富豪。明初的富人，有旧时遗留下来的地主豪强，又有跟着朱元璋创建大明而形成的地主新贵。他们的贪得无厌，横行霸道，对当时社会经济的恢复与发展，有着各种妨碍作用。

朱元璋命人将那些游手好闲的懒汉和无业游民，统统抓起来关进了"逍遥牢"，经过规劝后，强令他们进行农业生产。而那些有田不耕，任其田地荒芜的人，全家则被迁发充军到荒凉的地区。后来，朱元璋又发布命令，除了王公贵族以及官僚之家，普通百姓不准买卖或收养奴婢。

地主豪强对贫弱的农民要做到"四毋一周"，即"毋凌弱，毋吞贪，毋虐小，毋欺老，孝敬父兄，和睦亲族，周给贫乏，逊顺乡里"。

这在封建社会历代的帝王中也是绝无仅有的。

当前最急迫的是开垦土地，增加人口。如果做到了这一点，当官的就算尽到了职责。此时，既要解决有地无人耕种的问题，又要增加垦荒开田的数量。因此朱元璋下令：凡有能力开垦荒地的农民"不限顷亩"，皆免三年租税。

这些被开垦的荒芜土地，有的是原来地主所有，因战乱逃亡了，战争结束后他们又回来了，因而与新的土地所有者产生了纠纷。这时，就会按照官府制定的法令实施，即被遗弃的田土，被他人开垦成熟的土地视为己业；官府可以把附近的荒田补给原主，不得依前占户。

这些政策不能小视，它消除了农民开垦荒地的顾虑，保护了农民的积极性，使那些在元朝无地的农民成为小土地所有者。他们在新王朝相对稳定的环境里得以休养生息，发展农业生产，自然成了明王朝依靠的社会基础力量。

经过多方面的努力，大批荒地得到了开垦。十几年后，开垦的荒地竟然超过了原有熟田的面积。有了解决增加耕地的良策，随之而来的就是要解决有地无人的问题，这也是解决生产力的大事。对于这一问题而制定的措施是废除元朝的"奴婢、驱丁、佃奴"制度，把全国户口划分为"民户、军户、匠户"三种，把奴隶、农奴和工奴大部分变为自由的民户。这一措施的实施进一步保障了人民的人身自由，也体现了他们人格的重要性。

此外，为了使社会经济尽快得到恢复，荒芜土地及早得到开垦和利用，朱元璋还采取了移民屯种的措施，也就是把地少人多"狭乡"的百姓，迁移到人少地多的"宽乡"去耕种，即屯田。这仅是屯田的一种，若是细分的话还有军屯和商屯。屯田的土地是国家所有的，耕种的军民为国家的佃户，同样也是免三年的赋税，如有多开垦的荒地，则享受"永不起科"的待遇。

垦荒与屯垦，不仅解决了全国军粮民食，农民也有了一块属于自己的土地。从此，全国的粮食也由紧张转为富余，明朝政府也不会再为粮荒发愁了。可是在这时，新的矛盾又出现了：许多州县官吏乘机谋取私利，他们虚报垦田亩数作为政绩，以邀封赏。发生这样的事情是朱元璋没有料到的。同时，随着田地的增加，土地分配不公的现象也越来越严重。江南土地狭窄，每户不过十亩左右，北方一些地区则是多得多，有的每户达到了数百亩，甚至还出现了一家占地百顷的大富户。对此，朱元璋显得异常的愤怒，他开始向那些多占良田的富户和恶豪发起了攻击。

大家都知道朱元璋出身于贫困的农民家庭，因此最让他痛心的便是农民没有一块养家糊口的土地。他最痛恨的就是地主占据大量的肥田沃土，欺压剥削农民。经过多重考虑，朱元璋决定先礼而后兵，他亲自接见了江南所有的富民，并且义正词严地对他们进行了训诫。

可是，这些受到皇帝接见的富翁，在饱享礼部赐给的酒饭之后，只是把皇上的接见和宴请视为回乡夸耀的资本，个个都是沾沾自喜。不少人并没有把皇帝训话的深意放在心上，只知道磕头谢恩。回到家乡后，他们依然是我行我素，早已经忘记了皇帝的训话。

对于皇帝的告诫，大多数人都没有理睬。朱元璋见他们拿自己的话当作耳旁风，很是愤怒。于是，他与李善长等商议对策，决定采取更加严厉的措施来惩治这些不听话的富民。

随后，朱元璋开始迁徙苏州的富民，前后迁移的人数多达20万人。这些富翁一旦离开了土地远走他乡，带走的也只能是一点钱财，而像房产、田地这些则只能一概扔掉了。而对于有劣迹的富民或者是乡村的头目，就不仅是迁徙那么简单了，被抄家后还要发送到荒芜之地。对于劣迹昭彰、鱼肉乡民的恶霸，抄家后还要杀头。这些措施的实施，虽然给那些富民带来了极大的痛苦，但是对于农民来说却是一件好事。

占领江南之后，朱元璋还在江浙、江西等地实行粮长制度。每万担左右的税粮为一个纳税区，并且委派田粮最多的富户担任粮长。为了让他们能够忠诚地效力于朝廷，朝廷还给了他们许多的优待，即使犯了死罪也只打一顿板子了事。

可是，令人没有想到的是，就是这样一味地宽容，得到的结果却是使不少人成了为害一方的恶霸。朱元璋决定严惩这些恶霸，恶行一经查出就会立即杀头。那是在洪武元年，一次就杀了160多个粮长。

金华有个姓匡的首富粮长，曾经口出狂言，说道："皇帝征粮百万，都不如我一个田庄的收入。"这话被朱元璋知道后，暗暗记在了心里。当这个匡粮长解粮进京时，朱元璋不露声息地问道："匡粮长，你解的粮食在哪儿？"

首富答道："霎时便到。"

朱元璋问道："杀时——就到了吗？"

这个匡粮长并没听出话里暗藏的杀机，他爽快地回答道："是的，霎时就到了。"

"那好，给我推出去杀了！"等到匡粮长醒悟过来，他早已经人头落地了。匡粮长的家人听到这个消息后四散逃亡，财产也被人抢劫一空了。从此，曾经闻名一方的大富翁匡粮长，眨眼间便化为乌有了。

此外，苏州首富沈万三一家的遭遇，也是同样的悲惨无比。沈万三兄弟多年来一直在海外做买卖，堪称是苏州的首富。沈万三害怕朱元璋的屠刀会落到自己的头上，于是，他千方百计地献钱纳贡，梦想着可以用钱财来买到一世的平安。

为了讨好朱元璋，沈万三进献了一个聚宝盆，并表示可以承担京城城墙三分之一的修筑费用，同时，他还可以捐资犒赏部队。朱元璋早就对沈万三支持张士诚心怀恨意，现在见他如此夸富，便想借故杀掉他，便说道："你竟然口出狂言，要犒赏天子的部队，一定是个犯上的乱民，罪当杀头。"

马皇后认为，人家送礼出钱，并没有犯死罪的道理，于是便劝说朱元璋。朱元璋觉得马皇后说得有道理，便下令赦免了沈万三的死罪，但是，全家被发配到云南充军。而沈万三所献的那个聚宝盆，则被埋到了城门下边，作为镇门之宝。最后，朱元璋还将原来的城门改名为"聚宝门"。

朱元璋毫不留情地对富户进行打击、迁徙甚至是杀戮，这与他的贫寒出身也是有着直接联系的，正是这种恨富情结与他性格上固有的残忍联系到一起，才酿出了那么多不忍卒睹的惨剧。

本来想为穷人争地权、谋福利的朱元璋，没想到富户的田产被收没入官的同时，佃农也成了无田可种的赤贫。他只得赶快分给他们一块土地，并号召他们广种桑麻、学种棉花，以做到衣食自足。

在恢复生产的基础上，朱元璋还采取了重农措施。朱元璋为了进一步促进社会经济的发展，他同意刘基的"生息之道在于宽仁"的主张，而宽仁必施以实惠，"宽仁必当阜民之财"，对待生产劳动者必须宽厚仁义。朱元璋认为"养民者，必务其本"，就像"种树者，必培其根"是一样的道理。

首先要兑现的是宽赋。明廷实行宽赋，对一些地区少征赋、缓征赋。洪武初年的田赋较轻，当时田赋分"夏税"和"秋税"，缴纳以米、麦为主，丝绢和纱次之。当时的苏州、松州、嘉兴、湖州等地赋税过重，朱元璋下令减租去一半，以后又减租一次，最后，原亩租税七斗五升，全部定格在三斗五升。但遇有严重灾难的地区，仅是宽赋也是不能体现生息之道的，于是朱元璋又实行了免除赋税的仁政。

此外，朱元璋还鼓励种植桑、麻、棉等经济作物。他重视经济作物的种植，为手工业提供了丰富的原料，不仅使生产得到了发展，而且还形成了几个产棉区和松江等生产棉布的中心。后来，经过大力推广，经济作物在全国的栽种上成了热点，特别是种植棉花，不仅可以增加农民的收入，而且国家在财政收入上也有了很好的收益。

明初，除松江地区外，杭州也成了棉纺织业的中心，也为棉花的种植提供了市场。很快，棉花的种植就被推广到了北方。于是形成了南北呼应，北方供应棉花，南方生产棉布的局面，从而促进了南北经济的交流。

朱元璋也以棉布、棉花为供应军队的主要物资，而且还用棉布及其制品作为奖赏。过去百姓视为珍贵的棉布，到了此时已成为寻常的物品了。昔日平民多穿麻织衣服，富人穿绫罗绸缎，冬穿裘皮、丝绵。而棉布的出现改变了人们的衣着，平民百姓也可身着既暖又美观的棉织衣服。

在江南一带，东南各省的蚕丝和丝织业也发展了起来，生丝和织品的产量远远超过了前代，生产技术也有所进步，成为国内外市场上的重要商品。在苏州、杭州、湖州、松江、常州一带形成了丝织业的中心，同时，也出现了最早的资本主义商品经济。

农业生产的恢复发展，促进了明代手工业和商业的发展。朱元璋的休养生息政策巩固了新王朝的统治，稳定了农民的生活，促进了生产的发展。

在对农业进行恢复发展的同时，朱元璋非常重视水利建设，并且把它视为实施"安养生息"政策的重要内容。但是实际上明初时的治河工程一时还没有提到议事日程，黄河不加治理，实在是一件令人担忧的事情。为了灌溉农田，便利漕运和防止旱涝，朱元璋曾下诏令，如遇有此事，应该积极行事。后来，朱元璋曾多次调动大量人力、物力修建水利工程。

朱元璋十分重视兴修水利和赈济灾荒。在即位之初就下令，凡是百姓提出有关水利的建议，地方官吏须及时奏报，否则加以处罚。到1395年，全国共开塘堰40987处，疏通河流4162道，陂渠堤岸5048处，成绩是显而易见的。

此外，朱元璋很重视平时对水利设施的养护，他规定：凡盗决河防、圩岸、陂塘者，均受重刑。对提调官吏和在任的官员明确规定，不修河防堤岸或修而失时者，也要受处罚。

朱元璋当皇帝期间对修河筑堰工程的广泛推广，一方面扩大了灌溉面积，另一方面使大批被洪水、海潮淹没的土地变为良田和可耕之地，这对农业生产的恢复和发展也起到了巨大的作用。

以上各种措施的实施，不仅稳定了以小农经济为基础的明王朝的政权，而且还增加了朝廷的财政收入，从而也大大地提高了朱元璋的气势和威望。

扶植工商业发展

朱元璋即帝位后，他希望国内士、农、工、商等四民皆能各守本分，做好自己的本职工作，从而能够实现没有坏人、百姓安宁、物产丰富的和谐社会。为此，朱元璋在努力发展农业生产的同时，对工商业的发展也是倍加关注的。

洪武十一年五月，朱元璋命工部，凡是在京赴工的工匠，月发薪水盐蔬，并准许工匠在休工时可以自由经营私产。洪武十九年四月，工部又制定了工匠轮班制，凡外地在籍的匠户，定以三年一班，轮流赴京劳作三个月。根据居住地的远近编定簿籍，规定班次，并且签好合同。

匠户按期带着合同到工部报到应役，朝廷此时免去应役匠户家的徭役。洪武二十六年，朱元璋又采纳了工部的建议，最后确定五种轮班制，从而减轻了匠户们的负担。

除了匠户轮班外，还有坐匠户。他们在京师等地固定做工，由内府的内官进行监督管理。按照规定，坐匠每月工作 10 天，月粮由工部支给。

这些匠人在一个月剩下的 20 天中可以自由支配，他们可以为自己干活，制作产品，自由地在市场上进行出售。与元朝相比，他们的负担减轻了。这不仅促进了商品市场的广泛扩大，也使工匠的技术得到了交流，而且更大程度上调动了匠人们的生产积极性，推动了手工业的发展。

朱元璋对商业极为重视，他始终认为，商业在一个国家内是不可缺少的。由于朱元璋采取了一系列扶植和保护商业的措施，使得在他当政期间，商业逐步发展和繁荣起来，形成了许多商业城市和市镇，同时也是商品生产和销售中心。

从此，城里有了许多的手工业作坊和门市，云集了数量众多的各行各业的手工业工人以及小商贩。随之而来的是城市人口的猛增，南京及周围属县人口，已接近 120 万人。长江沿岸借水运的发达，工商业城市也出现了新的各个行业的交易中心。

洪武中期，随着手工业、商业的发展，矿业也渐趋发展。洪武七年，明政府下令设置铁冶所，原制铜的池州置铁冶所，加上原来江西南昌府进贤铁冶处共有 13 所，每年共计炼铁 8052987 斤。

当然被开矿的地区远不止这些，如果国家一旦需要就立即开采，数量足够需要时，就停止开采和冶炼。冶铁纳税是按产量的十五分之一缴纳。除铁、铜以外，明初还开采了金、银、铝、汞等矿。

朱元璋在恢复社会生产、发展工商业的同时，试图进行货币改革。为了交换方便，朱元璋统一了币制，大量铸造各种"洪武通宝"。但是，由于铜钱携带不方便，加之原料不足，朱元璋顺应形势，在洪武七年又设置了宝钞提举司，制造大明宝钞，宝钞以桑茎为纸料。同时，明王朝还禁止民间用金银做交易。

可是，朱元璋并不懂得纸币要有金银做保障，却把印"宝钞"当成了朝廷的特权，增加财政收入的有效手段，这一错误概念导致超量印制，纸币贬值，从而使"宝钞"不得不退出交换领域，又重新使用起金银货币。

货币改革对民间贸易和商人交易是极为有利的，但在当时由于没有控制发行量，故无法保证货币值。明初头几年，宝钞发行量较少，币值较稳定，后来发行量不再限制，导致宝钞贬值。

到了洪武三十年，杭州商贾一律以金银定价，根本不用宝钞了。而且时间日久，造假币得以猖狂，使大明宝钞的信用降低，大为贬值。重要的是，这种纸币没有贵金属做准备金，直到洪武末年，宝钞严重阻滞，商人、百姓都不买账。后来朝廷一再用命令来维持通行，也无济于事，最终难免以失败告终。

从洪武十四年到洪武二十四年，这十年之间，明朝国家掌握的户口数量有了显著的增加。这不仅意味着国家与豪强地主争夺劳动力取得了很大胜利，而且也反映了恢复与发展经济取得了一定成就。同时，朱元璋进行的土地丈量和人口普查，是几百年来若干朝代的政治家、帝王所未能做到的大事，他划时代地完成了。

发展文化教育

早在洪武元年八月中旬，在攻陷大都后不久，朱元璋即下达了一份《求贤诏》。紧接着，他又派出起居注詹同、魏观，侍御史文原吉等人，分赴各州县，访求贤良。

贤良们看到了《求贤诏》，许多人闻风而动。在听完专使的游说后，他们纷纷收拾行囊，争相上路。为此，朝廷缺少官吏的窘况很快就得到了缓解。但也有一些儒士，或出于自尊，或心怀恐惧，对《求贤诏》视同虚文，千方百计推脱逃避，远离是非之地。

朱元璋意识到元朝之所以灭亡，除了统治者本身的素质以外，整个社会失于教化也是一个原因。因此，他采取了兴建学校、选拔学官的政策，并且坚持把"教育工作"作为衡量地方官政绩的重要指标。

明朝学校的性质没有什么特殊的，学校是"教育人才"的地方，同时也是"储才"的地方。明朝的制度规定，把学校和选拔官员紧紧连在一起，则是比较突出的。

在朱元璋的倡导下，明朝从中央到地方兴办了各类学校。而朱元璋本人最重视的还是京城里的国学，也就是太学。它是全国的最高学府，学生人数多而且相对集中，培养出来的人才又都担负着国家的重要官职，并且对社会风俗文化有着广泛的影响。

洪武三年，明朝政府正式设立科举制度。十年的寒窗苦读，一朝得中，高车骏马，光宗耀祖。那种飞彩流霞的光彩荣耀，令多少读书人醉心向往。朱元璋自然懂得，天下英雄尽入彀中的个中三昧。为此，朱元璋下了一道诏书，其中指出设科考试期望得以全才，任官唯贤，这样方可有效地治国。

此外，明朝政府规定科举考试只许在"四书五经"范围内命题，考生只能根据指定的观点答卷，不准发挥自己的见解。刘伯温是这方面的策划人。从考试的程序、场次到被称作"八股文"的作文体例，都是由他制定的。这些规范和制度，一直到了清朝末年都没有大的变动。

考中的状元授修撰，榜眼、探花授编修，供职翰林院，前途无量。其他人则被授给知县以上各级官吏。"十年寒窗无人问，一举成名天下知。"这便是读书人最好的归宿。难怪，科举成了读书人终生追求的"事业"。

自科举制度实行以来，朱元璋就察觉出其有不如意之处，譬如科举入选者多为"后生少年"，无办事经验，能担当大事者很少，解决实际问题的能力差，特别是学与用的脱节，世人对科举选官也是褒贬不一。所以在洪武六年，朱元璋宣布停罢科举，这一停就是 10 年。到了洪武十五年八月，朱元璋又下诏恢复科举制度，并以 3 年举行一次为定制。

明代的科举较之旧制有些特点：进士能入翰林是前所未有的；进士之为庶吉士，亦自此开始；凡在六部、都察院、通政司、大理寺等衙门者，都可被称为进士。这样可以让进士在各个部门进行锻炼，被称为观政进士，这也是明朝首创。

由此可以看出，科举出身的进士们得到了很高的荣誉，也鼓励了读书人走上当官的道路。有了在各个部门进行锻炼的考察环节后，可以使他们不用马上负起重任，官方又可量才而用，这岂不是对双方都有益。

洪武十五年，朱元璋下诏全国通祀孔子。同一年，新建国学落成，朱元璋亲自拜谒先师孔子，后又向全国各地方学堂颁布了释奠先师孔子的译注。

从发展趋势上看，朱元璋对孔子的尊崇是很重视的，如祭孔都要求正官主祭，有布政司的地方则以布政司官，府县则以本学儒官或老成的名儒担任。起初国子学由祭酒主祭，后来派翰林院官，但新上任的祭酒必须亲至一祭。

洪武三十年，朱元璋又嫌国子监的孔子庙不够宏伟，自行规划，做了改建。更主要的是，朱元璋积极地提倡和宣传学习儒家的经典，运用儒家的思想理论，维护大明帝国的统治，使其长治久安。

有一个名叫秦裕伯的人，曾经担任过元朝的福建行省郎中。后来，他看到时局动荡，便弃官而走，避居于上海。从此，秦裕伯闭门读书拒客。早在吴元年，朱元璋就曾派人带上他的亲笔书信和礼品前去礼请，但均遭到秦裕伯的谢绝。现在，再次派人去邀请，依然是无功而返。

朱元璋觉得这个人之所以不识抬举，肯定是因为做过元朝的官员，故意做出忠贞不贰的姿态。既然礼请不至，不妨来点绵里藏针，连哄带吓地把他请来。

于是，朱元璋便写了一封措辞直露的信："先生屡召不至，情有可原，朕不会强人所难。但，滨海之民好斗，先生智谋之士而居此地，苟坚守不出，恐有后患！"

饱学的秦裕伯一看就明白，得罪了杀人不眨眼的朱元璋，"好斗之民"随时会来光顾，"后患"不期而至。他不敢再借故推托，赶紧收拾行囊，跟随使者来到了应天。朱元璋并没有怪罪他，立刻命他做了翰林院待制。后来，秦裕伯又被任命为陇州知州。

杨维桢是闻名东南的大名士，当初，他曾对张士诚直言劝谏，并多次拒绝张士诚的礼聘。洪武二年，朱元璋命翰林学士詹同带着礼品登门问候，请他进京主持纂修礼书。此时的杨维桢已经年逾古稀，他推托再三，声泪俱下："哪有行将就木的老妇，再去嫁人的道理？恕老夫不能听命！"

朱元璋心里虽然不痛快，但也并没有降罪于他。第二年，朱元璋再次派遣地方官去请杨维桢。杨维桢无奈，只得提出应征的条件："皇帝用吾之能，而不强吾所不能，则可以上路。否则，只有蹈东海一死而已。"

朱元璋知道杨维桢提出的应征条件后，就越发器重他了。他不但慷慨地应允了杨维桢提出的条件，而且特赐皇帝安车，让杨维桢坐着进京。杨维桢颇受感动，来到应天后，他对礼书的发凡、体例等，进行了详细的指点，只住了三四个月，即悄然而返。

朱元璋尽管很生气，无奈有约在先，倘若加以惩处，有失皇帝信誉，只得听凭他平安归去。从此，杨维桢的自由来去被传为了佳话。朱元璋豁达大度、礼贤下士的美名，在儒生中广为流传。

俗话说伴君如伴虎，有一些老朋友，在朱元璋打天下时鼎力相助，一旦他荣登大宝，成为炙手可热的真龙天子，便立刻像躲避瘟疫一般脱身而去。有的坚决拒绝做官，有的不告而别，隐姓埋名，遁迹江湖。他们知道，对于胆识过人而又天赐机缘的幸运儿，只可以与之共患难，而不可以共富贵。如果不远远地离开，一旦老虎发怒，就会被其一口吞掉！

最为典型的例子，就是精通卜筮象数之学的儒生陈遇。朱元璋攻占集庆之后，就请他出谋划策，参与机密。朱元璋称吴王后，授他供奉司丞，他坚决谢绝。

朱元璋登上皇帝宝座后，三次授他翰林学士，陈遇照样推辞。朱元璋便赏他一乘小轿，拨十个扈从跟随，以示宠荣。洪武三年，朱元璋又请陈遇做中书左丞。第二年，再请他做礼部侍郎兼弘文馆大学士，但一概遭到坚拒。后来，又授他太常寺少卿、礼部尚书。尽管朱元璋几乎要翻脸，但陈遇仍然心波不起，坚不应职。

这样一而再、再而三地不给皇上面子，朱元璋当然很恼火。但想到"君子不可夺志"这句古语，同时也为了表现自己的仁厚大度，才没有对陈遇加以处置。

此外，朱元璋为了笼络老儒，决定给他们的儿子授官。有一天，朱元璋当面试探道："陈先生，朕三番五次授你官职，你都不应。朕只得把官职授给你的儿子。"

"陛下，此事万万不可！"陈遇慌忙推辞。

"为什么呢？"朱元璋板起了长脸。

陈遇叩头答道："臣的三个儿子，年纪都还小，正是学习做人的时候，给他们授官，只能增陛下之累，有害无益，此事还是以后再说吧。"

相强不得，朱元璋也只得作罢，但仍然把陈遇放在自己身边，经常召进宫来，询问治国安邦大计。陈遇也坦诚相对，直言进谏。他能够把握皇帝喜怒无常的个性，冷静灵活地进言。

朱元璋感到，陈遇对自己多有裨益，却丝毫没有构成威胁。这既成就了朱皇帝，也成全了他自己。陈遇的睿智机变，受到后世史家的高度赞扬。

扩大胡党血案

中书省是朱元璋沿袭元朝统治制度而设立的中央最高行政机构，丞相为其长官，明朝的左丞相其实是皇帝一人之下、百官之上的最高行政长官，权力极大。所谓"胡党之狱"，就是以洪武十三年，中书左丞相胡惟庸结党谋反被杀而得名的。朱元璋是出自淮右的领军人物，最早参加起义的大多数也是淮西人，有的还是朱元璋的乡里，有的则是亲近的族人。在纵横征战中，这些人自然分别充任了领兵的将帅、幕府的臣僚等重要职务。随着朱元璋的势力发展壮大，淮西将臣的地位不断上升，尤其占领集庆后，淮西人的地位在文武势力范围内愈加显著。

随着朱元璋地位的抬高，他和淮西将臣关系也发生了根本性的变化。朱元璋考虑的是如何提高皇权，保全朱家的江山，为此他颁布了一些申诫公侯的条令，规定了处罚和处刑的律令。朱元璋想以此来约束淮西集团的公侯及其家人、仆人，他还在统治上层部门有意安插非淮西的贤能志士为官，并且以礼法约束，监视旧淮西集团。

李善长是淮西集团的核心人物，从洪武元年任左丞相直到胡惟庸先后掌权的17年中，他极力排挤浙东人士，使之不受重任。浙东地主集团的领袖刘基作战有功，建国之后，更有治国办法，功劳也是非常显著的，但是在分封功臣时，刘基却只被封为诚意伯，而李善长则被封为了韩国公，岁禄也是刘基的20倍。由此可见，虽然同是为抗元打天下，为新王朝建立做出了贡献，但是两个集团却存在着极为不平等的现象。一些小的不和睦，就会引发大的祸根。有一次，刘基把李善长的亲信——中书省都事李彬给杀了，这虽然是秉公执法，但是却加深了两个集团的矛盾。后来，朱元璋偏听李善长的挑唆，就让刘基告老还乡了。

此外，明王朝统治阶层内部矛盾逐渐集中在皇权和相权的矛盾上。明朝建国后，制度上以中书省总揽行政事务，并设左、右丞相。但是担任过丞相的人极少，洪武元年李善长、徐达分别为左、右丞相。

徐达因为是大将军，长年领兵在外，实际执掌丞相职务的只有李善长。李善长也非善类，表面宽和，内心狭隘，不但排挤与自己能力相当的人，连皇帝信任的人也不肯轻饶。

洪武三年，李善长回老家养病，中书省一时无长官，就诏浙东集团的杨宪为中书右丞，汪广洋为中书左丞。杨宪飞扬跋扈，凡旧吏皆罢免时，排挤淮西集团人士，改用自己的亲信。唆使刘炳弹劾左丞相汪广洋时被朱元璋发现，下狱追问，刘炳坦白受杨宪指使，于是洪武三年七月朱元璋把杨宪和刘炳一起杀了。这是朱元璋在政治上最早于统治集团内部开杀戒，实际是加强皇帝专权主义的一个步骤。

汪广洋在杨宪被杀后，被召回，复任中书右丞，当年冬，封忠勤伯。然而一个在明初政治上引起巨大爆炸的人物悄然崛起了，他就是后来胡党之狱首犯胡惟庸。胡惟庸原是定远人，在朱元璋拿下定远之后，他就跟随朱元璋，因写了那个《战略策论》后更加受到朱元璋的器重。胡惟庸有许多事情要向朱元璋请教，朱元璋也有些事情要问胡惟庸。两个人常在一起，相处的时间虽然很多，但商议的都是国家大事，胡惟庸一直都在寻找为自己谋得地位的机会。

胡惟庸不断地巴结讨好朱元璋，在杨宪被杀后，汪广洋复任时，胡惟庸就千方百计取得了朱元璋的欢心。朱元璋屡次称赞胡惟庸有才干，并且也是十分信任他，后来，胡惟庸被任命为左丞相。

随着官职的升高，胡惟庸的胆子也是越来越大。不懂避讳的胡惟庸，让朱元璋觉得他已经严重侵犯到了自己的皇权。朝廷内外诸衙门上奏的折子胡惟庸皆斗胆拿去先拆看，发现对自己不利的，竟隐瞒起来而不奏报。接踵而至的是各地想当官的、升官的，失意的功臣、军人都奔走到他的门下，送金帛、送名马，珍宝古玩更是不计其数。当然，也并非所有的人都对胡惟庸听之任之，大将军徐达早就对其奸邪深恶痛绝，并坦率地告诉了朱元璋。胡惟庸知道后，顿时就起了报复之念。

徐达有个看门人叫福寿，胡惟庸暗自拉拢他，想利用他除掉徐达，结果被福寿给揭发了，徐达知道后对胡惟庸更是异常的愤怒。

胡惟庸对刘基给自己的评价和预见也有耳闻，并怀恨在心，当刘基忧愤而病愈加重时，胡惟庸乘机迫害这位宿仇。

刘基晚年得了病，胡惟庸窥视到朱元璋不再像以前那样关心刘基了，因此，胡惟庸挟医视疾，下了毒药，把刘基给毒死了。

胡惟庸在罪恶的道路上越走越远。他在刘基死后，更加肆无忌惮地与李善长进行勾结，并且还弄一些"天降赐福"的假象来迷惑廷臣从而来抬高自己，阿谀奉承之徒争言为丞相瑞应，使得胡惟庸进一步发展为直接与朱元璋本人产生了对抗。对此，朱元璋也是怒不可遏。不巧的是此时胡惟庸的家人为了谋取非法之利，殴辱了关吏，朱元璋大怒，杀了家奴，胡惟庸惊慌又不满。后来，朱元璋又追究刘基被毒死的情形，胡惟庸心虚害怕，私下加紧阴谋活动，扬言先发制人不能束手就擒。

胡惟庸找到了一些被朱元璋责难的军官进行谋反，让他们收集军马，这已经引起了朱元璋的警惕。后来，胡惟庸又得到了李善长的支持，就更加胆大包天了。他派遣亲信林贤下海招引倭军，向异国求援。又遣元朝故臣封绩带信，向逃到塞外草原的北元君主称臣，请派兵为外应。但是，这个阴谋还未来得及付诸行动，一个意外的打击就降临到了胡惟庸的头上。胡惟庸的儿子骑马在街上招摇过市，横冲直撞，坠马死在车下。胡惟庸气急败坏，立即杀了马夫，朱元璋对此极不满意，下令以命偿命。胡惟庸请求以金帛给其家作为赔偿，朱元璋不答应。胡惟庸狗急跳墙，联络亲信策划谋反。

朱元璋正处在称帝后统治政权日益巩固，矛盾也不断暴露的关键时刻，相权和皇权的矛盾达到了顶峰。他最敏感的莫过于针对其权力的挑战，这使他毫不留情地处置了一些来自统治集团内部的人物，包括地位很高的文臣武将。洪武十二年九月，占城来使者进贡，胡惟庸等不奏报，宦官出门见到后才上报，朱元璋发怒斥责了中书省大臣。胡惟庸及右丞相汪广洋虽称有罪，却诿过于礼部，而礼部又反过来怨中书省。朱元璋愈发愤怒，把这些人统统囚起来，审问受谁指使。十二月，御史中丞涂节告发胡惟庸毒死了刘基，又揭发胡惟庸与御史大夫陈宁谋反之事。朱元璋越来越感觉到胡惟庸的谋反之意了。

古往今来，对于皇帝的霸道，感受最深的是他的重臣和勋臣，而学习最快的自然也是这种人。俗话说得好，伴君如伴虎。由此可以看出，如果伴得久了，无论是重臣还是勋臣，便渐渐地滋长出一些虎气或者竟也变成了虎。这时的胡惟庸，或许还没有变成一只虎，而只是一只沾上了些虎气的狼。然而，当虎要吞食狼的时候，狼总是会拼死一搏，从而使自己能够活下去。

在胡惟庸的丞相府中，有一株大榆树，离树不远处还有一口井。此井水质特别好，清凉甘甜，令人大加赞赏。平时里，井水涓涓细流，每到冬天时，反倒有大股泉水涌出。胡惟庸深知此泉的习性，早已想好了一个绝妙的计策，单等到这泉水大股涌出的时候，诱杀朱元璋。

1380 年的冬天，胡惟庸望着井中那大股涌出的泉水，稍一犹豫，便换了朝服，乘车前去皇宫。见了朱元璋，跪伏在地，奏说："启禀皇上，府中井里涌出了醴泉，请皇上前去观赏。"

宅井出醴泉，自是大明的祥瑞。朱元璋听了龙颜大悦，说道："果真如此，可是朕大明王朝的祥瑞。丞相快回去，朕即刻就来。"

胡惟庸听了暗自高兴，拜谢后急忙回了府。胡惟庸走后，朱元璋稍作安排，便带了几个大臣高高兴兴地前去宰相府。当走出皇宫时，朱元璋对身边的老太监挤挤眼，说道："这可是大祥瑞呀！"杨公公心里十分清楚：朱元璋的意思是，终于有了个好机会，杀死胡惟庸，彻底解决丞相的事情。

胡惟庸也是同样的高兴，他在自家的墙道里藏了许多兵勇，只等朱元璋前来，他们就会冲出来杀了这位皇帝。然后，等候在城外的吉安侯与平凉侯，就会带领他们的军队冲进皇宫，待将朱元璋的一切死党清除干净后，他胡惟庸就成了当今的皇帝。这一切安排得天衣无缝，尽在掌控之中，胡惟庸越想越兴奋，他忍不住爬上了楼顶，他希望快一点见到朱元璋的金龙轿顶。

就在这个时候，胡惟庸安插在朱元璋身边的一个暗探赶回来给他报信："大事不好，皇上的銮驾后面，还有一支异常悍勇的卫队。"

胡惟庸听了大惊失色，他这才深深地知道，皇帝不是人人都可以当的，原来皇帝早已经探明了他的野心，这偌大的天下，实在是强中更有强中手。胡惟庸赶忙吩咐刘杰，将墙道里的兵勇疏散出去。待朱元璋到来时，胡惟庸热情迎接。

朱元璋的卫队，查遍宅子内外，也未找到半个兵丁。回去之后，朱元璋很快就查清楚了，是因为有人给胡惟庸通风报信，朱元璋更加恼怒了，立即颁旨必须马上查出这个人来。这个人很快便被查到了，不过此刻他已经成了一具死尸。原来报信人为了保全他的主子，果断地结束自己的生命。朱元璋在佩服胡惟庸的同时也下定了杀他的决心。可是，现在说胡惟庸谋反，还拿不出确凿的证据。朱元璋皱紧眉头，咬牙切齿。一旁的杨公公见了，凑近朱元璋轻声说："要杀胡惟庸，非常容易。"朱元璋让杨公公快点说出来。

杨公公说道："奴才知道，汪广洋原来有个美艳的小妾，被赐死时，胡惟庸霸占了这个小妾。"

朱元璋听了非常高兴，这种事情可大可小，一切尽在朱元璋的手中。这一回，朱元璋决定要以这件事情大做文章。于是，朱元璋立刻叫来宗人府的人，说："没官女人只可以给有功的武臣，他胡惟庸一个文臣，怎么能够如此胆大妄为地乱了朝廷的规矩，这怎么能行？你们一定要好好追查此事，定个罪来告诉我。"

后来，经过宗人府的彻查，此事属实，按严办之例，宗人府给了判胡惟庸罢官回乡的处罚意见。朱元璋看了也不说话，只见他在判决书上打了个大叉，然后写下五个大字："腰斩，灭九族。"

就这样，因为占了汪广洋的一个小妾，胡惟庸被腰斩了，九族也遭灾。同时获罪的还有六部堂属各官，有的罢官，有的关押，有的流放，有的斩首。然而，又有谁会想到，这仅仅只是杀戮的开始。

皇权的至高无上，一切都显得理直气壮，原本也许是属于理的东西，但是在皇权的面前，都变得那么不值一提。皇权的自我维护，皇帝的随心所欲，都成了至理名言。

在以后的十多年的时间里，开始走向老迈的朱元璋，在对极权的追求上变得越来越穷凶极恶，在对自己权威的维护上变得越来越歇斯底里。在许多事情处理上，朱元璋不断地失误甚至是犯错，在面对已是很明显的错时，他要么不去承认，要么就是推给其他人。

聪明的朱元璋，在胡惟庸死了很久以后，还一直抓住胡惟庸谋反"罪状"。只要是与他的集权有一丝悖逆的人与事，朱元璋就都把他放进胡惟庸案中，给他定一个万劫不复的死罪。于是，胡惟庸谋反的死党也被陆续地揭发了出来。朝中的许多人，包括一些地方的官吏，认识与不认识胡惟庸的人，都因为胡惟庸的案子被牵连了进来。一时间，繁华的帝都金陵城，被弄得腥风血雨，人人甚感自危。

南雄侯赵庸、荥阳侯郑遇春、永嘉侯朱亮祖、靖宁侯叶升等1公、21侯，最后连皇上自己的亲家，一直感情颇深的李善长，他也没有放过。为了表示自己的这种杀戮是正确的，朱元璋还特别亲自作《昭示奸党录》，布告天下，诉说胡惟庸罪该万死，必须进行杀戮。

朱元璋发起的抓胡党运动，从洪武十二年起，延续长达十多年，直接受到株连杀戮的人高达三万多，间接受害的人更是不计其数。案情内容也不断扩展延伸，就连被贬到江西安远县的老夫子宋濂，也被牵连了进去。有一天，朱元璋正在伏案批阅奏章。忽然，传来轻轻的脚步声。他头也不抬地问道："是谁？"

"是孩儿。"

扭头一看，太子朱标脸色惶怵地肃立一旁。他放下手中的奏章，不解地问道："标儿，发生了什么事？"

"爹爹……孩儿是给宋老师求情来了。"朱标说道。

"为什么?"朱元璋瞪大了双眼。

朱标嗫嚅地答道:"爹爹,宋老师,对我大明朝,忠心耿耿,并无大过。何必……非要置他老人家于死地呢?"

"这么说,是为父我昏蒙不明,冤枉好人啦?"

"孩儿不敢。不过,孩儿的成长,除了严父慈母,全靠宋老师十余载谆谆教诲呀。没有宋老师,哪有孩儿的今天?请爹爹开恩,饶宋老师一命吧。"朱标抽抽搭搭哭了起来。

"朱标,你已经不是小孩子了,怎么还这么糊涂?我要杀他,除了他罪有应得,还不是为了尔后你能够平安地坐天下。你认为对咱们有功,就不能杀吗?告诉你,越是功劳大的,对咱们朱家的威胁就越大,不必再多说了,回去好好读书吧。"朱标揩揩满脸热泪,脚步蹒跚地退了出去。

洪武四年,宋濂因一句"自古戒禽荒"的劝谏,被贬为江西安远县知县。过了两年后,宋濂才被召还。洪武六年,迁侍讲学士,知制诰,仍在文学侍从之列。洪武九年,朱元璋又进行安抚:召他的次子宋璲为中书舍人,长孙宋慎为仪礼序班。他对宋濂调侃道:"宋先生,你为朕教导太子及诸王,朕也教诲了你的子孙呀。"

洪武十年正月,已经68岁的宋濂,以年老为由恳求致仕。朱元璋痛快地答应了,并赐给他一部《御制文集》以及许多贵重的锦缎。朱元璋对宋濂说道:"老先生,32年后,便是卿的百岁寿诞。那时,拿这绮帛做百岁衣吧!"宋濂感动得老泪纵横,颤颤巍巍地高喊:"皇上的恩德,地载天覆,臣没齿不忘!"

宋濂平安地回到家乡,不置田产,不谈朝政,唯以纂述和授徒为乐。每年九月十八,皇帝诞辰之期,他都长途跋涉来到京城祝贺寿诞。洪武十二年来祝寿时,他陪着皇帝登文楼,一步跟跄,摔倒在楼梯上,跌得许久没有爬起来。内侍将他搀扶起来,仍然面色痛楚,气喘吁吁。朱元璋看宋濂实在是老了,就怜悯地吩咐道:"老先生年事已高,明年不要再来为朕祝寿了。"

"谢皇上体恤老臣。"宋濂忙不迭地磕头谢恩。

可是,到了第二年的"万寿节",因为胡惟庸的案子,朝廷气氛十分紧张。朱元璋也是心绪不佳,忽然想到,宋濂往常年年来贺,君臣饮酒赋诗,谈天说地,何等惬意!今年却不见他的踪影。由此可以看出,朱元璋早已经把去年吩咐宋濂的话给忘记了。于是,他命人潜往宋濂的老家暗暗查访。

当使者来到宋濂的家乡时，宋濂正在与几个朋友饮酒赋诗。对于一个致仕高官来说，本来是件非常普通的事情，但朱元璋听罢汇报，却勃然大怒，认为宋濂不把皇上放在眼里，于是想治他的罪。

可是朱元璋又转念一想，宋濂以温厚耿忠闻名朝野，如贸然下手，难免留下欲加之罪的话柄，那岂不是有损皇帝的圣明？他只得把一腔怒火压了下来，等待找到口实再来问罪。

有一天，朱元璋讯问刑部一位姓郎的主事："宋濂的孙子宋慎，与胡党有没有联系？"郎主事心领神会，立刻将宋慎"通胡始末"报了上去。于是，宋慎被列名胡党，逮捕处死。宋濂次子、宋慎的叔叔中书舍人宋璲，则连坐被杀。紧接着，派人去抄了宋濂的家，将老人连同他的妻小、仆妇，一绳子拴到京城，下了大狱……太子朱标正是得到师傅全家被抓，就要杀头的消息后，找皇上为师傅说情的。不料，却碰了个硬钉子。万般无奈，他只好去找母亲马皇后帮忙。

马皇后得知宋师傅大难当头，心忧如焚。正当她焦急得坐立不安时，可巧皇上来到了乾清宫。看到皇上满脸阴云，肯定是有特别烦恼的事情，于是，马皇后倍加小心地施礼让座，然后小心翼翼地问道："皇上今日脸色不快，莫非什么人又惹你生气啦？"

"你的好儿子，他身为太子，我为他扫清龙椅周边的虎狼，他竟然给他们讲情，你说可气不可气？"

"原来是为标儿生气。"马皇后沉默片刻又问道，"皇上，不知妾身该不该问，标儿到底做了啥糊涂事，惹得你生这么大的气？"

"宋濂一家是胡党，我把他一家抓来应天等候处置。他竟然哭天抹泪地给他讲情，丝毫不懂得我的一片苦心，简直是糊涂透顶！"

"皇上，宋先生真的是犯了该死的罪过吗？"

"哼，我能冤枉他吗？"朱元璋见皇后泪流满面，唉声叹气地问道，"怎么，莫非你也要为那老家伙讲情？"

"妾身不敢，只是皇上，民间为孩子请个教书先生，还像对待贵客似的，吃最好的饭食，永远不忘人家的情分呢。这么多年来，宋先生教太子和诸王念书，尽心尽力，你怎么就忍心杀他呢？"马皇后急忙揩揩满脸的泪水。朱元璋不愿再听下去，拂袖而去。

吃晚饭的时候，马皇后陪朱元璋吃饭。她不饮酒，也不吃肉，只吃下两口米饭，便放下了筷子。

"皇后，怎么回事，莫非你病了？"

"不是。妾在为宋先生……祈福呢。"

朱元璋分明有些动情，勉强说道："看在你们母子的份儿上，我饶了那老奸贼一命。"说罢，他放下筷子，起身离去。死罪可免，但是活罪难逃。宋濂捡回一条命，被流放四川茂州充军。已经是72岁的老翁，枷锁锒铛，好不容易到了夔州，已经是诸病缠身了。

这一天，宋濂来到一座破庙歇宿。寒风砭骨，老人蜷缩在神坛前，扪心自问，平生无愧天地圣贤、神佛皇帝，却落到如此悲惨下场。天地虽大，哪里去寻公道和正义？他越想越伤心，趁着押解人睡得正酣，他解下裤带，颤颤抖抖地在窗棂上拴了一个绳结，引颈进去，了却了可怜的残生。此外，还有华云龙，他也是跟随朱元璋南下定远的24个心腹之一。洪武元年，在大将军徐达指挥下北伐中原时，屡立战功，于是华云龙做了北平镇守兼北平行省参政。

洪武三年，晋封淮安侯的华云龙坐镇元旧都，权重位尊，生活是日渐奢侈腐化，竟然忘掉了自检。他不但住进了元丞相脱脱豪华的府邸，还使用了故元皇帝的龙床。朱元璋得知后，曾派专使斥责。但是华云龙置若罔闻，依然故我，日夜沉湎酒色，连政事都懒得过问。

洪武七年六月末，朱元璋召华云龙回京，起程不久他便死在了途中。华云龙的死也成一个谜，是惊吓而死，还是自裁，亦或是被杀，不得而知。

在宋濂奉命为其撰写的《神道碑》中，人们看到这样几句话：

> 侯从征四方，粗著劳孝。初无奇功骏烈照耀人之耳目。然而，封以大郡，赐以封爵，宠恩之加不为不重矣。奈何，徇欲败度，绝无忧国恤民之心，乃知往古韩彭之流，怙功自专，卒致夷灭，皆其自取云尔。

自古至今，只要不是大奸大恶的人，死后所作的墓志铭，无不是扬善避恶，极尽褒扬之事。一向温厚诚笃、笔底生花的宋学士，给一个盖棺论定的侯爷作墓志铭，不但一反常规，毫无遮掩伪饰，而且公然与被刘邦杀死的韩信、彭越相比，由此可见，华云龙并非是善终。

华云龙死后，他的儿子华中还是袭了爵。后来，朱元璋让华中负责治疗李文忠。结果病人被治死了，他自然难逃惩治。等到洪武二十三年时，抓胡惟庸党羽的风浪再起，华中则"名正言顺"地成了"胡党"。不过，此时他早已遗尸贬所了。

怠慢功臣刘伯温

朱元璋的功臣之一刘伯温不但善谋略，而且精通天文。在古代，往往把观测天文现象跟预测吉凶扯在一起。刘伯温对天下形势观察仔细，考虑问题周到，他的预见往往比较准确。在民间传说里，甚至把刘伯温当作一个"未卜先知"的神人。

求雨和平反本来是毫不相干的两码事，刘伯温也不可能有求雨的法术，不过他懂得天文，能观测到气象要发生变化，就借这个机会劝谏朱元璋平反冤案。

刘伯温执法严格，有一次，丞相李善长的一个亲信犯了法，刘伯温不顾李善长的阻挠，把那个亲信给杀了。这件事招来了李善长的怨恨，只要一有时机，他就会在朱元璋的面前说刘伯温的坏话。

刘伯温又一次被解官还乡时，心里非常平和。每天他都会早早地起来，呼吸着新鲜的空气，沿着屋后两旁的竹林小道，随心所欲地走上一会儿。一切都是这么的悠闲自在、安详和谐。曾经的军师，安邦的勋臣，如今却同那乡间老人一样，静静地享受着淡泊名利的乡间生活。

曾经亲身经历元亡明兴的整个过程的刘伯温，深知一处地方治安不好，就会影响到多处地方治安的失控。于是，刘伯温再也坐不住了，他写了三千多字的折子，请奏朝廷在谈洋设立巡检司，既可使国家增加税收，又可保地方稳定平安。

刘伯温的好友刘运知道此事后劝他说："而今在朝廷主事的胡惟庸、汪广洋都对你不满，你不如待在家过自己的快乐日子，不去管他这些闲事。"

刘伯温沉思了许久，最后，他还是决定将折子交给儿子刘琏，让他直接送给朱元璋。当掌管中书省的胡惟庸知道此事后，非常的愤怒，他愤愤地想道："这个刘伯温，还这样看不起我?!"顿时，他萌发了要整一整刘伯温的念头。为了谋求一个万全之策，胡惟庸特意去了李善长的家。

李善长离了丞相任后，虽说有时还要到金陵去走走，但往日却清闲了许多。李善长是朱元璋的亲家，胡惟庸又是李善长的亲戚，一下子，大臣与皇上的关系近了许多，胡惟庸胆子也大了许多，他简直有恃无恐。

胡惟庸对李善长说了刘伯温的儿子替父亲直接向朱元璋上折子的事情，还说刘伯温目中无人，最后，他又说到徐达等将帅，对刘伯温倒是言听计从，对我们却不怎么看得起。

李善长点了点头说道："这对你我来说，确实不是什么好事情。"

后来，李善长给胡惟庸想了个整治刘伯温的方法，他指出刘伯温夸赞故乡青田地有文气的'文'字换个字。

"王气！"胡惟庸大声地喊起来。他明白过来，又想了想说："我就告他说谈洋之地有王气，想用来为自己做墓地。皇上知道了，岂能容他？"两人商量着，谈得唾沫四溅，越谈越有劲。直到李善长有些倦了，胡惟庸才离开。

胡惟庸欢天喜地地回到府里，兴奋得一夜没睡着觉。第二天，朱元璋差人来宣他去有事要问。回答了朱元璋要问的事情，趁闲聊时，胡惟庸有意地将刘伯温夸他青田有王气的事情，说给朱元璋听。朱元璋很是愤怒，于是，剥夺了刘伯温的俸禄。

刘伯温作为一个杰出的政治家，他有着自己的政治理想和人生信仰。他出生于一个富有的地主家庭，从没有在乎身外的金钱物质。他为官多年，最后虽身为御史中丞、太史令，但为官清廉，处处以国家利益为重，始终是两袖清风。如今俸禄被剥夺后，刘伯温一家上百口人，在生活上一下子陷入了困境。

可是，最可怕的便是说他想占有王气之地建墓，这在朱元璋看来是何等严重的罪名。刘伯温苦苦地思考着，最后他决定赴京谢罪。

刘伯温在金陵住下，也不去为自己作任何的辩解，默默地忍受着内心的压抑，不久他便病倒了，日子也越发艰难起来。这一日，徐达及其他许多故友前来探望刘伯温。

此时贫病交加、无药无医还无食的刘伯温，正挣扎着坐在书桌前，翻看自己往日里书写的《郁离子》，见徐达等故友进来，将书放在桌案上，抬头感谢地望着他们。看着苍老的刘伯温，徐达十分痛心，声音凄然地呼道："军师！"

刘伯温努力地挣扎了一下却未能起身，徐达上前扶住刘伯温，与同来的几位故友，对刘伯温深深一拜。这时，刘伯温伤感地说道："有你们的关心，我已经知足了，你们的心领了。甕中已经粮尽，是我刘伯温无能，让家人受苦，更让我刘伯温伤心。你们带来的物品钱财，伯温就收下了。只是，伯温今生恐怕再难还你们的情，你们回去后就不要再来理我了，如果让皇上知道了，恐怕会对你们不利。"

刘伯温说的话，让徐达等人心里凉凉的。回到府里后，徐达又派人给刘伯温送去了许多生活上需要的物品。徐达是个忠勇之人，他决定要给刘伯温讨回一点公道。

有一次，徐达同朱元璋对弈后，对朱元璋说起了他与几个故友去看刘伯温的事情，最后他说道："军师是个文人，只说谈洋有文气，哪里说什么王气？就算他真想去争什么王气墓地，凭他的聪明，又怎么会当众说出来？"

朱元璋听了，认为徐达说得有理，有些动心。后来，这件事情被胡惟庸知道了，他不能容忍徐达对刘伯温的关心，更不允许刘伯温有翻身的机会。他奉朱元璋之命在金陵找来医生，去给刘伯温看病，然后却给了他一些致命的药品。刘伯温病情日益加重，在他只剩一口气时，有人报告了朱元璋。

或许是想起了刘伯温为大明江山所做的贡献，朱元璋派人送给刘伯温许多东西，还特意写了《御赐归老青田诏书》，其内容是对刘伯温"受冤"后的做法表示充分的肯定，最后，他亲自派人护送刘伯温还乡。刘伯温回到青田才三天，就永远地闭上了眼睛。

关于刘伯温的死因，在后来"胡惟庸案"发时，医生供认是胡惟庸授意他去毒死刘伯温的，这也成了胡惟庸的罪状之一。

打击大臣保皇威

朱元璋对中书省越来越不放心,虽然口头上说,"朝廷纪纲,尽系于此",但是实际上他对什么事都不肯放手。军队的征发与调动,将帅的任命,战略的决策,朱元璋无不亲自过问,大都督府实际上也是直接控制在他手中的。

中书省则不同,它是立法行政机构,国家政府的基础,内有六部,外有各省,都在它的管辖之下。举凡工农钱谷、诉讼刑罚、科举学校、工程水利、官员任免等等,都在它的职责范围之内,权力极大。作为中书省领头人的中书丞相,地位在一人之下、万人之上。

同时,在中书省的几名要员中,也出现了互相攻讦诬陷的现象,从而使得朱元璋不胜其烦。而主其事的丞相,任何事情都紧紧地抓在手里,更使朱元璋心存悬念,他担心宰辅擅权,大权旁落。在这之中,最早的一场撕咬,便是检校杨宪将锋利的爪子伸向了同僚张昶。

张昶原是元朝户部尚书,奉命南下劝降朱元璋时,朱元璋爱惜他的才华,便让他做了参政。张昶熟悉历代典章制度,更熟知元朝礼仪规范,为新朝各项制度的建设建树颇多,因此,很受朱元璋的器重。

此外,中书省内有一个朱元璋的宠臣,名叫杨宪。在朱元璋攻下集庆后,杨宪看准时机投身报效。此人写得一手漂亮的四六文,处理政务干净利落,再加上伶牙俐齿,善于投人所好,很快便得到了朱元璋的宠信,命他做了监视将帅臣僚的检校。

对于张昶渊博的学识和精明的办事能力,杨宪既羡慕又满怀妒意。于是,杨宪便主动联络,暗中窥视,很快,直爽的张昶便被杨宪抓到了把柄。

当时,元顺帝依然占据着北方半壁江山,元将扩廓帖木儿还拥有相当强的实力。张昶出使被困,觍颜事敌,心中郁闷不乐。有一天,在杨宪的追问下，张昶眼含热泪，吐露了心事："我乃元朝旧臣，如能回到元朝，仍不失高位厚禄。不幸，却滞留在这里，有国不能投，有家不能归。妻子儿女远在北方，他们的安危让人记挂呀！"

张昶久历官场，并非不知道戒备。殊不知，这个胁肩谄笑的杨宪，却是一条咬人的恶狗。杨宪不但侦探到了张昶的内心秘密，而且拿到了他"阴谋叛变"的物证。

李文忠在收复杭州时，将元中书省平章长寿丑的遣送到应天。为了瓦解敌军，朱元璋又把长寿丑的放回了大都。张昶曾经暗暗托长寿丑的带去一道给元顺帝的表章和一封家书。可是，不知什么时候，这两篇底稿都被杨宪偷了去。

杨宪喜不自胜，当即向朱元璋做了汇报。然后，杨宪从袖中抽出一叠稿笺，双手呈给了朱元璋。朱元璋一看，勃然大怒："不是爱卿发现得早，险些让张昶的奸谋得逞，爱卿立了大功呀！"

当天夜里，朱元璋便下令逮捕了张昶。张昶自知求生无望，在供词上直言不讳地写下八个大字："身在江南，心系塞北。"恩将仇报、与新朝为敌的家伙，朱元璋岂能容得下他？张昶立即被砍了头。

杨宪出卖好友的卑鄙行径，虽然令不少人齿冷，但他却更加得到了皇帝的青睐和倚重。杨宪为国除了奸，功勋卓著，俨然成了皇帝的亲信嫡系。于是，杨宪在中书省内便更加趾高气扬、不可一世了。

杨宪是个性情中人，他在刘伯温手下工作了一年后，已深为刘伯温的德智所折服，对刘伯温也是心悦诚服，言听计从。然而，也正因为如此，杨宪很快便遭到了不幸。

这一天，翰林编修陈柽前来拜访，杨宪拿出自己刻的一方印章让他看。陈柽端详一番，恭维道："这方印章，章法端庄俊秀，一派大富大贵的气象。"

第一次得到这样的恭维，杨宪内心非常高兴。他立刻奏请朱元璋，将陈柽提升为翰林院待制。对于杨宪的胁肩谄笑和骄横奸诈，左丞相李善长早有察觉，他决意找到时机将其除掉。但是，眼下杨宪恩宠有加，不能操之过急，要寻找更加合适的时机再下手。

洪武二年九月，杨宪被升任为右丞相，随即便成了李善长的主要助手。在洪武三年初，朱元璋又把汪广洋安排在左丞相的重要位置上。杨宪与汪广洋长期共事，官品一直都比汪广洋高，现在汪广洋突然压在自己的头上，心中便是老大的不快。在每次遇到事情时杨宪也不肯谦让，甚至有意顶撞。汪广洋处处退让，使得杨宪更加得寸进尺。

随后，杨宪唆使御史刘炳弹劾汪广洋奉母不孝，此时的朱元璋也正感到汪广洋办事不力，便罢免了汪广洋的左丞之职，命他回老家高邮奉母思过。杨宪为了讨好皇帝，同时也是为了自己的提升扫清道路，他对汪广洋再下一石，让部下刘炳上本，请将汪广洋贬谪海南，以示惩戒。

朱元璋正在后悔对汪广洋的处罚太重了，刘炳的落井下石，使他觉得里面似有蹊跷。于是，朱元璋突然命人逮捕了刘炳，刘炳招供说他的所为，完全是听从杨宪的唆使。

这时，李善长看到机会来了，他趁机全面揭发了杨宪的种种不法罪行。朱元璋听后大怒，把杨宪和刘炳同时处死了，他终于出了心中的恶气。朱元璋得意地在心里念叨着："普天之下，莫非王土；率土之滨，莫非王臣！哪里容得你等胡作非为！"

再说汪广洋，他其实是个很倒霉的丞相，早年便被杨宪排挤。杨宪被处死后，汪广洋回到了中书省，可他又始终都在胡惟庸的威势之下。汪广洋知道，胡惟庸主要是因为有李善长的势力相支持，才敢如此的横行霸道。

汪广洋不愿长久地屈居于胡惟庸的威势之下，便暗中搜集李善长的不法证据。因为，在他看来，只要把李善长彻底整垮，胡惟庸也就横行不下去了。当汪广洋有了一些想法时，他便邀来密友御史大夫陈宁。

陈宁是个正人君子，平日里看到胡惟庸的所作所为就非常生气。这时，汪广洋信心十足地对陈宁说："只要我们一起参劾李善长有'大不敬'之罪，皇上一定会对他严加处治，我已经搜集到了关于他对皇上的不敬之罪？"

"哦，快说给我听听。"陈宁说道。

"一是在皇上生病时，胡惟庸不去探望；二是胡惟庸纵容儿子六日不上朝，同时也不去向皇上请罪。"汪广洋说道。

"这两条，要算也可以算得上是不敬之罪。"陈宁说，"只是，这胡惟庸深受皇上信任，就这么两条罪，能参倒他吗？"

汪广洋自信地点点头。自己经历了起起落落，汪广洋现在心里很清楚，只要是皇上想扳倒的人，你随便找个理由就能参倒他。现如今，离了职的李善长与胡惟庸他们走得这么近，这肯定是朱元璋忌讳的，汪广洋看清了这一点，他要出面帮他的皇上一个忙，扳倒了李善长，也帮了自己一个大忙。

1376年的某一天，朱元璋的御案上，放了一份汪广洋与御史大夫陈宁共同上的折子。朱元璋久久地望着折子，汪广洋参李善长的"大不敬"，只说了两件事，这对朱元璋来说，已经是足够了。经过一番考虑，朱元璋下令每年减去李善长一半的俸禄。

李善长立刻就明白了，他在家里静修静养，还吩咐儿女们，凡事不可以张扬。可是胡惟庸心里还不明白，他经常跑到李善长家里，大发牢骚。

李善长忧郁地说："这说明皇上不喜欢你我靠得太近，你再去替我说话，恐怕我们都只会大祸临头了。"

胡惟庸听了心中一惊，开始有了一些伴君如伴虎的忧虑。与此同时，胡惟庸便将所有的恼怒都转移到了汪广洋的身上，对他恨得咬牙切齿。于是，胡惟庸又去与李善长商量，应该怎么整倒汪广洋。

可是，经过皇上的这一次不轻不重的敲打，又看到刘伯温的下场，已过古稀之年的李善长似乎感到事情有些不妙。于是，他闭目养神，不愿就此事再与胡惟庸讨论下去。

胡惟庸坐了一会儿便告辞回府了。胡惟庸是个心胸狭窄的人，在以后的几天里，他都在一门心思地想应该怎样除去汪广洋。终于有一天，胡惟庸想出了个可以置汪广洋于死地的万全之计。

这一阵子，胡惟庸在朱元璋面前确实很受宠，因为朱元璋离不开他。胡惟庸有许多事情要去请教朱元璋，朱元璋也有些事情要问胡惟庸。两人常在一起，相处的时间虽然很多，但是却一直都没有找到机会。

有一天，朱元璋与胡惟庸谈起了"国子监"的事情。朱元璋当了皇帝之后，为了培养和提拔新的力量，专门成立了培养人才的国子监。

"皇上为读书人提供了入仕、升迁的机会，真是一件于国于民功德无量的事情。"胡惟庸说。

"对这些新科进士和监生，我们倍加厚爱，要经常教育他们，尽忠至公，千万不要为私利所动！经过三五年的努力，一定要培养出一些像你们这样的人才。"朱元璋望着胡惟庸语重心长地说。

胡惟庸听了，连连点头称是，然后谦虚地说："我们算不上什么人才，国子监有陛下的关怀，今后培养出的人才，一定会有像刘伯温和李善长那样的大人才。"

朱元璋听了，想起刘伯温的种种好处，不由得微微地叹了口气，说："可惜刘伯温已经死了！"

"是啊，真可惜。如果刘伯温在地下知道陛下还在挂念他，一定会感激不尽的。"胡惟庸恭敬地望着朱元璋，稍停一会儿，又似乎是轻描淡写地说，"对于刘伯温的死，朝中有些说法。"

"什么样的说法？"朱元璋急急地问道。

"汪广洋，曾对人说刘伯温是我设计谋害的。"说这话时，胡惟庸声音很小。

朱元璋听了，睁大了眼睛望着胡惟庸，胡惟庸故作诚惶诚恐的样子望着朱元璋。朱元璋说道："这汪广洋无事生非，实在可恨！"

因为朱元璋心里有鬼，对此事他是很敏感的，于是，他立刻讯问了汪广洋。汪广洋根本就不知道此事的内幕，自然是矢口否认。朱元璋正要找机会替自己洗刷，便以"朋党包庇"之罪，将汪广洋削职夺禄，远贬海南岛，永不叙用。可是，就在汪广洋离京不久，朱元璋忽然又改变了主意，他派使臣追上去，宣布就地处死，并且还列举了汪广洋一大堆的罪状。

老实人汪广洋听完敕文后，满腹含冤，唯有对天长叹，然后引颈就戮。随行的小妾陈氏，抱着丈夫的尸体大哭一场，想想自己走投无路，抢过公差的佩剑，自刎而死。汪广洋本来是一个能文能武的人，由于在那样的环境中，终只能成为大明王朝历史上最懦弱无为的一介文臣。

实际上，朱元璋之所以升胡惟庸为左丞相，又恢复汪广洋右丞相之职，目的就是想让汪广洋来牵制胡惟庸，不让出现胡惟庸独掌相位的局面。可惜汪广洋在官复相职后，变得更加胆小怕事，遇到事情也尽量采取回避的态度，也不敢与胡惟庸进行对抗，根本就没有起到牵制胡惟庸的作用，反而使胡惟庸的权力越来越集中。这令朱元璋大失所望。

一个人如果心胸狭窄，总是想去害别人，最终只会害了自己，因为他一方面在不断地树立反对派，而另一方面也随时会给加害他的人以机会。当年，奸诈的杨宪就是搬起石头砸了自己的脚，但是汪广洋却是因祸得福，他不但复了职，还被晋封为"忠诚伯"。但是，汪广洋的复职，对李善长来说，却是个不祥之兆。李善长认为，这是朱元璋在易相问题上几经动摇后，终于要付诸行动，而矛头所指的也正是自己。

李善长在处理政务时的能力是极强的，在朱元璋每次率部出征时，也都是安排李善长做留守。李善长不仅能使后方绥靖宁静，有条不紊，而且还能保证粮秣辎重的源源供给。

朱元璋征战十多年，经历过许多生死的关键时刻，每每都能杀死对方，而保全自己，才有了今天的大好局面。杀人对朱元璋来说，是件非常轻而易举的事情。只是如今杀的人，大多是与自己并肩作战的人。

这时，吏部的张富户来了，说有重要事禀报。他说道："李存义家的管家招供李存义和李佑曾伙同胡惟庸谋逆，现在人已交宗人府那儿押着。"

朱元璋不由得皱了下眉头，这李存义是李善长的亲弟弟，李佑是李善长的亲儿子，他们也会谋反吗？朱元璋的脸色突然变得严肃起来，他命人把宗人府的赵成叫来。当赵成颤抖着从怀里掏出李存义家的管家的供词时，朱元璋认为张富户的话是属实的。

朱元璋瞪大眼睛，破天荒地发出一道处置谋反者的圣旨："李存义与李佑都免死，贬到荒凉的崇明岛上流放。"

朱元璋看了李善长的面子，给了他们这么一个天大的恩惠，非但没有牵连李善长进来，连他谋反的弟弟和儿子都没有杀。按理，李善长受到如此殊遇，应该上书谢恩。

可是，李善长却一直没有半点表示，朱元璋感到异常愤怒。李善长的地位，不仅荣列开国功臣之首，他和他的儿子犯下死罪，也可以免死，他甚至可以"免二死"，皇恩浩荡，位极人臣。可是如今皇帝为何对自己疏远，甚至露出生嫌的神色呢？李善长百思不得其解。一辈子善揣圣意的李善长，也不明白朱元璋此刻的愤怒。

这时，岌岌可危的李善长，还在心里埋怨朱元璋，怪他不该将自己的弟弟和儿子流放到荒凉的崇明岛上去。如果当时，他懂得王者的田土，王者的疆土，只应顺从统治者的声音，如果他能够认真思考一下，就不会有以后的灾祸。可是他现在心里憋着一肚子气，便也想不了那么多了。

而此时的朱元璋已经把李善长当作了要剪除的对象，他秘密安排锦衣卫得力亲信，暗中监视李善长的一举一动，探听李善长在下面说的每句话，随时准备抓住李善长的把柄，把他逮捕起来。

李善长对朱元璋怀疑自己这一点丝毫没有一点儿心理准备，总以为自己是朱元璋的老朋友、老部下，还像从前一样敢说敢谏。当李善长看到朱元璋自从当了皇帝之后大兴土木，修造宫殿，追求享乐的时候，就忍不住批评朱元璋几句，有时还在群臣面前向朱元璋进谏，这就更加深了朱元璋对他的反感。

朱元璋不但拒不听李善长的劝谏，反而怒斥李善长目无君主，妖言惑众。李善长几次劝谏被斥责，心里有怨气免不了私下发几句牢骚。这样一来给锦衣卫的人抓住了话柄，他们又添枝加叶地胡编乱造了一些报告给了朱元璋。

朱元璋自然是信以为真，他派人将李善长及所谓同党一起抓了起来，列举了 12 大罪状。随后，那权倾一时、一人之下、万人之上的李善长被杀害了，并且还被满门抄斩，在这次大屠杀中，有 2 万多人被杀。但是，在李善长的亲人当中，也有没被杀害的，这就是李善长的长子，他也是朱元璋长女临安公主的驸马。朱元璋经不住临安公主的苦苦求情，这才开恩饶了李善长的长子一命，也算是给李善长保留了一丝血脉，罚他往江浦流徙。

在李善长死后的第二年，虞部郎中王国用却上书来为李善长叫屈，他说道："李善长一直与皇帝陛下同心同德，南征北战，冒着千难万险取得了天下。他不愧是大明王朝的第一勋臣，生时被封公，死了被封王。李善长已经是一人之下、万人之上，到了顶级。他这样的一种情况，却要说他图谋不轨，恐怕难以让人相信。现在说他要帮助胡惟庸谋反，实在是荒谬。李善长与胡惟庸，就像是兄与弟的感情，李善长于皇帝陛下，却有着子与父的感情。假使李善长要帮助胡惟庸篡夺帝位，只不过勋臣第一而已，哪里又比得上他今天所得的地位？而且，李善长难道会不知天下是不可以凭了侥幸就可以夺取的……如今李善长已死，再说也没有用，只请陛下能作为一个教训来防止将来再出现这样的事情。"

或许是杀了李善长之后，朱元璋自己也有些后悔，当他看了虞部郎中的上书后，也并没有去怪罪他。

有一天，朱元璋对身边几个大臣说："以一个人的智慧计谋，处理全天下的事，朕固知其难。每当诸事纠葛繁复，朕便想，如果左右的人能竭诚尽意，帮助拿个主意该多好。可惜呀，披肝沥胆者少之又少，固位偷安、默而不言者，却大有人在。他们自以为得了为官之道，殊不知百世之后难逃清议。"

大臣们听后，除了连连高喊"吾皇圣明"，谁还敢妄置一词？只求在阿谀奉迎之下来全身保禄。

朱元璋曾经设立过一个机构叫作"执法议礼司"，司内设有白牌若干面，上写"执法议理"四个朱红隶字。倘若遇到皇帝处事失误，允许大臣手执白牌直言进谏。但是，对于一个威猛如虎、喜怒无常、千猜万忌的皇帝，又有多少人不顾生死敢冒险直言呢？

这样一来，更加是离心离德和彼此猜忌，死气沉沉的空气弥漫在朝廷之上。万岁的呼喊声越高，朱元璋的内心也就越不放心。他知道，要想把臣下都捏在手心之中，最好的办法便是加强监视。战争年代，朱元璋主要是通过广收义子来做耳目。称帝后，朱元璋则多用太监来当眼线。浙江绍兴府有一位老儒名叫钱宰，他已经 70 多岁了，还被强征到京城来编书。由于年老力衰，精神怠倦，有些苦不堪言。有一天，钱宰倚在桌上，随口吟出了心中的痛苦和思念："四鼓咚咚起着衣，午门朝见尚嫌迟。何时得遂田园乐，睡到人间饭熟时。"

第二天，朱元璋在文华殿宴请众臣，老儒钱宰有幸入席。饮酒间，朱元璋不经意地问道："钱宰，你昨天作诗了吗？"

钱宰愣在了那里，说道："臣没有作诗，只不过是随口瞎哼罢了。"

"念给朕听听好吗？"朱元璋面带愠色地说道。

钱宰只得战战兢兢复述了一遍。朱元璋嗔道："朕何曾嫌你迟过？"钱宰吓得慌忙跪了下来。

"看在你年老体衰的份儿上，朕不加罪。你回家'遂田园乐'去吧。"幸运的老儒，从此以后总算得到了解脱。

而当时被称为文臣之首的宋濂，也是朱元璋不放心的人物。有一次宋濂在府上宴客，朱元璋密遣人监视，察看这个老实人是否表里如一。

第二天，朱元璋问宋濂："昨天你饮酒了吗？"

"是的。和几个较熟的朋友，在一起聚了聚。"宋濂直言不讳。

"都请了哪些客人？"朱元璋又问道。

宋濂被惊吓得出了一身的冷汗，他不知有什么事将要发生，只好把昨晚喝酒的几个朋友的名字一一都说了。听到宋濂如实的回答，没想到朱元璋哈哈大笑起来，满脸得意地说："你果然没有骗朕，是个坦荡的君子。"宋濂这才松了一口气，急忙磕头谢恩。

国子监祭酒宋讷也是很得朱元璋信任的。有一天上朝时，朱元璋突然问道："宋祭酒，昨天，你有什么烦心事？"

"没，没有烦心事呀！"宋讷口吃地回答。

"那，你为何独坐发怒呢？"

宋讷大惊，急忙答道："昨天，一个监生颠跑而跌倒，摔破了手中的茶具。臣觉得有失斯文，于是喊来训导了一通。皇上是怎么知道的呢？"

朱元璋从袖中递给宋讷一幅画像，原来正是他发怒时的样子，不知什么时候被人偷偷画了下来。宋讷吓出一身冷汗，急忙跪倒在地。从此之后，宋讷在言行上再也不敢有丝毫的马虎。

朱元璋认为，不论是君与臣的关系，还是官与吏的关系，统统都是主与奴的关系，也就是在上者要驾驭在下者。对于朱元璋来说，威与罚已经渐渐成为了一种思维的惯性和生活的必需，随着皇权的巩固，他的性情也显得越来越暴躁了。

解除老臣汤和兵权

　　朱元璋是个趁乱打出来的皇帝，他不但看到了庞大的元帝国的突然坍塌，而且还看到了各路义军内部的你争我夺。朱元璋从自己走向皇权的经历中也逐步体会到：这人世间一切的仁、义、礼、忠都只不过是表面的东西，唯独拥有真正的实力才可以保住自己的荣华富贵。为此，朱元璋觉得只有铲除一切拥有实权或者可能成长为拥有实权的人，才能够保住不被动摇的皇权。

　　早在大明王朝建立时，汤和就跟随徐达，北攻山西、陕西、甘肃、宁夏、内蒙古等地，并且立下了不少军功。1372 年，汤和因战功被封为征西将军。在亲自领兵攻打四川重庆时，他又一举消灭了夏国。接着汤和又先后三次进行北伐，从而消灭了元朝的残余力量。汤和的军事才能和功劳业绩，仅次于徐达和常遇春。

　　如今，眼看着一个又一个功臣勋将掉了脑袋，为了自保，汤和主动向朱元璋提出了辞呈。汤和是朱元璋的同乡，也正是由于他的积极劝说，朱元璋才决心投靠了郭子兴。可以说，朱元璋的飞黄腾达，并且能够登上皇帝宝座，汤和这个领路人，是功不可没的。

　　其实，汤和在 31 岁时就已经得罪了朱元璋。有一天，汤和酒后心中不快，随口说了一句狂言，其意思就是说我既可以跟随朱元璋，也可以投靠别人。这句话很快就被朱元璋知道了，因此，汤和受到了严厉的斥责。与此同时，他也被朱元璋牢牢地记上了一笔账。

　　因为一句狂言，汤和悔恨终生。此后，汤和处处小心谨慎，并时刻都注意着将功补过，可是朱元璋对于汤和的话却始终牢记于心。汤和吃一堑长一智，从此，他在遇到事情时变得更加冷静了，也更善于伪装自己。

　　早在开国前夕，汤和的地位就已经成为仅次于徐达、常遇春、邓愈的第四员大将。洪武四年，汤和任征西大将军，率部攻打四川，后来，被明昇军队阻挡在三峡天险。朱元璋借机批评汤和"逗留缓事"。攻占重庆以后，朱元璋又嫌汤和推进迟缓，特地派遣使者，传达对他的严厉训示。

汤和诚恐诚惶，率部奋勇挺进，很快平定了四川。但朱元璋对这位伐蜀总帅依然愤愤于心。结果，重赏了副帅傅友德、廖永忠，对主帅汤和，不仅没有重赏，反而又是一顿训斥。

虽然汤和此次西进，表现得有些游移迟缓，但毕竟一举平定了四川，皇帝仍然有斥无奖，无非是当初酒后失言的结果。也许连汤和自己也不知道，酒后失言的代价还要偿付多久。

汤和心里的疙瘩解不开，情绪上也表现出了低落颓唐，这一切都瞒不过朱元璋锐利的眼睛。要知道，皇上不论对谁是奖也好，还是罚也罢，臣下只能叩头谢恩，绝对不可以心生怨恨。然而，等到汤和意识到皇帝发现了自己的不满，才知道闯了大祸。皇帝可以新账老账一起算，轻而易举地让自己的脑袋搬家。想到这里，汤和不由打了个寒噤，双膝跪倒谢恩。

朱元璋也觉得，总是揪住老朋友的小辫子不放，有失忠厚仁爱。第二天，朱元璋便传下旨意，赐汤和田产一万亩，算是对他应得而未得到的奖赏做了一点儿补偿。

这一天，朱元璋把汤和叫到便殿叙旧，并且推心置腹地说了一些话。汤和认为这是朱元璋的肺腑之言，是对自己的安抚和信任，心里顿时安定了许多。不久，朱元璋又给了汤和到延安防边，进剿元将伯颜帖木儿的机会。洪武十一年，朱元璋晋封汤和为信国公，加封号左柱国、左都督、议军国重事，显现出了一派前嫌冰释的样子。

然而，让汤和万万没有想到的是，在敕封诰词中，对他在常州的过失，不仅念念不忘，而且还赫然铸到传之子孙后代的铁券上。这真可谓是大案铁铸，百代不替了。

此时，汤和一则以喜，一则以忧。公爵的尊荣是得到了，皇帝对他的欠账也清还了，而他欠皇帝的，却是赫然铸在铁券里。特别是"人臣无将""威福不专"等语，即"不要当乱臣贼子""不要作威作福"的警告，更是让汤和感觉芒刺在背，如履薄冰。

汤和从徐达那儿回来后，显得更加心事重重了。朱元璋借胡惟庸一案，大开杀戒，一口气杀了 3 万多人。如今，又来搞文字狱，差不多天天都在杀人，真是让人想不通啊！

现在，只要有人犯了朱元璋的忌，他就会毫不留情地杀人。浙江府学林元亮，在给海门卫官作《谢增俸表》中，有"作则帝宪"这么一句话，其中的"则"音同"贼"的音，结果，林元亮被朱元璋拉去砍了头。

更让汤和摇头的是，在元旦时，朱元璋外出看灯，见有则灯谜上画一个手抱西瓜的女人，坐在一匹马的背上，这匹马的蹄趾特别大。朱元璋看了竟然勃然大怒，他认为这特别大的马蹄是讽刺他的马皇后，于是下令将作灯谜的人给活活地打死了。

汤和想到朱元璋诸如此类的许多事情，不由得长长地叹了口气。当汤和低头沉思时，他又想起了徐达的咳嗽，不免摇了摇头。汤和知道，徐达也是为这些事情而感到心中不快，但是又不敢吐真言。朱元璋已经杀了那么多功臣，如今连一些不相干的人也要杀，到时候不知他还要杀什么人。

"不会，皇上不会这样对我们！"汤和对自己说。像是为自己壮胆，又像是为自己担心。他又想起了很久以前，他与朱元璋相处像兄弟一般，有什么话都是大胆地直言。而现如今朱元璋之所以如此，无非是他拥有的太多，怕我与徐达这样的人，来夺了他的权。自己打了这么些年仗，早已经打够了，谁又愿意领兵？谁又愿意去征战？汤和顺着这条思路想下去，眼前突然一亮：

"对啊，徐达要戍守北平，欲罢兵权不能，我汤和如今已平息了边患，还要兵权，那岂不是……"汤和思考着。

汤和思来想去，认为现在唯一能够自保的妙招，就是不做出头之鸟，绝对不能够引起皇帝的注意，甚至要急流勇退，把自己深深地隐蔽起来。于是，汤和决定主动交出兵权告老还乡，也许皇上对自己也就完全放心了。

这一天，汤和单独朝见朱元璋，并诚恳地求告："陛下，老臣今年已经62岁了，老弱的身体已经不堪再为皇上效力了，为此，老臣恳求皇上可怜，恩准臣告老归田。"

朱元璋点着头说道："好吧，爱卿这般年纪，朕也不忍心再加驱使。赐给你钞五万锭，让工部在中都凤阳给你起盖府第，你就安心回去养老吧。"

"臣谢陛下！"汤和急忙以头触地，磕得地砖咚咚响。

"其他公侯将帅，有愿意回家养老的，朕也要为他们建造府第。"朱元璋又补充了一句。这句话语意双关，既是对老朋友进行安抚，也是对别人发出的一个信号，表达出如果你们自动离去，我会给你们赏赐的。

朱元璋说出这句话后满以为勋臣们会纷纷向汤和看齐，争先恐后地交出兵权告老还乡。令他没有想到的是，事情都过去了许多天，仍然没有一个人响应，这使他感到十分扫兴，由此也更加感觉到汤和的善解人意。

正在此时，沿海倭寇不断进行骚扰。在家里休养不到一年的汤和，又被朱元璋请来去江浙加强海防，抵御倭寇。虽然说此时汤和已年过花甲，但是皇帝有命也是不得不从，更何况抗击倭寇，解救百姓于水深火热之中，更是一位将军的使命。于是汤和领命，率领 3 万军队迎着秋风前往沿海。

汤和果然是不负皇上的厚望，他一到就赶走了倭寇。但是汤和却没有立刻回来，他在沿海巡视一番以后，立刻又想出了个很好的办法。汤和命令军士，在江浙沿海一带筑城 59 座，又从百姓中征得 5 万多兵勇，对他们加强训练，同时，还发给他们一些钱粮，使他们在倭寇来犯时，能有足够的力量来依城自保。

这一招果然有效，待汤和回到南京后，又有倭寇来犯，结果被汤和组织起来的兵勇依靠筑就的城池，有效地阻止住了进攻。汤和为明朝南方边境的安稳立下汗马功劳。朱元璋知道后，对汤和大加赞赏，赏赐了许多物品。

汤和离京之日，朱元璋带领百官送行，场面之热烈隆重，是多年来都未曾有过的。再次回到故乡后，汤和生活的依然是小心谨慎，对于朝廷上的事情，他一语不敢涉及，皇帝给的赏赐也大都送给了乡亲故旧。汤和把信国公的头衔仿佛忘在了脑后，对乡亲故旧，特别地眷顾友爱。

在汤和离开京城时，朱元璋曾经嘱咐，倘若身体条件允许，就经常到京城来走走。于是，汤和奉命每到年尾便赶到京城，参加正月初一的新年朝贺大典。

洪武二十三年正月初一这一天，贺年大典结束后，汤和又去便殿朝见。闲谈中，朱元璋询问他家乡的“稀奇事”。汤和害怕落个对皇帝不忠的罪名，便如实汇报李善长在家乡兴造新宅时，曾向他借用 300 个卫卒，但是被他给拒绝了。朱元璋赞扬汤和忠诚可嘉，汤和听到赞扬并没有感到高兴，反而是心情更加沉重了。

因为，此时李善长的弟弟李存义父子已被牵进了胡党案中，李善长也处在岌岌可危的境地。为了洗刷自己，汤和却干了一件落井下石的卑鄙勾当，这实在是愧对老友，也有失仁心义德。对此，汤和也感到痛苦难耐。

想到这些，风烛残年的汤和，再也经不住精神上的折磨，他在京城中病倒了，病症是中风不能说话。朱元璋得到奏报后，立刻前去看望，并亲自派人把汤和护送回凤阳家中休养。等到汤和的病情有些好转之后，朱元璋又命汤和的儿子将其护送到京城，设宴款待，百般抚慰。

曾经一起浴血奋战、一起拼杀的兄弟们，一个个都被自己打发去了黄泉路，对此，朱元璋也感到有些冷清与悲凉。此时，他不由得想到了汤和，这个寡言少语的伙伴。

汤和在他最困难的时候给他安慰，在他走投无路时，把他带上了投军的发达之路。可是，眼下的汤和却已经身不能动，口不能言，再也无法与他交谈了。想到这些，朱元璋的两行热泪滚了下来。于是，他命令赶制了一辆安乐车，派人把汤和接到了京城。

当汤和被推进谨身殿的时候，朱元璋情不自禁地站起来，快步迎了上去。他拉住汤和的手，一时竟说不出话来。此时的汤和更是感动得胡须颤抖，热泪滚滚。

久别之后的再相见，使得两人破涕为笑。朱元璋命内侍把汤和推到自己的面前，滔滔不绝地讲起了幼年的往事，仿佛又回到了那个天真烂漫的童年时代。说到高兴处，他还一只手握着伙伴的手，另一只手拍着他的手背，问他听清了没有。汤和一边缓缓地点着头，一边傻呆呆地咧开嘴，露出了艰难的微笑。谁也没有想到，这次难得的相见，却成了他们最后的诀别。

洪武二十八年八月，久病的汤和溘然长逝，享年70岁。汤和死后被追封为东瓯王。在开国重臣中，汤和是少数几个得以善终的人。

处理家庭复杂关系

　　朱元璋的妻子马秀英因早年丧母，被郭子兴夫妇收为义女。在郭子兴当农民起义军的元帅时，他把马秀英嫁给了英勇善战的朱元璋。马秀英的善良、聪颖和勤俭等都深得朱元璋的喜爱，在朱元璋成就大业后，马秀英也顺理成章地成了马皇后。

　　有一次，当陈友谅的军队兵临城下时，不少官员和百姓都准备逃难。可就是在这人心慌乱的紧急时刻，镇定的马皇后用她的智谋稳定了军心，也为朱元璋取得最后的胜利起到了重要的作用。

　　马皇后与朱元璋相伴 30 年，不仅尽了一个妻子的责任，而且还在相互尊重、相互信任的基础上，对朱元璋的事业发展也产生了重大的影响。在朱元璋平定天下、创建帝业的岁月里，马皇后和他患难与共。朱元璋当了皇帝后，他对马皇后也一直是非常尊重和感激的，对于她的建议往往也能够认真地听取和采纳。

　　朱元璋的起步阶段，也正是大战的艰苦时刻，马皇后始终紧随其身，照料朱元璋的饮食起居，并且还替他掌管文件。马皇后并不是一个有学问的人，但是，她为了替朱元璋做些机密文书的保管与记录，便更加努力地学习文化。马皇后把官员识文断字的女眷请来做自己的先生，在她坚持不懈的努力下，终于疏通经史大义。后来，随着文化水平的提高，马皇后做事更加干练。凡是朱元璋交代的事情，马皇后总是记录得十分清晰。此外，马皇后还会及时地提醒朱元璋，以免发生什么失误。

　　有一时期闹灾荒，军中缺粮现象非常严重，马皇后自己忍饥挨饿，想办法贮存些干粮、腌肉供给朱元璋食用。当军队作战缺少衣服和鞋子时，马皇后便率领将士的妻子们不分昼夜地赶制衣服、鞋子。就连军中的公文书信，也全由马氏整理保管。当朱元璋需要查询什么的时候，便很快就能够得到答复。据说打下应天后，马皇后仍然习惯保管朱元璋随身的杂记。

朱元璋称帝后册封马氏为皇后，并且说道："家有良妻，如国家之有贤相。"朱元璋这一说法很恰当，但马氏觉得言过了，心里感觉不安。

俗话说得好，天下没有不吃醋的女人。只是拘于当时封建礼教的限制，女人也只能接受不公平的现实。然而，马皇后却不同，她不仅不会干涉，而且还表现出少有的宽容和平静。她所担心的不是朱元璋把关爱给了别的女人，而是担心朱元璋会因此误了国事。

有一天，马皇后伺候朱元璋吃完了饭，委婉地说道："臣妾昨天读到了一首好诗，是李山甫写的，皇上是否愿意听听？"

"好哇，您念吧。"

只见马皇后轻声念道："南朝天子爱风流，尽守江山不到头。总是战争收拾得，却因歌舞破除休。尧行道德终无敌，秦把金汤可自由。试问繁华何处有，雨苔烟草古城秋。"

马皇后把这首诗连续念了两遍，朱元璋心领神会，点点头笑着说道："难得皇后如此牵挂着江山社稷，朕会命人把这首诗题写到谨身殿的屏风上，天天读之永远不忘。"

马皇后急忙施礼，说道："皇上圣明！"

这一天，马秀英知道朱元璋有许多事情要处理，于是便耐心地在屋里等着。她看着丈夫的事业一天天做大，一天天走向那辉煌的成功之巅，又是兴奋又有些担心。可是，当她看到丈夫还是一心一意地爱她时，她便感到十分满足。

当马秀英看见丈夫那双对郭丽渴望的眼睛时，她也会感到烦乱不安。可是，马秀英的聪明也告诉她该怎样来处理这件事情。有一天，马秀英对朱元璋说道："我带皇帝去个地方。"话刚一说完，马秀英就拉起朱元璋来到了一间别致的闺房，只见闺房中有一位身着新婚红装的姑娘正坐在床缘上，屋里的陈设豪华不已，床上的用品更是玉帛锦缎，只可惜姑娘头上盖了头盖，一时竟不知是谁。

"你这是……"

"给你找的妃子，她是你最喜欢的郭丽……"马秀英尽量轻松地说。听到郭丽这两个字，朱元璋眼睛一亮。

郭丽是郭子兴的小女儿，美丽芳洁，端庄贤淑。郭子兴死后，朱元璋就将其母女接来与自己同住，但都是马秀英安排照顾的，自己军务繁忙，很少与之接触，偶尔看到一回，便不免愣上一阵子。但是，这个想法也只是偶尔冒出。基于对马秀英的倾爱，基于战事的繁忙，他还是很少想起这个女人，可是如今她却成了自己的妃子，这怎么能不叫朱元璋感动呢？

"你为什么？"他望着马秀英，似乎不明白她为什么要这么做。

"因为你喜欢。"马秀英对朱元璋说道。

"我喜欢的，你就去做吗？"

马秀英点点头："我活着，就要让你得到你喜欢的。"

"夫人！太感谢你了，我一辈子都会对你好的。"朱元璋紧紧地搂住了马秀英。

"我知道。"马秀英说，"你去休息吧，我也要去休息了。"

马秀英推开朱元璋，走出门去。来到洒满月光的庭院里，久久地凝视着那在云里急急穿行的月亮。

此外，马皇后会对朱元璋的一些过火行为及时给予纠正，尤其是在朱元璋诛杀异己的残暴行为上，表现出了极大的不满。私下里马皇后经常会规劝朱元璋，希望他在用人上面能够避其所短，用其所长，同时，也应该爱惜他们的生命，不要动不动就施以酷刑，要选用贤人共同治理国家。

虽然善良的马皇后欣赏那种孝敬慈爱、无为而治的治国方式，但是作为皇帝的朱元璋，则需要的是开规模、立章法、清污秽、除积弊、强主干、弱枝末的治国方式，他要为子孙后代扫平障碍，这就需要采取雷厉风行的严酷手段。即使是这样，马皇后也会以仁慈为心、清净为本念，对朱元璋的行为进行矫正与补救。

朱元璋对后宫的要求是十分严格的，他坚决不许嫔妃干预政事，更不准她们奢侈腐化。马皇后统摄六宫，处处做出了表率，气度、能力皆令朱元璋钦佩不已。

和朱元璋血缘关系较近的侄儿朱文正，在对陈友谅的战争中立了战功，但是因叔父未及时赏赐而产生不满，朱元璋因此杀了朱文正身边的亲信，还要治他的罪。后来，由于马皇后的努力规劝，这才使朱元璋将朱文正免官了事。

马皇后对娘家人也是极为怀念的，每当说到父母早逝就会伤心地痛哭流涕，朱元璋也因关心她而及于外家，打算要为马皇后访察亲属，以便封赏。马皇后是个是非分明的人，当她知道朱元璋要这么做的时候立刻就谢绝了。胸怀坦荡、通情达理的一番话，令朱元璋极为叹服，他立即改变了主意，收回了预定的封赏。

马皇后身先垂范，其他有此想法的妃嫔也只能效法，没有人再敢借着自己被恩宠，为父兄邀官求爵。难怪朱元璋曾经当着大臣的面大加夸奖马皇后，说她是自己的得力臂膀，可堪比唐太宗的长孙皇后。

此外，马皇后与身边的妃子和宫人相处得也是十分和睦。随着国事越来越繁乱，朱元璋变得异常暴躁，也变得很神经质。马皇后看在眼里，急在心里，她总是想尽一切办法来安慰朱元璋。

在朱元璋每次用膳的时候，都是马皇后亲手安排的，她想尽量让朱元璋吃得高兴、舒服些。妃嫔们劝马皇后要爱惜自己的身子，让她们替她做一些事。马皇后总是解释道："不是我不信任你们，皇上日理万机，心情烦躁，万一哪里有了不周之处，你们就会受到惩罚，我心里不忍呀！"

这样的事情，确实曾经发生过。有一天，在用午膳时，朱元璋情绪极坏，没吃几口便放下了筷子。他拿起调羹喝了一口汤，觉得有些凉，便狠狠地将调羹摔进了羹盆里。羹汤四溅，弄了马皇后一身一脸。可是，她不仅未恼，而且连忙赔笑，伸手摸摸羹盆，说道："这汤是凉了些，我去为皇上热热吧。"说罢，便亲自去御膳房加热。

端回来时，朱元璋看见马皇后双鬓添霜，神色憔悴，为了自己，仍然如此艰辛操劳，愧疚地问道："刚才烫没烫着？"

马皇后甜甜地笑着说道："没事，是臣妾粗心，让皇上生气了。"

"皇后，你的心肠真好！"朱元璋动情地拉过她的一只手握在手里，"有你做我的皇后，是朕的福分呀。"

"皇上言重了，你能够永远高高兴兴，才是臣妾等的福分呢。"朱元璋的脸色顿时平静了许多。

还有一次，一个宫女在侍候朱元璋洗脚的时候，水比平常略微热了些，朱元璋立刻怒吼起来："混账东西，你诚心要烫死朕？"说着便一脚将宫女踹倒，又一脚将洗脚盆踢翻。"来人呀，给我拖出去，重重地打！"

宫女跪在洗脚水里磕头哭求，惹恼了皇帝，小宫女一场重责眼看是在劫难逃了。正在此时，马皇后闻讯赶来了。她一副十分生气的样子，近前指着宫女斥责道："伺候皇上不用心就该狠打！"她转向皇帝说道，"这事不必皇上费心劳神，由臣妾来处置她就是了。"

朱元璋生气地问："你打算怎么个处置法？"

"把她送到官正那里去议罪！"宫女被拉走后，皇后又吩咐重新打来热水，亲自伺候朱元璋洗脚。

朱元璋这个时候已经平静了许多，想了一阵子，忽然问道："宫女有错，皇后为何不亲自处罚呢?"

马皇后缓缓地答道:"皇上,咱们是帝王之家,不能喜而加赏,怒而加刑。人在喜怒时行赏罚,难免出自喜怒。而交付专管此事的官正,就可以平静对待,按律酌处。朝廷的事,也应当如此。陛下在外廷要定人的罪过时,不也是交给三法司承办吗?"

一席话说得朱元璋半晌无语。仔细想想,不但敬佩皇后的仁慈之心无所不在,而且她的话中,暗含规谏之意,可谓用心良苦。朱元璋非但没有恼怒,反而高兴地拍着她的肩头说道:"老天爷派你来做我的皇后,这是咱前世修的福分!"马皇后微微笑了笑。

然而,不知是过度的劳心,还是染上了什么病症,自打入春以来,马皇后便觉得浑身惬惬的,做什么事也打不起精神。御医们使出了浑身解数也毫无起色。等到了秋风萧索、落叶满阶时,马皇后已是茶饭难进,下不来床了。

马皇后恳切地对朱元璋说:"自古道'生死由命,富贵在天'。一旦找来的郎中投药无效,陛下会因爱妾心切,愤而加罪于郎中,那岂不白白送掉性命,还会增加了妾身的罪过。万万使不得呀!"

"不,我不能眼睁睁地看着你受罪,不管怎样……"朱元璋声音哽咽说道。

马皇后无力地摇着头,打断了朱元璋的话:"往后,臣妾决不会再喝那些药了。"果然,从此以后所有郎中开的药,她一律拒绝再吃。

朱元璋急忙来到病榻前,进行劝说:"皇后,药还是要吃的,如果没有效果,我也会宽恕他们的。"

可是,马皇后知道朱元璋喜怒无常,动不动就会大开杀戒,她不愿意让那些郎中和服侍的人无辜受牵累。而且悄悄吩咐他们,让他们躲避或者是逃命,以免被连累而无辜受到惩罚。

在马皇后弥留之际,她剧烈地喘息着,断断续续地对朱元璋说道:"求贤纳谏,慎终如始,子孙皆贤,臣民得所……但能如此,妾就虽死无憾了。"

"皇后,我一定能照你的话去办,你就放心去吧。"见皇后故去,朱元璋失声痛哭起来。洪武十五年八月初十日,马皇后与世长辞,享年仅51岁。

朱元璋失去了相濡以沫30多年的马皇后,悲恸不已。而更多的则是,马皇后的所作所为,赢得了朱元璋的尊敬与钦佩。她生前,朱元璋褒奖她,比诸历史上的贤后长孙皇后,并且还为马皇后的父亲起坟立庙；她死后，朱元璋不再册立皇后，表示对她的敬重和怀念。

皇后撒手而去，悲痛不已的朱元璋变得暴躁无常。虽然会想到马皇后临终前的再三叮咛，但是还时不时地因为一点小事，就会大发脾气。为了排遣心中的悲伤与思念，朱元璋决定大做佛事，追荐皇后。他相信，皇后是菩萨娘娘转世，现在一定是到西天极乐世界去了。

不料，安葬皇后这天，狂风大作，电闪雷鸣，暴雨如注。整座金陵城一片汪洋，仿佛沉没到大泽之中。朱元璋伤痛之余，又增加了几分忧虑。于是，他把僧人宗泐叫来，责问道："你回答朕，今日是皇后封安大典的日子，为何上天如此地天公不作美？"

宗泐知道皇帝的喜怒无常，如果回答不当，就可能将小命白白搭上。沉思了一阵子，宗泐壮着胆子问道："小僧有四句偈语，不知皇上愿意听否？"

朱元璋说道："念来朕听！"

宗泐清清嗓子，高声吟道："雨落天垂泪，雷鸣地举哀。西方诸佛子，同送马如来。"

朱元璋认为和尚胡编乱造欺骗自己。宗泐急忙说道："陛下，昨晚小僧入睡后，忽见菩萨降临，于是，小僧急忙叩头询问，为何皇后升天的日子，天色不佳？菩萨念了这四句诗后便驾云翩然而去。陛下，这是小僧梦中得句呀！"

朱元璋觉得和尚不像是在欺骗自己，而且四句诗也非常吉利，心头的悲痛和怒气渐渐消解。过了一会儿，果然雨过天晴，艳阳高照。朱元璋这才高兴起来，他更加相信马菩萨真的荣登仙境了。

身为一国之尊的朱元璋，虽然一再标榜，自己夙兴夜寐，忧患国事，无闲暇迷恋女色，但是当他登上皇帝宝座之后，这个麻脸汉子虽然不是"后宫佳丽三千"，但供他享用的绝色丽姬，也足有数百人之多。每当占领了一个地方，朱元璋都要派亲信四处搜罗，或者是接受他人的馈赠。

自古以来，贞洁与忠诚是女人必须遵守的条律，这与男人来说却是毫不相干的。女人如果不贞，轻则被休，重则被杀。女人如果干涉丈夫纳妾娶小，那则是不被宽恕的妒妇。

朱元璋就是这样一个封建礼教的忠实捍卫者，那些替他打天下而献出性命的将领，他们的子弟都继承了父兄的爵位和俸禄，过起了锦衣玉食的富贵生活；而那些无子女的遗孀，却失去了原有的生活保障。

在面对那些失去了生活保障的妇女时，朱元璋对于她们的悲苦却视而不见，甚至还对她们说道："你们一个个凶悍忌妒，容不得丈夫纳妾生子，不但绝了我功臣的后嗣，还落得孤苦伶仃、无人奉养的地步。你们也怨不着别人，现在发给每人木碗一个，打狗棍一根，都到功臣的门口去乞讨。"

贫穷出身的大明天子，竟然如此狠毒地对待阵亡将士的家属，这也难怪，因为她们触犯了朱元璋的喜好。刚刚做了兵马统帅时，他便是金屋藏娇、妻妾成群了。等到做了皇帝之后，他亦步入历代帝王的后尘，佳丽如云，天天徜徉在温柔乡里。

这些嫔妃是如何来到朱元璋身边的呢？这也是有多种渠道的：一是从民间挑选而来的，当然在其中也不免有强娶的；二是从元朝宫廷中选取的，其中有蒙古人、高丽人等少数民族；第三是收纳了陈友谅的宫妃。

朱元璋在对待嫔妃的问题上和其他帝王并没有多大不同，看着这些表面上风光的女人，实际上如果稍有不慎就会遭遇不测。即使是在朱元璋死后，他也要让40多个嫔妃为他陪葬南京孝陵，由此不难看出，朱元璋的封建专制思想是多么强烈。

朱元璋到底有多少嫔妃，他自己也是讳莫如深，史官们更是弄不清楚。有的嫔妃虽然受到了朱元璋的宠幸，但也会很快就被抛之脑后。有的就算是为他生儿育女，只要偶然惹怒了他，不是被打入冷宫，就是被立即"赐死"。就连恩人郭子兴的亲生女儿，朱元璋的第一个小妾郭玉琴，也曾遭到过朱元璋的严厉惩罚。

郭玉琴是马皇后的义妹，在郭子兴死后，由小张夫人做主嫁给了朱元璋，她也是朱元璋最早纳的一房侧室。后来，郭玉琴被晋封为郭惠妃，她为朱元璋生了3个儿子和2个公主，为朱家的传宗接代立下了功劳。但是，谁也没有想到，由于郭玉琴的坦荡直爽，不小心惹恼了朱元璋，随后，郭玉琴便受到了严厉的处罚，被打入了冷宫。

胡氏原是濠州人，婚后不久丈夫便抛下她去了丰都城。朱元璋在一次巡查时，无意中看到一位美若天仙的姑娘从眼前闪过，立时像是被摄去了魂魄一般。第二天，朱元璋便即登门相求，想把姑娘纳为侧室。胡母看他只是个丑陋无比的小头目，根本就不把他放在眼里，当即就把朱元璋给拒绝了。

占领应天府以后，朱元璋始终都惦记着那个姑娘，当即派媒人带上彩礼前去提亲。此时，胡母觉得朱元璋的官越做越大，仍然对女儿一片痴情，也算得上是个有情有义的人。更何况，如果女儿嫁过去自然有享不尽的荣华富贵。于是，胡母当即就答应了媒人。

登基之初，朱元璋将胡氏封为充妃，她的父亲胡泉则被任命为定远卫指挥。直到充妃生下了楚王朱桢，宠幸依然有增无减。谁知，一件意外的事件却改变了她的命运，不仅夺走了她的宠爱，就连宝贵的性命也搭上了。

这起灾难起源于宫中爆出的一件丑闻。楚王朱桢离京去封地武昌就国不久，有一天早晨，太监在清理御河中的枯枝落叶时，打捞出一个未足月的死婴。显然，这是宫里的人堕胎后，悄悄扔进去的。

嫔妃宫娥受幸后，怀上龙种，乃是难得的宠幸。如能生下王子、公主，意味着身价倍增，一步登天。乞求都得不到的好事，可现在明显就是宫廷秽乱的铁证。

朱元璋得知后暴跳如雷，即刻命令官正司严加搜查，凡是有嫌疑的宫人一律处死。不久，朱元璋得到密报：丑事是一个姓胡的所为。朱元璋立即想到了胡充妃，这个当初极不情愿嫁给自己的妖妇，本来就是个一身事二夫、极不贞不洁的女人。这些年来，胡氏年长色衰，他再也提不起兴致前去宠幸。既然如此，她哪里来的孩子？一定是她淫乱后宫的结果。

想到此，朱元璋怒气冲冲地直奔胡充妃居住的懿德宫，进行质问。胡充妃见皇上来了，急忙跪到地上迎接。朱元璋大声怒吼道："贱人，你自己做的丑事，却还在这里装清白。"

"皇上这么说，臣妾越发糊涂了。"

"你这个不贞不洁的骚货，竟敢与人私通生下孽种，朕今天定不饶你！"说完，朱元璋倏地从腰中拔出宝剑向胡充妃刺去。宝剑刺进胸口，热血喷涌而出，胡充妃倒地而亡。

等大脑冷静下来之后，朱元璋有些后悔了。他仔细一想，胡充妃自从跟了自己，可说是尽心尽意，无可挑剔。况且，她已经是快 50 岁的人了，年老色衰，怎会招来狂蜂浪蝶？只怕，十有八九是冤枉了充妃！

朱元璋正在自怨自艾的时候，楚王朱桢得到母亲暴亡的消息，连夜赶来京城，他是怀着满腹狐疑和愤怒而来的。但是，当来到父皇面前时，他却连一句质问的话也不敢说，只是跪在地上，大声地哭喊着母亲。

朱元璋拍拍儿子的肩头，凄然地说道："桢儿，为父知道你心里难过，可是，皇家的脸面不能不顾忌呀。我不会无故冤枉谁的，看在她养育了你的分儿上，诏封她为昭敬皇妃，你看如何？"

"多谢父皇的恩德。呜呜呜……"

朱元璋一本正经地安抚着满腹狐疑的儿子，又劝他赶快回武昌去，告诉他肩负重任，千万不可耽误了军国大事。打发走了朱桢后，胡氏溺婴这件疑案，方才告一段落。

胡顺妃年轻貌美，身材苗条，走起路来犹如风摆杨柳，说起话来也是燕啭莺啼，曾一度深得朱元璋的喜爱。她进宫不久，便生下了湘王朱柏，也算得上是有功之人。

正当紧锣密鼓肃清"胡党"的时候，朱元璋忽然接到密奏：他的老丈人，也就是胡顺妃的父亲胡美，带着他的女婿多次溜进后宫，不知做何勾当。

知道这些后，朱元璋疑心大起，他坚信弃婴于御河掩藏罪证的，一定不是那个胡充妃，而是这个胡顺妃。想到这里，朱元璋立即命令官正司将胡顺妃暗暗地处死。可怜这位庄重的女子，成了溺婴案的又一个无辜牺牲品。随后，胡顺妃的父亲胡美也被赐自尽，胡美的女婿也被秘密处死了。

为了皇家的颜面，朱元璋并没有将此事张扬，直到后来处置了李善长，在公布"奸党罪状"时，才把胡美拉进"胡党"，同时公布了他们翁婿"淫乱后宫"的罪行。

朱元璋生来心肠极狠，即使为其生儿育女的嫔妃也都视如草芥，如稍有不遂心便张口就骂，举手就打，甚至随便挥剑杀戮。除了马皇后，朱元璋始终礼敬三分外，在后宫嫔妃中，没有不被到他辱骂、殴打的。机智聪明的孙贵妃是个例外。

孙绮云不仅十分美丽，而且能够识字解文，颇有智谋，曾为朱元璋献计，从而解除了危难。朱元璋就是接受了她的建议，才活捉了民军元帅陈野先，并且在江南立住了脚跟。对于一个弱女子能够建立奇功异勋，朱元璋感到大为惊讶，因此视她为女中豪杰。

岌岌可危的太平城，若不是孙绮云献出的妙计，朝暮之间就要被元军攻破了，她简直就是自己的救命恩人。虽然这话只是朱元璋心里想的，但是感恩之心却从来都没有忘记过。朱元璋登基后，孙绮云立刻被册封为贵妃，地位仅在马皇后之下。

孙绮云被封为贵妃后，她的哥哥孙瑛也立即被召进京城，赐给金银缎匹，并派他去镇守军事要地龙湾。后来，孙瑛又被升任太仆寺卿。但是，好景不长，美丽聪慧的孙贵妃，正当风采伊人时突然暴病而亡，这时她才32岁。

从不轻易落泪的朱元璋，此时却连连挥洒痛泪，他要用最隆重的葬仪来安抚有功的爱妃。可是，皇家法度森严，葬仪的规格是不能够随心所欲的。孙贵妃没有儿子，只生下女儿怀庆公主。按照规定，就连给她穿孝的儿子都没有。

　　这让朱元璋如何能够甘心，既然法度是由自己一手制定的，当然也可以亲手来改变它。朱元璋决定要让儿子们统统为孙贵妃穿孝。与此同时，朱元璋为了做到名正言顺，他喊来礼部尚书牛谅，让他查一查，看看过去有没有让王子们给贵妃穿孝的先例。

　　牛谅回去后，考察了历代丧礼记录，开列出一篇流水账，奏了上去。朱元璋一看，既然古人也有主张为母亲服丧三年的，这便是最好的历史根据。于是，他立时命令礼部制定出一个新规制：嫡子对生母，庶出的儿子对父亲的正妻，以及庶子对生母，一律戴孝三年；嫡子及众子对庶母，也要服孝一年。

　　按照这个规定，曾经受过孙贵妃抚育的周王朱橚，算作亲生儿子，应为孙贵妃行慈母礼，戴孝三年；皇太子及诸王则穿孝一年。这本来是对亲生父母的礼节，现在移到了庶母身上，众王子愤愤不平。这时，太子朱标竟然当面与朱元璋顶撞了起来。

　　朱元璋本来就担心大臣们反驳，现在竟然连最听话的嫡长子，都公开声明不遵旨，岂能容得？朱元璋厉声喝道："胆大包天，竟敢抗旨！不孝的孽子，看我不亲手打死你！"朱元璋一边骂着，一边拔出宝剑，追了过去。

　　朱标一看这种情况便夺路就跑，他逃回东宫，哭着向"太子正字"桂彦良诉说了事情的经过。桂彦良不慌不忙地劝道："贵妃病逝，皇上痛彻于心。你应该体谅君父的心情，百孝不如一顺，死死拘守古礼，有违儿臣应尽的孝道呀。"

　　朱标听了师傅的劝说，感到忤逆父意，有失孝道。只见朱标脱下官服，换上丧服去向父皇赔罪。朱标迈进谨身殿便跪到地上，以头撞地的哭道："父皇，刚才儿臣鬼迷心窍，竟敢当廷顶撞父皇，实在是罪该万死。"

　　朱元璋看到太子满身孝服，一脸的后悔相，他的怒气也消了大半，厉声喝道："朱标，你身为太子，不但不为众臣和诸王做出表率，竟然带头抗旨，实在是大逆不道，可恨可杀！"

　　"儿臣死有余辜！"朱标悔恨地说道。

　　朱元璋渐渐放缓了语气："看在你知过能改的份儿上，朕饶了你这一次。快去吩咐众大臣和诸王子，穿起孝来，为孙贵妃送葬。"

在为孙贵妃举行了隆重的殡葬后，朱元璋又命礼部官员编纂了一部名叫《孝慈录》的礼书，将他所制定的新丧仪用文字形式保留了下来。

朱元璋接纳了元王朝宫妃30余人，还亲自收纳过陈友谅的爱妃。陈友谅姬妾成群，他单单将达氏据为己有，除了因为她美貌绝伦，再也没有别的解释。

喜新厌旧是人的通病，喜欢女人的朱元璋也不例外。不到一年，达氏便为他生下了儿子朱梓。朱元璋一高兴，达美人摇身一变成了达定妃。

可是，人各有志，达氏始终忘不了大汉皇帝的温柔眷恋。对朱元璋那张赛过驴子的长脸，每每定睛注视，都感到心里不舒服。而陈友谅兵败时，朱元璋血流成河的无情杀戮，更是一直萦绕心头，挥之不去。

达氏念念不忘做陈友谅爱妃时的甜蜜日子，陈友谅的清眉秀目长久地在她面前出现。自从怀上孩子，为了保护龙种，达氏遵命暂停侍寝。终于逃脱了无尽无休的折磨，她高兴得暗暗流泪。

与此同时，等待达氏的却是深宫似海。从此，达氏很难再见到皇上的影子了。在这深宫内院之中，连一声鸡鸣鸟啼也很难听到，她不知道该怎样度过漫长的后半生。

当达氏的儿子渐渐懂事后，有一天，他突然问："娘，你怎么不爱说话呢？你一定是有什么心事吧？"

达氏看看宫娥不在跟前，两眼一阵红，俯在儿子的耳朵上说道："孩子，娘当初就不是大明宫里的人。"

"那你是哪里的人？快告诉我嘛！"朱梓摇着达氏的胳膊恳求道。

"可是，孩子，你能保证不说出去吗？"

"娘，你尽管放心地说，孩儿保证不说出去。"朱梓说道。

于是，达氏流着泪，把自己的身世、家人，以及因为生得貌美，被选进宫去，汉皇帝陈友谅对自己如何体贴宠爱，兵败时，朱元璋如何无情地杀戮，以及被朱元璋强迫做了他的妃子等事情，都告诉了朱梓。

后来，达氏又告诉朱梓他不是朱元璋的儿子，说自己被掳来时，肚子里就已经怀着他了。

朱梓惊得半响无语，热泪滚滚而下："原来，他不是我的父皇。"

"孩子，君子报仇十年不晚。咱们把仇恨牢牢记在心里就是。"达氏对朱梓说道。

从此之后，朱梓对朱元璋表面上尊敬如初，但在内心里却是无比愤恨。几年以后，朱梓长得越来越像陈友谅，一表人才，深得后宫嫔妃的喜爱。

为了报复朱元璋，朱梓借着生活在后宫的方便，便与李贤妃和葛丽妃等发生了不正当的关系。当他16岁被晋封为潭王后，经常借着朝见的名义回京城逗留，并且与旧情人进行秘密的来往。

这个时候的朱元璋还被蒙在鼓里，他以为朱梓是眷恋自己和母亲达定妃。因此，朱元璋不但没有怀疑，反而认为这个儿子比别的孩子对父母更多几分孝心，于是对他愈发地喜爱。而事实上，朱梓始终将杀父之仇深深地埋藏在心底，他对朱元璋也是恨之入骨。

那是在洪武二十三年三月，朱梓得知老丈人於显和妻兄於琥，被牵连进"胡党案"，并且被一起处死后，再次触动了心中的隐痛，也就更加坚定地相信自己不是朱元璋的亲生儿子。

朱梓年轻气盛，心中的愤懑会常常溢于言表。他认为山高皇帝远，在自己的一亩三分地里，无人会背叛自己去告密。于是，朱梓不仅会在亲信面前流露出对皇帝杀戮自己至亲的不满，还公然将自己是大汉皇帝的儿子事情告诉了亲信。为了报复朱元璋，他甚至将自己与皇妃们的风流韵事也说了出去。

殊不知，朱元璋的耳目是无处不在的。朱梓的言行终于传进了皇帝的耳朵。对于如此大逆不道、犯上作乱的行为，朱元璋恨不得亲手将他杀掉。于是，朱元璋命令徐辉祖，带领十万人马直奔长沙，将朱梓逮回京城问罪。

尚在睡梦中的朱梓，被大兵压境的气势给吓坏了，一时之间竟慌了手脚。他考虑之后决定一不做，二不休，下令关闭城门，不接见徐辉祖。并调兵遣将，层层设防，举起"大汉"旗帜，正式反叛。

徐辉祖见劝降无望，只得率兵攻城，长沙城当天夜里即被攻破。

听说王府已被团团包围，朱梓知道逃走无路。横竖是一死，索性把家人召到一起，反锁上门，一把火将房子点燃。顷刻之间，全家人在烈火中化为灰烬。

朱元璋没能亲手处置"孽种"，心中的愤怒难以消除，他立刻将达定妃叫到面前责问此事。当达定妃知道儿子朱梓已死时，倏地站起来，一头向柱脚撞去。"咚"的一声响，脑浆迸裂，死在了地上。

朱元璋愤怒地咆哮着，命人把李贤妃和葛丽妃押来。不一会儿，李贤妃和葛丽妃被太监架着胳膊拖来了。朱元璋怒吼道："你们知道淫乱宫廷，跟朱梓勾搭通奸，该当何罪？

葛丽妃伏在地上瑟瑟抖着不敢出声。李贤妃则哭着辩解道："皇上，臣妾实在是冤枉呀！"

"无耻的东西，还敢强辩？！来人呀，把她们拉出去乱棍打死。不准殡葬，把她们的尸体，扔到山沟里喂野狼！"李贤妃和葛丽妃被乱棍打死后，她们跟达定妃一起，被装进了一只大箩筐，埋到了太平门外的乱葬岗上。

冷静下来之后，朱元璋反复思考，觉得处事太草率。陈友谅死的年限与朱梓出生的年限前后相差整一年，足见，朱梓不是陈友谅的遗腹子，而是自己的亲生儿子。

但是，朱元璋又转念一想，无风不起浪，朱梓的怀疑绝对不会是空穴来风。不用说，他是听信了恶人挑拨才起了疑心，那些别有用心的坏家伙，真应该千刀万剐。

虎毒不食子，一日夫妻百日恩，朱元璋对自己的做法产生了几分悔意。于是，他立刻降旨，将达定妃、李贤妃和葛丽妃的尸首挖了出来，重新装棺安葬。可是，这时三具尸体已经腐烂得无法分辨了。朱元璋只好吩咐照旧掩埋了，在旁边另外培出了三个土丘，算是三位妃子的坟墓。

朱元璋虽然对功臣勋将、嫔妃媵嫱动辄杀戮，但是对自己的亲生骨肉，却从来都不忍心下手。朱元璋对公主们成家后的家庭生活，以及她们过的是不是幸福毫不在意；对于那些驸马爷，只要稍涉不敬或不忠的嫌疑，朱元璋便会像对待外人一样，毫不犹豫地将其处死。

朱元璋28岁时才生了第一个儿子，到了68岁为止，在这40年的时间里，共生下了16个女儿，26个儿子，总共42人。其中有2女2子早夭，有38个子女长大成人。

那些龙子凤女，既是皇室的传宗接代者，又是调节朝廷政治格局的一枚棋子。他们的婚姻，无不带有强烈的政治色彩：为了笼络大将勋臣，平衡与牵制他们之间力量的消长。朱元璋有7个女儿嫁给公侯勋臣的儿子，分别是长女临安公主、二女宁国公主、五女汝宁公主、八女福清公主、九女寿春公主、十一女南康公主、十二女永嘉公主。

曾经的金枝玉叶，锦衣玉食，但是，作为政治工具的公主们，其实并不像人们想象的那样夜夜欢歌。许多金枝玉叶的命运，甚至连普通百姓都不如。

有的公主年纪轻轻便成了独守空房的寡妇，永嘉公主嫁给郭镇不到10年，27岁的郭镇便一命呜呼，23岁的永嘉公主便成了寡妇。嫁给张麟的福康公主同样也是婚后不久便丧偶，只能和不懂事的儿子相依为命。

在这些公主中，其实最可悲的是做了权力斗争的牺牲品。朱元璋将临安公主下嫁给李祺，就是为了拉拢左丞相李善长。可是，当他感觉到勋臣的势力威胁着皇权的时候，便不顾父女情分，毅然将亲家满门抄斩。李善长一家包括驸马李祺等70余口，惨死在朱元璋的刀下。此时，不到30岁的临安公主却只能对着孤灯冷月，消磨凄苦的后半生。

此外，东川侯胡海因为牵进"胡党案"，和儿子胡玉一起被处死。三子胡观因为是南康公主的驸马，侥幸保住了脑袋。宁国公主的公爹梅思祖在死后的第八年，被定为"胡党"，他的小儿子梅义全家被杀，看在宁国公主的情分上，朱元璋饶了他的大儿子梅殷一命。可是，这位娶了马皇后长女的驸马爷，虽然逃脱了朱元璋的刀下，但是却没能躲过大舅子朱棣的暗箭。

只要是权力斗争的需要，朱元璋从来都不顾及女儿的幸福、驸马爷的生死。有好几个驸马爷，都成了权力斗争的牺牲品。唯一的例外则是驸马爷欧阳伦，他的被杀可谓是罪有应得。

欧阳伦是安庆公主的丈夫，安庆公主和姐姐宁国公主都是马皇后所生。欧阳伦依仗着自己是皇亲国戚，正宫娘娘的爱婿，肆意为非作歹。他不仅强占土地，隐匿赋税，还利用走私盐茶来为自己牟取暴利。

明朝初年，盐茶由国家专卖，严禁私贩私运。朱元璋屡申禁令，茶户不但要按茶树纳税，茶叶也不得私售，只准卖给官家，因此被称为官茶。然而，禁令只是对一些小民有效，而多数勋戚大僚依然如故，以致走私活动愈演愈烈。

欧阳伦倚仗自己是驸马爷，更不把朝廷的禁令放在心上，他率领奴仆照旧贩运。地方官吏不但不敢阻拦，还处处提供方便。司吏忍无可忍，便冒死上奏朝廷。

朱元璋见到奏报，拍案而起。命令锦衣卫将欧阳伦一干人等统统捉拿，对于知情不报的陕西官吏，一并处死。巡检司的官吏不避权贵如实奏闻，则给予提升嘉奖。安庆公主得知后仓皇进宫，她跪在朱元璋面前声嘶力竭，苦苦哀求。

朱元璋却厉声斥责道："要是亲家翁和驸马一个个肆意妄为，都给予宽恕，那朝廷的法度置于何地？大明天子的贤明又置于何地？平时不劝男人学好，到了这时候却来哭求，已经晚啦！不看在你是皇后亲生女儿的份儿上，要你跟那恶棍一起死，叫你连寡妇也当不成，赶快回去。"

"父皇……"安庆公主一声长吟，便晕了过去。

看到安庆公主这个样子，朱元璋有些心软了，他决定给欧阳伦留个全尸，让他自裁。

朱元璋的女儿女婿们的经历可以说明：第一，他想以此加强其统治地位，借助与文臣武将的联姻关系，从而扩大其社会基础；第二，因女儿们必须在成年以后才能出嫁，其发挥作用的时间也较诸王为晚，大多数在洪武十年以后陆续登上政治舞台；第三，表现出的差别也是很大的，他们大多数是积极维护明朝统治的，个别的在洪武朝时已被处死，有些则是在建文朝时崭露头角，极个别的在建文朝时倾向燕王，至永乐时得宠于一时。总体上可以得出，这是朱元璋家族分流出来的一派重要的政治势力，同时，也反映出了中国传统封建社会的统治结构。

朱元璋"大义灭亲"，将女婿处死，对于亲生女儿的幸福毫不在意。但是，他对于朱家江山的继承者和捍卫者，也就是那些龙子龙孙，却是另一副面孔。朱元璋会尽其所能，为后代子孙铺平通向幸福乐园的康庄大道。

朱标是朱元璋的长子，在朱元璋被称为吴王时，朱标就被立为了王世子。朱标随宋濂学习经传，自幼受到了悉心的教导，朱元璋对他寄予厚望，并进行多方的培养。1368年，朱元璋正式立朱标为皇太子。

朱元璋在宫中特设了大本堂，贮藏了各种古今图书，让诸名儒轮班为太子和诸王讲课，并挑选许多的青年才俊来伴读。在教学中，太子的一言一行，都被要求按礼法行事。

朱元璋曾特地对教育太子和诸王等人的儒臣说："我的孩子们将来是要治国管事的，教育中最重要的是正心，心一正万事就办得了，心不正则诸欲交攻，那是大大要不得的。你要用实学教导，用不着学一般文士，光是记诵辞章，一无好处。"故此，朱元璋除了让太子诵习儒家经典外，还专门选了一批德行高雅的端人正士，作为太子的宾客。同时，朱元璋还常以自己的经历来训导太子，要他明白创业的不易和守成的艰辛。

朱标尽管生于安乐，但并无纨绔之习。他生性聪颖、忠厚，颇能领会各种善教，对宋濂等人言必称师父。朱标天性仁慈，对兄弟十分友爱，秦王朱樉、周王朱橚及晋王朱棡等曾多次有过，朱标从中调护求情，使他们免受责罚。因此，朱标在诸王中的威信颇高，也颇具儒者风范。

有一次，朱标听到吉安侯的长子吉浩被抓了起来的消息后，一夜都没有睡着。他越来越明显地感觉到，父亲让自己追随大儒，学做仁德之君，但父亲实际希望自己做的，却又正好是相反的。

父皇的言行不一，使生性善良的朱标常常不知所措，也感到惶惶不安，因此，几十年的生活都过得十分压抑。朱标见了朱元璋就像老鼠见了猫，只求自己能够尽快离开。

可如今，朱标有事要去求父皇，这使得他非常的难受。然而吉安侯的长子吉浩曾是朱标的伴读，俩人从小一起长大，关系非常的好。现在吉浩已经被父皇关了起来，而且很快就要被杀头了，他再也忍不住了，终于跨出了大步去见他的父皇。

朝廷静悄悄的，没有人再敢站出来替牢中那几百号即将要成为冤死鬼的人求情。这个时候的朱元璋倒有几分得意，正在寂寞难耐时，朱标竟然来了，这倒使朱元璋大吃一惊，他愣愣地望着他的皇儿。

这时，朱标一改过去对父皇的惧怕，从容不迫地给父皇行过大礼后，苦着张脸待在那儿。朱元璋一看就知道朱标是为了什么来的，心里不免有些生气。可是，朱元璋却不愿意在儿子面前破坏了自己的形象，于是他只好忍着，温和地问朱标："皇儿来找我，有什么事吗？"

朱标虽然想得很清楚，而且自觉得十分有理，但父皇温和的问话，对他却像颗定时炸弹，他浑身一栗，嚅嚅地说道："儿臣请求父皇，放了吉安侯的长子吉浩。"

朱元璋这次估计得很准确，因为他知道吉浩曾是朱标的伴读，两人关系很好。虽然有些生气，但看到朱标这么讲情谊，倒也有点儿动心。朱元璋对朱标的感情是非常深厚的，所以早早地便将他立为太子，精心地加以培养，希望他成为一代明君。

朱标自幼跟着朱元璋，见识过腥风血雨，与大臣们有着良好的关系，学会了许多处理政务的经验，特别是他从老师宋濂那里学得为人谦恭，善良宽容，深得许多老臣的喜爱。这也是朱元璋看重朱标、信任朱标的原因。

朱元璋曾对别人说过，在他身旁最信任的两个人就是妻子马秀英和儿子朱标。早在1377年，当时朱标仅有22岁，朱元璋就将许多政事交他处理，并告诉了他处理国家大事的四字诀："仁、明、勤、断。"可是，朱标的做法似乎使他非常失望。

有一次，朱元璋让朱标去断一个案子，临行时他特别交代朱标说："如今天下刚刚太平，应该严刑，只有这样，才可以让那些贼人感到惧怕。"

朱标认真地点点头说："儿臣记下了。"

朱标告别父皇后便去提审犯人，问过之后他才知道，原来这些案犯都是为了能够生活下去，才去割他们自己辛辛苦苦种植的麦子。之所以说他们有罪，是因为这些麦子快要成熟时，被官府圈了去作为公地。朱标看到那些饿得面黄肌瘦的百姓，心中再不忍将他们治罪，于是将所有的犯人都减罪一等，从轻发落。

朱元璋知道后，心里感到相当的不满，又不好当着儿子的面发作，因为他曾经一再告诫儿子，要做一位"仁德之君"，儿子确实也是这么做的，这也是在按他的要求办。为了这事，朱元璋费尽脑子，他真想大声地告诉儿子：一个君王，仁德只能挂在嘴上，该怎么做时，还得怎么做！

朱元璋不忍心再折磨儿子，更加温和地问道："我关了这么多人，你为何单要我放出吉浩？"

"父皇关他们，自有父皇的道理，只是吉浩与皇儿伴读10多年，朝夕相处感情甚笃，倘若被杀，孩儿心中实在痛苦。"朱元璋望着儿子，许久，都一动不动。

忠厚的人总是这样，在他们表达自己的意见之前，总是疑虑重重，一旦将意见表达出来，也就无所顾忌了。朱标正是这样，他把想说的话说了出来，胆子反而也大了，见父皇盯着自己不回答，竟也抬起头来看着他的父皇。

朱元璋很明白儿子目光中的意思，不由微微地笑了。此刻，朱元璋想到了一个能让儿子明白他苦心的办法。朱元璋让太监去砍来一根棘条，放在地上。朱标正有些大惑不解，听见父皇对他轻轻地说："皇儿，你把它给拿起来。"

这是一根满是利齿的赤棘，朱标看看赤棘又看看父亲，面带难色。朱元璋威严地再一次说道："拿起来！"

朱标心头微微一震，稍迟疑了一会儿，有些不安地伸手去拿，手刚触到赤棘，他便啊哟一声，又缩回手来。

"为什么要这么喊？"朱元璋问道。

"痛！"朱标苦着脸，用另一只手将这只带血的手托起。此时，他又痛又难受，不知父皇为什么要这么折磨他。

"你为什么会流血呢？"朱元璋提高声音问道。

"扎手。"

"是什么扎你的手？"

"棘，赤棘！"

朱元璋听了，冷冷地笑了笑，朝一边站着的太监说道："快去把上面的棘都给削干净。"太监应声去了，不大一会儿，拿着削去了棘的那根赤棘回来。

"给他！"朱元璋吩咐太监，然后又回过头来对朱标说，"拿着。"

朱标小心地拿着那根棘条，朱元璋见了，又大声喝道："给我握紧了！"朱标只好紧紧地握着棘条，朱元璋见了，满意地笑了笑，又恢复了原来的温和，问道："现在还扎手吗？"

此时的朱标，已经知道是怎么回事，但还是遵了父皇的旨意摇了摇头，回答说："不扎手了！"

"我要交给你的江山就如这赤棘，我杀的那些人就是这赤棘上的棘头，我若不趁早把它们都削干净了，你能轻松地拿稳它吗？"朱元璋说完后得意地望着他的儿子，希望他能够明白自己的一片苦心。

朱标从小就跟着宋濂学习儒家文章，仁义之理，已然深于心间，这时，听到父皇这么说，他想了想便轻轻地回答道："我记得圣人曾说过，有什么样的皇帝，就有什么样的臣民，如果皇帝以仁慈治国，臣民也就争相仿效，跟着仁慈起来。父皇怎么能够单单将臣民比作是棘头呢？"

此时的朱元璋已经将全部的希望寄托在朱标的身上，见朱标如此，气得一时竟说不出话来，只用手指着朱标："你……你……"

朱标第一次见父皇对自己发这么大的火，吓得浑身直出冷汗，愣愣地站在那儿。情急之下，朱元璋大拍御案，忽然他脱下一只鞋子，狠狠地朝朱标扔去。

朱标挨了一鞋子跪倒在地上，朱元璋见了更加气愤，他此时再不愿看着这忤逆自己的儿子，终于吼出一个字来："滚！"

朱标听了连滚带爬往后退去，太监们见了赶忙前去搀扶。当朱标出了殿外时，他已经走不了动。后来，还是在随从的搀扶下回到了太子殿，随即便病倒了。

由于少小没读过书的朱元璋只注重儿子的学问，却忽视了他的身体，以致朱标的身体一直都很孱弱。加之近几年来朱元璋一路大开杀戒，太子眼巴巴地看着一个个与自己关系很好的人被杀戮而帮不了他们，活得也是十分压抑，因此，他的身体也是越来越差了。

这次，朱标顶撞了父皇，而又感到自己说的是对的，因此，心理负担很重，非常痛苦。生了重病之后，虽然有好的御医和药品，可他的心病却始终是没人能除。

成年以后的朱标遵照父皇的指示，立朝班，阅奏章，密切关注朝政国事。但是，不久他就发现，自己跟父皇在许多方面有分歧，特别是对待人的生命上，更是南辕北辙。

　　面对大批的杀戮，朱标认为身为皇帝应该实行仁政，以礼仪治天下，而不是依靠屠刀。为此，朱标曾多次跟朱元璋进行密谈，劝他网开一面，甚而以"救人一命胜造七级浮屠"的佛家偈语相劝。

　　可是，朱标的苦口婆心不仅没有打动朱元璋，还被他骂作女人心肠。父子之间的谈话一般都是不欢而散，而且往往还会受到严厉的斥责。有几次，他实在忍不住，轻声辩驳了几句，便被朱元璋拿着木棍甚至宝剑追打。

　　当"胡觉案"的罡风刮起时，特别是当他的师傅宋濂、长辈李善长等都被株连进来时，朱标更是寝食不安，忧心如焚，以这样的一种精神状态生活着怎么会不生病呢？

　　开始时，朱标极力隐瞒自己的病况，等到病得连床也爬不起来时，他才不得不向父皇报告。得知太子病倒后，朱元璋五内如焚，严命御医精心诊治，他几乎天天都到病榻前探视。

　　来到太子卧榻前的朱元璋，在问过寝食情况后，他握着太子的手，眼圈红红地嘱咐道："孩子，你一定要打起精神来，大明朝的万斤重担，还等着你来挑呢！"

　　"父皇，孩儿只怕不能为你老人家尽孝了。"太子两眼含泪唏嘘作答。

　　"不，不！我的好孩子，你的病不久就会好起来的。我会派最高明的御医，用心地给你医治的。"朱元璋极力忍住就要夺眶而出的热泪撕心裂肺地说道。

　　洪武二十五年四月二十五日，39 岁的太子朱标与世长辞。朱元璋扶棺痛哭，几乎哭晕在儿子的灵柩前。而此时，远在云南镇守的西平侯沐英，早在马皇后去世时，就痛哭得呕血，现在得知一向感情交好的太子也英年暴死，更是悲痛万分。痛哭极哀的沐英，旧疾复发病死在云南，此时他年仅 48 岁。

　　沐英名义上是朱元璋的义子，实际上则是朱元璋在流浪途中留下的骨血。因此，当朱元璋得知沐英病亡的消息时，也是无比地哀伤，他命令隆重致祭，厚殓发丧，并追封沐英为黔宁王。埋葬了沐英后，朱元璋命沐英的长子承袭了西平侯的爵位。从此，沐氏子孙代代镇守云南，世袭罔替，贵侔亲王。

朱元璋把儿子们都封了王，可是后来，他觉得皇族的俸禄太优厚，不利于他一贯主张的廉洁从公原则。洪武二十八年，朱元璋决定酌情减少。但是，即使是这样也丝毫没有影响到皇族们优越的生活，因为除了俸禄之外，还有官吏们数不尽的"孝敬"。

　　朱元璋对皇子们的要求很严格，与皇太子年龄相仿的，同皇太子一起在名师的教导下读书。除了学文之外，他们还要习武，学习"武经六韬"，驰骋射杀。朱元璋谆谆教诲儿子，不要辜负了自己的期望，因为他们将来要协助皇帝震慑四方，让万里江山亿万斯年永远是朱家的。

　　当皇子们到了 18 岁时，就要离开京城到封地去，他们被称为藩王。他们不但有着极其丰厚的待遇，而且是封地最高的掌权者。朱元璋希望朱家江山千秋万世，子孙承袭不替。

　　皇帝的长子是将来皇位的继承人，江山社稷最终都要托付给他，他一身维系着皇朝的兴衰与安危。谁能成为身系重任的皇太子，不取决于他的智慧或品德，而是取决于降临人世的时间。朱元璋在登基一开始，便封了朱标为皇太子，这年朱标才 15 岁。

　　在朱元璋的 24（除去早夭的 2 个）个儿子当中，虽然有不少也是醉生梦死、欺压百姓的恶少，但是也有几个堪称是饱学之士，甚至是文武全才。比如说，五子周王朱橚不仅著有《元宫词》百首，还是著名的植物学家。他写的《救荒本草》将 400 余种可以食用的植物绘成了图谱，并加注文字说明，为百姓度荒提供了极大的方便。

　　朱元璋的第十子鲁王朱檀是一个"好文礼士，善诗歌"的才子。可惜，因信奉道教而误食了金丹，虽然最后保住了性命，但是却落了个双目失明的下场，他 20 岁时就病死了，朱元璋给了他一个"荒王"的谥号。第十一子蜀王朱椿博览群书，学富五车，朱元璋称他为"蜀秀才"。

　　此外还有四子燕王朱棣、十二子湘王朱柏，更是文韬武略皆备。尤其是燕王朱棣，更是智谋超群。

　　无奈，如今白发人送黑发人，人算不如天算，正当盛年的朱标，突然不治而亡。朱元璋花费了半生心血培养出来的皇位继承人，竟然先自己而去。这犹如泰山倾倒，大厦崩塌。朱元璋痛苦万分，不能自已。

　　朱元璋清醒地知道，太子的死影响巨大，严峻的局面不容忧郁和彷徨，当务之急就是要尽快确立新的皇位继承人。按照当时的传统，朱元璋有两种选择：可以立皇子，也可以立皇孙。但是不管立谁，都必须遵照长幼的顺序。不然，轻则使朝臣们非议，重则会引起诸王之间的争斗。这样，人选就集中在二儿子朱樉和孙子朱允炆的身上。

朱樉比朱标小1岁，洪武三年被封为秦王，23岁时就到了封地西安。朱樉是个不肖子，在封地为所欲为，凌辱军民，亲近小人，荒淫无度。朱元璋对他进行过严厉的警告，可是朱樉仍然置若罔闻。朱元璋不得不把他从西安召回京城，放在身边进行监视。

此刻，朱元璋想如果将重任托以这样的一个顽劣之徒，那国家岂不要毁在他的手中了吗？再说说老三晋王朱㭎，他同样也不是个良善之辈，性情骄奢，横行霸道，而且早就有人告密说他企图谋反。当时如果不是朱标极力地维护，朱㭎早就受到朱元璋的严惩了。老五吴王朱橚、老六楚王朱桢，也是皆不成气候。

朱元璋觉得活在世上的前几个儿子，多数不是继承大业的材料。只有四子朱棣是个例外，此人外柔内刚，足智多谋，气宇不凡。朱元璋曾一度考虑立四子朱棣为太子。

就在朱标死后的第三天，朱元璋驾临奉天殿，对众臣黯然说道："朕老矣，太子不幸，遂至于此。朕四子燕王朱棣，贤明仁厚，英武似朕。朕欲立为太子，众卿以为如何？"

翰林学士刘三吾跪奏道："陛下所言虽是，但置秦、晋二王于何地？"

"陛下，刘翰林说的是。"又有一名大臣附和，"自古长幼有序，弃长立幼，不惟违礼，也恐使诸王不睦呀！"

朱元璋指着其他大臣问道："你们也是这么认为的吗？

"吾皇圣明！"众人异口同声。

朱元璋本想打破长幼的顺序确立继承人，不料却遭到众臣的一致反对。此时，朱元璋真是进退两难，久久拿不定主意。

后来，由于聪明反被聪明误，朱棣想利用受宠的李贤妃为自己当说客，反而弄巧成拙，使朱元璋看到了他对皇权的种种野心。朱元璋就是这么一个人，他可以恩赐给你高官厚禄，甚至龙墩皇位，但决不允许你自己去争一丝一毫。朱棣的急切和耍弄权术，使他厌恶无比，立刻将目光集中到了孙儿朱允炆身上。

朱标的长子早亡，朱允炆是朱标的第二个儿子，他便成了当然的承重孙。朱允炆自幼聪慧好学、孝亲敬上，朱元璋诸多绕膝之乐，正是来自这个长孙。

在朱允炆14岁那年，朱标患痈疽恶疾，朱允炆日夜守护在病榻前，为了减少父亲的痛苦，他竟然不止一次地用口吮吸疮口的浓血。朱标病逝后，他好几天汤水不进，身体虚弱得都站不起来了。

朱元璋很受感动，他心疼爱孙，只得亲自劝慰："孙儿呀，你为你的父亲已经是尽礼尽孝啦。你继续这样不爱惜自己的身体，你的父亲在天之灵会不高兴的，你也应该为年迈的皇爷爷想想呀！"说着，朱元璋的声音便哽咽了起来。

为了稳定政局，彻底打消诸皇子的觊觎，洪武二十五年九月，16岁的朱允炆被册立为皇太孙，成了大明皇位的合法继承人。确立了一件大事，摒除了折磨人的烦恼，朱元璋不但没有志得意满，反而增添了新的忧虑。

年长的君王有着举重若轻的威严与能力，而幼君临朝，很难令胡须满腮的臣工们敬重。当初，朱元璋对太子的善良、荏弱就十分不满，现在，对孙儿的担心，比起太子在世时沉重了不知多少倍。

朱允炆刚强不足，敦睦仁厚，不善于心计。许多地方，酷似他的父亲朱标。但是，朱标毕竟经过许多历练，对治国驭下，学到了不少经验，也变得日益果断起来。而朱允炆却只是个不谙世事的孩子，谁会把这个孩子放在眼里呢？那些手握重兵、专横跋扈的勋戚将帅，不正是对皇太孙最大的威胁吗？

"如果哪一天，朕撒手而去了，小皇孙该怎么办呀？"朱元璋从内心中发出了一声叹息。

看着稚气未退的储君，朱元璋的心不由得阵阵紧缩。功勋将帅们觊觎自己耗尽半生心血得来的朱家王朝，南倭北虏不断发动侵袭，周边的强弓劲弩不时骚扰，使他寝食难安，健康状况也一天不如一天。

心火上升，加上外感风寒，刚入六月，朱元璋突然病倒了。高烧寒噤，好几天汤水不进，好药用尽，才好不容易有了一些转机。

御医们刚刚要休整一下，朱元璋又腹泻不止。于是，御医们又紧灸缓补，多方调理，总算再一次起死回生。谁知刚刚缓过一口气，又开始便秘。大便不通，情况十分危急。御医们战战兢兢，不敢放手用药，害怕万一把皇帝治死了，招来杀身灭族之祸。

这时，一位御医急中生智，想出了一个推卸责任的妙招。他建议请道行高的"仙人"，为皇帝治病。此时，真是有病乱投医，一向不相信道家长生之术的朱元璋，被病痛折磨得六神无主，立刻答应派人到庐山五老峰下去请道行高的"仙人"。周颠写了一封信，附上几粒"仙丹"，让使者带回了应天。

得到周颠的"仙丹"，朱元璋将信将疑。直至把周颠的亲笔书信反复看完，方才觉得冥冥之中有神灵护佑。服下"仙丹"后，果然灵奇无比，过了不到半天，二便通畅，关窍开舒，朱元璋从死神的魔爪下又逃了回来。

朱元璋异常高兴，急忙派人到庐山重谢周颠。无奈鹤去楼空，来人扑了个空。后来，听寺僧说周颠害怕自己的"仙丹"没治好皇帝的病，却把人害死，早已躲得不知去向。朱元璋得知后只得亲自写了一篇《周颠仙传》，命书法家写出来，刻石镌碑，立于庐山五老峰上。

朱元璋虽然躲过了一场劫难，但是他的精力和健康状况却大不如前了。此时的朱元璋经常会感到四肢绵软无力，一行动便会气喘吁吁。此后，朱元璋除了祭祀太庙和天地坛等大典外，他便不再出宫，每日的临朝问事也不能再继续坚持下去了。

在养心殿里，朱元璋若有所思地望着刚刚刷新的屋顶：所有的棘头朕差不多也都替朱允炆杀完了，朕应该可以稍稍地喘口气了。朱元璋一边想着，一边听着太监李虞给他讲朱允炆的状况："他很孝顺，一直在痛哭，哀毁骨立，人也消瘦了许多。"

朱元璋有些感动，但更多的则是担心。孝顺是很好，可是作为一个未来的皇帝，他是不能够太过于仁慈的，皇帝注定是要杀人的，这样才能够树立皇威。这时，朱元璋突然想起了一件事，他问李虞："你还记得那次对对子的事情吗？"

"记得，皇上的上句说'风吹马尾千条线'。"

"当时皇孙是怎么对的？"

"他对得很工整，是'雨打羊毛一片毡'。"

"雨打羊毛一片毡？"朱元璋重复着，"风对雨，吹对打，马尾对羊毛，是很工整。可是，"一片毡"是多么软弱，多么无力啊！皇帝是不应该这么软弱无力的，皇帝应该比任何人都坚强有力。你记得他的四叔朱棣是怎么对的吗？"

"日照龙鳞万点金。"李虞脱口而出。

"日照龙鳞万点金！"朱元璋又一次重复，点着头说，"这可不是一般的气魄呦，在朕看来这其中倒有些帝王之气，这才是皇帝应该对出来的对子呀！"

人生在世，常会有难遂人愿的事情，皇帝也是一样的。朱元璋懊恼地想着，不由得便睡着了。人老了精神也差了许多。所幸的是，朱元璋每一次都不会迷糊得太久就会醒过来，而且刚醒过来时的精神也总是很好的，他常常趁这种时刻来处理一些费神的事。

朱元璋用眼睛示意李虞走近他，然后轻声地说："你去宣皇孙来见。"朱允炆很快就来到了朱元璋的身边，行过君臣之礼后，朱元璋让他紧挨他坐着，并久久地瞅着他消瘦的面容，说道："不要太过悲伤，你要替我把将要传给你的江山坐好。"朱允炆点点头。

"你自己认为，如果现在我走了你来当皇帝有什么难处？"朱元璋问道。

"皇上万寿无疆……"

"别说这些客套话。"朱元璋打断了孙儿的话说，"人总是要死的，我知道我活得不会太久了。"

朱允炆的泪水哗哗地流下来，很快就湿透了衣襟。朱元璋看着他，知道孙儿的泪水全是真的，一时也很伤心。但他很快定了定神，温和地提醒孙子说："你还没回答我的话呢。"

朱允炆垂下头来，肩胛一抖一抖的。皇上的问话他实在难以启齿，因为眼下他已经非常明显地感觉到威胁他的，是他的那些叔叔。在大殿上，当他与爷爷在一起时，他便是不久就要接任皇帝宝座的人。可是一旦下了朝，他得给这些叔叔行跪拜礼，而每当这个时候，他就能够感受到他的叔叔们对他一点儿敬畏都没有，反而是高高在上地压着他一头，朱允炆时刻都在感受着诸王对他的威胁。

朱元璋见孙儿久久说不出话来，便开口引导他说："朝廷的刺头，我都给你削光了，甚至连后子辈蓝玉的威胁也没有了，放眼当今朝廷大臣，没人有能力来反对皇室了，你看还有没有？"

"没有。"朱允炆说，"我没有感到有大臣的威胁。"

"至于边界，南边是平安无事的，北边的蒙古势力虽然经常来骚扰，但再也没有办法威胁皇室了。"朱元璋说到这里，自豪地笑了，"我分封了诸王，这些藩王也是你的叔叔们，他们都很能干，完全可以确保边界无恙，你说是不是啊？"朱允炆连连点头。

朱元璋觉得老天爷留给自己的时间已经不多了，于是，他下定决心必须在有限的时间里，趁着精神还能支持时，打点好一切后事，给小孙儿开辟出一条通畅而安全的路途。

朱元璋一面屠杀着权位很高的大臣，一面又把他的儿子们分封到各地为王。有些藩王在他们的封地里可以设置官府，拥有军队。朱元璋认同他们这样做，他认为这样做可以巩固王朝的统治，谁知这样做后果却是引发了一场大祸。

太子朱标的英年早逝，使身在塞北的燕王朱棣关注起太子的继承事宜。朱棣认为这是天赐良机，于是，他更加积极地行动起来。此时的李贤妃已经接管了六宫，这一天，她伺候朱元璋用过晚饭后，让宫娥、太监退下，李贤妃关切地问道："这几天，臣妾见皇上茶饭不香，莫非是为东宫虚位而烦恼？"

"知我者爱妃也。"朱元璋握着李贤妃的手，久久沉默不语。

朱元璋又说道："朕本意立老四，可是大臣们众口一词，都说不妥，怕老二老三不平，惹得弟兄之间不和。立小孙儿呢，又害怕众王子不服，也担心他担不起万斤重担。"

"您是一国之君，何必听信外人的闲言碎语呢？"

"这么说，爱妃也主张立老四朱棣啦？"

"这不只是臣妾一个人的看法，许多大臣也都十分敬仰燕王。而且，燕王也有继承大统、重振朝纲的宏图大志……"无知的李贤妃，一语泄露了天机。

朱元璋瞪着李贤妃问道："朱棣想继承大统，你是怎么知道的？是不是朱棣买通了你？快说！"

"皇上恕罪，臣妾实在是碍不过燕王的面子，不然……"

"滚出去！再敢多言，郭宁妃就是你的前车之鉴！"朱元璋扭身便走了出去。

后来，经过多方的思考，朱元璋决定将朱标的儿子朱允炆以长孙的名义立为皇太孙。朱允汶即位导致了明朝统治上层的争权斗争明显加剧，以致后来酿成了一场大规模的全面内战，从而使燕王朱棣登上了皇帝宝座。这下也彻底打破了朱元璋对身后之事的安排，也改变了嗣后的皇位传承系统。

其实，当时富有远见的朱元璋，并非是杞人忧天。现在，分封各地的藩王，大部分已经是崭露头角的成年人，镇守元朝旧都北平的燕王朱棣更是野心勃勃。太子刚刚去世，朱棣就四处进行活动，企图立自己为储君。如今，二子秦王朱樉与三儿子晋王朱棡又相继病亡，这样，老四朱棣不仅成了年龄最长的王子，而且他也是北方万里封疆的首席统兵大元帅。

当一个不到二十岁、毫无阅历的文弱皇孙，在面对深谋雄武、虎视眈眈的四皇叔时，怎能不使朱元璋感到忧心忡忡，如坐针毡呢？

晚年的喜事忧事

　　洪武二十七年，阴历八月，正是一年之中的黄金季节，朱元璋决定要与民同乐一番。为了显示此次活动的声势，朱元璋下令工部，在江东诸门之外建立 15 座酒楼，使市民们能够在酒馆饭店之间穿梭，并且还能用以接待四面八方前来的宾客，保障其吃喝住宿。所有设置的酒楼，不仅要装饰华丽、气势雄伟，而且还要有特殊的文化韵味。

　　洪武二十七年，也就是 1394 年，所建的酒楼全部竣工。朱元璋再次发布诏书，赏赐文武百官大明宝钞，并下令在醉仙楼举行隆重的宴会。

　　朱元璋晚年有此兴致，也绝非是偶然的，大明王朝经他的创建、巩固和发展，至此的确取得了令人可喜的成就。明朝建立后的前 10 年，扫除元朝的残余势力，削平群雄，统一全国，成为国家当时的首要任务，为此付出了巨大的努力。

　　第二个 10 年的重点则转移到了发展经济上，农业、手工业、工商业都在有条不紊地发展着，从而逐渐发展成为富强的国家。第三个 10 年则是在社会安定和经济实力增长的基础上，振兴文教、扩大对外友好关系。这三个阶段是不能够分开的，只能从重要方面做一些区分而已。

　　在朱元璋的晚年，也就是第三个 10 年，这是个开花结果的时期，那些好的方面仍在继续发展着。这一时段，第一便是财富充足。耕地面积猛增，粮食增产，军储除军饷外还有剩余。水利工程也是大有起色，各种灾害也在逐步减少，这所有的一切都充分证明了明朝实力的增强。

　　第二是明朝社会安定。社会安定是每个帝王都在追求的目标和理想，但是其中能够达到目的的帝王却是少数，而且有些坚持的时间也不长久。而朱元璋则是达到这种目标的少数者，为此他除了大力发展社会经济外，还千方百计地解决了贫困人民的衣食之需。

晚年时期的朱元璋更有条件并致力于社会的安定团结。其中最常见的措施就是在遇到有水旱天灾时，随时都会免除赋役，同时，还会发放粮食、布帛和钱钞等进行救济。

洪武二十八年二月时，朱元璋听到了建立互助社的建议。朱元璋是非常肯定人民之间需要相互帮助的，特别是富人帮助穷人尤为必要。但是朱元璋不提倡几十家"团为一社"的主张，他只想利用政府基层组织——乡、里，他可能怕的是人民聚众造反。

第三是教育文化广泛盛行。首先提出的是学校教育，这在洪武末年时也是非常兴盛的，不仅是在南方，而且还扩大到了北方及边疆地区，各地府州县学办得一派生机，并与中央的国子监形成有序的阶梯。

更值得一提的是，朱元璋还使招收的少数民族地区的学生入国子监读书和参加科举考试。这不仅是对少数民族的一项重要的待遇和恩惠，而且也加强了对少数民族的统治。洪武末年，送入国子监读书的人越来越多，甚至把国外的学生也招到中国来学习，从而加强了彼此之间的文化交流和友好关系。

此外，科举考试与学校教育是并行的，每次都是由朱元璋亲策于朝廷。应会试的举人多者为 600 人，少者为 97 人。无论人数是多还是少，如果能够一次次地举行，那也是社会安定、教育发展的很好表现，朱元璋对此也是十分高兴的。

教化不单是学校教育，在官吏中推行教化尤其令朱元璋关注，因为这是和整个社会风尚紧密相连的，同时也是与统治的稳定分不开的。另外，朱元璋在用刑方面，也总是令人感到太重了，甚至有时还是矛盾的：即重犯轻判或重罪轻罚的事例可举者不少，而轻犯重判或轻罪严惩的则是更多。更有甚者，认为自己没有犯罪的却一下子就被杀头了，这主要以文字狱的事件最为突出。

在文字狱出现时，好像写篇文章用个词都会让朱元璋感到愤怒，本来是无意攻击朱元璋的，结果却被视为了十恶不赦的罪人。对于所犯的罪给予的惩罚，或轻或重，也并没有一个统一的标准，好像是以朱元璋的喜怒无常来代替了法律上的严格规定。但是，晚年时的朱元璋在这方面也是有所改变的。由此可见，对一个帝王来说，喜和忧在其心中始终是并存的。

继文字狱以后又出现了科场案，它是朱元璋实行专制独裁，有意吸引北方儒士入朝为官，以壮大自己的势力的又一表现。当时江浙一带的富豪大户比较多，那里又是张士诚的老巢，因此许多人都与张士诚有关系。朱元璋有着极为强烈的仇富心理，他对于江浙一带的读书人，也怀有深深的敌意。

朱元璋为了打击江南士人，培植拉拢北方的知识分子，还搞了一场惊动全国的科场大案。这也是朱元璋晚年时的一场较大并且特殊的文案。全案的首犯为年逾80岁的学士刘三吾，这位大器晚成的儒士是茶陵人。

洪武十八年，也就是1385年，当时已经73岁的刘三吾入朝拜见朱元璋，被授左赞善，官至翰林学士。当时正赶上制定各种规章法律，刘三吾也参与其中。

刘三吾为朱元璋的大作《大诰》及《洪范注》等作序，奉敕主编《省躬录》《书传会选》《寰宇通志》《礼制集要》等书。朱元璋很是满意，因而刘三吾受到了礼遇。刘三吾在朝中与汪睿、朱善并称为"三老"，其为人慷慨率直，不怀成见，自号坦坦翁，尤其是大节不亏。

1397年，刘三吾受命与纪善、白信蹈等主考会试。刘三吾主考榜发，宋琮等51人考中，他们都是江南士人，北方则无一人考中。于是，北方士子议论纷纷，说刘三吾等考官都是南方人故意偏袒乡里，歧视北方人。

在此时，朱元璋也心下生疑。于是，他就命侍讲学士张信等重新审阅北方落榜举子的试卷。结果，仍然没有一个及格的，证明刘三吾等是出以公心，判卷也并无错误，录取名额的不同，是地区间文化差异造成的。

可是，北方的士子依然不服气，他们不相信北方人都是笨蛋。于是，他们把矛头指向了以张信为首的复审官，诬陷他们受了刘三吾的贿赂和嘱托，故意拿一些低劣的卷子进行复审。

朱元璋本来就对南方人怀有巨大的成见，而此时北方举子的诬告正中他的下怀。于是，朱元璋不问青红皂白怒降严旨，把副考官统统杀掉了。主考官刘三吾已经是85岁的老翁，念其年事已高，"从宽处理"，免死而充军。才华横溢的宋琮也因为考了个第一，而被发往边疆服苦役去了。

由此一来，朱元璋对谁也不再相信。于是，他亲自命题入闱另考。奇怪的是，三场考完，皇榜一出，取中的61人，清一色都是北方人，南方人全部名落孙山。这个被当时人称作"南北榜"，又称"春秋榜"的事件，无疑是一场闹剧。这也是朱元璋对遍布朝野的南方文人士大夫进行大刀阔斧的限制与削弱，他不能允许一个江南文人网对朝廷构成牵制与威胁！

当然，在江南才子中也有死里逃生的，他就是松江花亭人袁凯。有一天，朱元璋命袁凯将一批判罪案卷送到东宫太子那里复审。太子嫌处置过重，因而给不少案犯减了刑。

袁凯如实回报后，朱元璋不露声色地问道："袁凯，依你看，朕与太子谁判得是？"

袁凯略加思忖，字斟句酌地答道："陛下从重，乃执法严正；东宫趋轻，是心存仁慈。"这个不偏不倚的回答，使朱元璋十分不快，觉得袁凯老奸巨猾，两边讨好。

袁凯偷眼看到皇上面露不悦之色，知道事情不妙。为防大祸临头，回去便假装疯癫。家人传出话来，说是受了惊吓得了疯癫症。但朱元璋不信，命人将袁凯拖来进行当场查验。

袁凯被绑了，只见他头发蓬乱，满脸鼻涕污垢。朱元璋命使者用铁锥子狠刺他的手指，袁凯的痛楚可想而知，但他却望着双手，放声大笑。朱元璋虽然心存疑惑，只得放他回家。

回到家，袁凯疯得更厉害了，他命家人用铁链锁了脖子，蓬头垢面满嘴疯话，还四处乱走。朱元璋果然又派人前来打探真假，只见袁凯踉踉跄跄走过来，对着使者又唱又舞。然后爬到篱笆边，捡起一截黑乎乎的狗屎填进了嘴里，大嚼特嚼，一副香甜无比的样子。使者看到后捂着鼻子扭头就走。朱元璋得到了使者"目睹"的确切情报，才不再对袁凯进行追究了。

聪明的朱元璋还是上了当，其实，袁凯的一切反常行为都是设计好的，他吃的那个黑色狗屎橛儿，其实也是用炒面拌糖稀做成的，放在那里备用的。

朱元璋的帝位是经过十余年拼杀，用鲜血换来的。因此，在朱元璋的眼里，皇帝宝座就是一座金山银库，没有一个人不是虎视眈眈，垂涎欲滴，时刻伺机抢劫掠夺的，稍不留神，它就会成为别人的囊中之物。

因此，朱元璋的双眼始终都是瞪得大大的，他警惕地注视着周围的一切。朱元璋不但不相信任何口头上的忠诚之词，而且对此还产生了一种逆反心理，他认为愈是信誓旦旦地宣称效忠于皇帝的人，愈是怀有二心的危险之徒。

洪武二十九年正月的一天，朱元璋向左右侍臣问起民间事，回答皆是"天下之民幸蒙至治"等吹捧之词。朱元璋晚年尽管自认未达"至治"，但也的确流露出了对社会经济发展的自满情绪，他认为谁也做不到彻底消灭"穷民"的现象，就连人人最崇拜的尧舜之君也没有做到。

朱元璋问及民间事说明了他对下层人民的不放心，这也是他的忧虑之处。继而在广东发生的一起"山贼"起事，就更加加深了朱元璋的警惕。首领袁万山聚众劫掠，后来发展成为有根据地和一定组织的团体。他们与官军进行作战，打败了就躲藏到洞中，官军退兵了他们又出来。后来，经广东都指挥王才设伏，才将袁万山斩首，官军又将袁万山的"巢穴"给捣毁了。

但是，令人震惊的是在洪武三十年正月，汉中府沔县吏高福兴及民人田九成、僧人李善治又发起了动乱。到了九月，在官军穷追猛打的进攻之下，才将高福兴等 5 位首领擒杀，被俘的 4000 余人也当了兵勇。

农民起义出身的朱元璋，对来自社会最底层的反抗总是特别地敏感，他时刻都怀有警惕之心，更何况现在这种反抗还在不断地爆发着。此时，在朱元璋看来解决农民的流徙及反抗，最根本的办法是要保证他们的衣食供给，同时还要取消苛政。

朱元璋虽然认识到了农民需要实惠，但是在那个年代还没有切实可行的办法提供这种实惠，洪武帝的担忧虽然合乎情理，但是却难以解决。

忧中之重应属国本未固，中国的封建社会经常把皇太子和首都称为国家的根本，从而使人们认识到二者与国家长治久安和前途命运有着很大的关系。朱元璋晚年在皇太子与首都的确立上都很不理想，这也反映出了他对未来的忧虑。

朱元璋对皇太子朱标按着皇室的规定，对其进行了全面的教育。皇太子朱标确切涉足政事是在 23 岁的时候，朱元璋曾下令告知群臣自此大小政事，都先奏请皇太子处置，然后再奏报他。

然而，皇太子与他的政见并非是完全相同的。洪武十五年，在给囚犯定罪轻重的问题上就暴露出了朱元璋与皇太子不同的思想。有一天，朱元璋审理完囚犯，命御史袁凯送到皇太子处复审，结果皇太子依次做了减轻的处置。

袁凯返回向朱元璋奏报，朱元璋异常生气，其实这件事错误并不在于袁凯，而是皇帝与皇太子之间存在着思想上的分歧。皇帝发问的本身就是问题，难为臣下更是错上加错。不过绝不能因此认为朱元璋对朱标已失去了信心，他依然认为朱标是永葆基业的接班人。后来皇太子朱标逝世了，朱元璋觉得用心培养出来的接班人就这么没了，他感到极为悲痛。

皇太子朱标的逝世，在明朝引起了震动，其实很清楚，这其中的焦点都集中在了接下来由谁来继承大统。后来，继承人尽管按程序确立了，但也因如此，明朝统治上层的争权斗争逐渐白热化，朱元璋又多了一份忧虑。

与此同时，首都还未选定，也同样给朱元璋增添了烦恼。明朝建国于南京，也就以南京为首都了。朱元璋在晚年时，又向南京内迁徙富民。直到洪武二十四年七月，朱元璋责成由工部负责迁富民5300户到南京。

朱元璋这么做，其实一方面是想用他们充实京师，从而达到居重驭轻的目的；另一方面也是想对他们进行控制，免得他们在地方上作乱。朱元璋所做的这一切都反映出了他的忧虑之心。

在朱元璋撒手人寰之前，他最放心不下的就是皇太孙朱允炆，不知他能否支撑起大明王朝的江山，也不知他能否降服众多的长辈。朱元璋的这些担心，在他的遗嘱中也表现了出来。

朱元璋在临终之际，为了防止出现诸王争权斗争，他便在遗诏中禁止诸王至京奔丧；诸王驻跸国中，不得到京；王国范围内的文武吏士听朝廷节制，唯护卫官军听王，其他命令与此有不符的，以此令为准。还特别申明，王国所在文武吏士，听从朝廷节制，王府护卫官军听诸王指挥调遣。这也算是朱元璋为皇太孙所能做的最后一件事了。

朱元璋把大明视为自家产业，这也是封建帝国小农观念的局限性所在。朱元璋为了使其子孙把持对明朝的统治，因此大肆铲除异己，从而进一步维系朱家的天下。

早在封王之初，朱元璋就收到过鞭辟入里的谏劝。担任山西平遥训导的浙江宁海儒生叶伯巨，曾上书指陈朝廷三大弊病："分封太侈，用刑太繁，求治太速。"

大封王子，滥用典刑，急功近利，正说到朱元璋的病根上，但他却认为这是用心恶毒，中伤朝廷。尤其是"分封太侈"的指责，更违背他依靠亲生儿子保障朱家江山的初衷。

朱元璋当即拍案怒喝："叶伯巨竟敢离间朕的骨肉，快快把他逮来，我要亲手射死他！"后来，由于胡惟庸的劝阻才使叶伯巨免了颈上一刀，但他却很快"病"死在牢狱中了。

想到这里，朱元璋暗暗赞赏叶伯巨的先见之明，后悔不该对逆耳之言如此反感，并使耿忠的进言人冤死在狱中。此时，对于杀掉那么多功臣宿将，朱元璋也产生了几分悔意。朱元璋想：如果他们还活着，也未必敢于觊觎皇位。其实,最为可怕的不是外人,而是自己的亲生骨肉!他们现在已经羽翼丰满,不再是曾经伸手可捉的雏鸟了。

"这该怎么办呀?"朱元璋一遍又一遍地心口相问,"像解决勋臣武将那样,将他们统统除掉,可我怎么能向亲生骨肉下手啊?!"

挥拳击胸,抓疼头皮,仍然找不到答案。忧烦困心,茶饭难进,使得年已古稀的朱元璋又一次病倒了。

大臣们纷纷进宫问安,朱元璋伏在龙床上,气喘吁吁地嘱咐道:"近者失调受疾,卿等频来问安,礼也。尧、舜、禹、汤、文、武之世,皋、夔、稷、契、伊尹、周、召为之臣,其有志匡王也。朕以此示卿,卿等宜竭忠修职,副朕至怀!"

朱元璋的谆谆勉励,与其说是要臣僚对自己竭忠修职,毋宁说是要他们对皇太孙忠诚,希望他们能像周公、召公辅佐周成王一样,对年幼的继承人忠贞不贰。

其实,在册封皇太孙的同时,朱元璋已经开始物色可以托孤寄命的大臣了。有一天,朱元璋向兵部右侍郎齐泰询问边防诸将的情况。齐泰不仅将他们的姓名、履历、个性、功过等说得清清楚楚,而且还将各地的山川要塞及布防情况,也一一作了陈述。

齐泰一边介绍,一边从袖中取出了自己绘制的山川关津以及兵力部署图。朱元璋看过之后令他感到大开眼界,他对献图人刮目相看,并不由得感叹道:"看来,齐泰不是等闲之辈,他是个可以委以重任的良才啊。"

按照规定,每年的四孟即孟春、孟夏、孟秋、孟冬以及除夕,皇帝都要亲去太庙上香。可是眼下的朱元璋已经是步履蹒跚,行动已是十分困难了。

大臣及嫔妃们都劝皇上爱护龙体,可以派遣皇太孙代他行祭礼,但朱元璋却执意不肯。朱元璋虔诚地相信,从一个放牛娃、乞钵僧,到大明天子,并且安享皇位30年,都是祖宗的在天之灵降福荫佑的结果。因此,无论如何他都要亲自乞求祖宗神灵,护佑自己祛病延年,保佑皇太孙福绥双至,皇运绵长。

在4月13日的这一天,春风骀荡,朝阳和煦,路旁枝头的鸟儿一声接着一声地鸣唱着。铺满金色阳光的街巷也被打扫得干干净净,宽阔的街道上阒无一人,行人和小贩也不知被驱赶到什么地方去了。在浩浩荡荡的仪仗卤簿导引下,皇帝的龙辇缓缓驶出皇宫,向着东南方的太庙走去。

这时的天气已经相当燥热了，衮冕袍服的朱元璋在侍从的搀扶下走下了龙辇，此时他已经是热汗涔涔了。朱元璋在侍从的搀扶下，虔敬地行三跪三献之礼，默默祈祷祖宗神灵，保佑小孙子皇位久安，保佑朱家江山千秋永固。

在休息的时候，朱元璋对随侍的太常寺卿等说道："当年太庙建成，祖宗神主迁入供奉。朕行罢祭礼，稍事休息，不觉睡了过去，梦见皇考喊着朕的名字，急急地说道：西南有警。朕随即回宫，果然有西南紧急边报。足见，祖宗神明，无时不照临朕的头上。尔等掌管祭祀，定要加意敬慎。早晚洒扫，务必心诚事恭，以安神灵。"

臣下们诺诺连声，然后劝朱元璋早些回宫休息，但他却仍然流连徘徊不忍离去。朱元璋见到环立太庙庭院中的桧、柏、桐、梓等名木古树，此时已经是盈抱合围，亭亭如盖，他无限感慨地指着说道："当年太庙初建，它们不过是幼枝嫩条。经过多年的养护，不觉林荫满地。凤阳皇陵一定也是如此。朕的皇考、皇妣离我而去已是五十余载，可惜呀，朕却不能亲自到皇陵上，为他们烧上一陌纸钱！"

说到这里，朱元璋竟然泪流满面，久久呜咽不语。臣子们齐声劝解，方才揩泪登辇。自太庙归来后，朱元璋更是浑身无力，精神倦怠，一闭上眼睛，纷乱的往事便交替地在眼前闪现。

低矮黝黑的茅草屋，杂草丛生的牧牛场，母亲慈祥的面容，父亲弯曲的脊背，在郭子兴手下的委曲求全，与孙德崖周旋的几度历险，和州城里的双娇美缘，鄱阳湖中的生死决战等等，又在朱元璋的眼前重新温习了一遍。

开国前夕，朱元璋对群臣说过的一段话蓦地浮上心头："朕每每想到百姓遭受离乱之苦，心中翻腾恻然。决心十年平之，十年富之，十年和之。眼下虽不敢说物阜民丰，但仓有粟米，巷有肥驹，百姓们大多得以温饱。同元当政时的路有饿殍，民有菜色相比，真是不可同日而语了。难怪，民谣说，'洪武爷坐南京，风调雨顺。'这就是百姓的心声，大明天子的政绩呦！"

多日未见的幸福微笑，掠过了朱元璋枯黄的长脸。父母泉下有知，理应为自己儿子所取得的非凡业绩而喜悦。身上的倦怠忽然消失了，这时，朱元璋从卧榻上坐了起来，侍从给他穿上靴子后，他便扶杖向庭院走去了。

夕阳已经衔山，落日的余晖，铺洒在殿阁飞檐和高高的宫墙上，宛如镀上了一层金色。巍峨的皇家宫苑，今天更加灿烂悦目。朱元璋真想让这夺目的景色，多停留一阵子。但是，满眼的金碧辉煌，很快便淡了下去……

如今活在世上的还有 30 多个儿女，50 多个孙子。但是，他们却都不在眼前。那几十个声声甘做忠顺奴才的妃子，却一个也帮不了自己，朱元璋感到无比的寂寞和冷清，连乾清门宫外的汉白玉台阶也比往日寒冷了，摸了一下，就像摸着一块冷冰……

那些少年时代一同玩耍的伙伴，那些并肩浴血征战的弟兄，如果还能聚到一起，说一说当年戏耍时的恶作剧，攻城略地时历经的艰辛，挫折失败时的安慰鼓励，梦想成真时的举杯狂歌，那该是多么赏心快意的事啊！但是，现在他们在哪里呢？这紫禁城头的落日熔金、红墙血色，莫不是他们的鲜血染成的？

夕阳已经被远山吞噬，晚霞从西方悄然幻出，红霞越铺越大，已经弥漫了整个西半天，偌大个紫禁城像被一团火焰笼罩着，就像当年鄱阳湖上那殷红的血水，无边的火海。朱元璋忽然想到了北部边塞的烽燧狼烟，恨不得，骑快马，挽长弓，与元朝残余再拼杀一番……朱元璋越想越多，回忆着他一生的经历。

这时，皇太孙带领着几名大臣走了过来。一则是问候平安，二则是请示如何处理几件紧急政事。皇太孙把朱元璋搀进屋内躺好，开始娓娓讲述所请示的事情。

朱元璋闭着双眼静静地听着，仿佛睡了过去。当谈到四叔朱棣上本要求来京城探病时，朱元璋悚然一惊，挣扎着坐了起来，问道："有没有边情的报告？"

朱允炆答道："没提到有边警。"

"他为什么不照着刚颁布的《祖训条章》办事呢，还不到朝见的日期便自行要来京？"

"孙儿不知道。"

"孙儿呀，"朱元璋呻吟似的说道，"你这个四叔呀，可真是挺厉害噢！"说罢，他瘫倒在卧榻上久久无语。等到皇太孙及大臣们退下去，朱元璋扭头吩咐道："传李贤妃来！"

朱元璋所说的李贤妃，不是早已被处死的那个李贤妃。这一位，是扬州卫指挥的女儿。她美丽聪明，知书达理，侍奉皇上和代管六宫，恭谨有礼，妥帖周到，很讨众人喜爱。

李贤妃办起事情来更是沉稳果断，颇有干练重臣的风范。朱元璋十分宠爱她，委托她管理六宫，同时提升她的二哥做了亲军金吾卫指挥，同锦衣卫指挥一起掌管锦衣卫诏狱，也就是皇家的监狱，正可谓是恩宠有加。

眼下朱棣的行为十分异常，朱元璋不由得想到了当初曾为朱棣游说的那个李贤妃。由彼及此，继而又想到眼前的这位李贤妃，她比之前的那个，智慧、才能不知高出了多少倍。在自己百年之后，万一这位女才子紧步吕皇后、武则天的后尘，那么轻而易举就能将朱氏江山搞成李家天下了！

"咳！我怎么早没想到这一层呢？"朱元璋叹着气说道。

想到这里，朱元璋立刻吩咐传李贤妃前来。李贤妃听到召唤，马上来到了乾清宫。她快步来到床前，俯身柔声问道："皇上好些了吗？不知唤臣妾来，有何吩咐？"

"爱妃，这段时间你都在忙些什么呢？"朱元璋直瞪瞪地望着她，凄切地说道。

"没，没忙什么呀。"李贤妃的眼角挂上了泪珠，"圣上欠安，臣妾做什么事，也安不下神。"

这时，朱元璋拉过她的手突兀地说道："爱妃，难为你十多年来与朕朝夕相伴，任劳任怨……"

"皇上！"李贤妃泪流满面，认为皇上是在做最后的嘱咐，急忙拦在前面，"放心吧，皇上的龙体一定能康复的。"

"不，朕自己心里有数，朕的日子已经不多了。爱妃，我真是舍不得你呀！"

李贤妃泣不成声地说道："妾妃，更舍不得离开皇上呀！"

"咳，舍不得也得舍呀！"朱元璋闭上了双眼，"今天，你把你的两个哥哥唤进宫来，与他们见见面，叙叙兄妹之情吧。"

聪明过人的李贤妃立刻明白了皇上的意思，身子一摇晃几乎跌倒在地上。她万万没有想到自己竟然落到这样的一个结局，此时，她还不到30岁呀！可是皇上一言九鼎，谁敢不遵？美好的世界已经不属于自己了，她的花容月貌、聪明智慧等等，也都要随风而去了！

想到这里，李贤妃从朱元璋的手中抽出手来，揩揩满脸的热泪，躬身一拜，苦笑着答道："圣上不必劳神，不必叙什么兄妹之情了。"说罢，便转身而去。

过了不大一会儿，太监慌急地奏报："李娘娘悬梁归天了。"听到禀报，朱元璋躺在那里一动没动，用力咬着下唇，两滴老泪从眼角上缓缓渗出。

刚才，李贤妃转身离去时，朱元璋的心里阵阵刺痛。几次张口想把她喊回来，但终于没有出声。现在，朱元璋听到李贤妃悬梁自尽了，满怀的痛苦和怜惜一起在心头涌动。朱元璋真想大哭一场，但终于还是忍住了。

李贤妃之死给朱元璋带来了悲伤，他的精神每况愈下，经常陷于恍惚之中，一闭上眼便看到李贤妃在缥缈的云霞中一再出现，仿佛是在迎接他共登仙界。

"贤妃，安心去吧，不要埋怨朕偏心，她们所有的人都要陪伴朕去天上！"

诸王跋扈，不把皇太孙放在眼里，几乎是尽人皆知的事。朱允炆更是心知肚明，心里万分惊恐却只能装作若无其事。今天听到皇上说"四叔厉害"，方才知道，无比圣明的皇爷爷正在为自己担心呢。

随后，朱允炆在东角门里秘密召见太常寺卿黄子澄，黄子澄曾做过自己的伴读，他想听听亲密朋友的看法。朱允炆命左右退下了，便悄悄地问道："诸王都是我的长辈，他们手握重兵，虎视眈眈，我该怎么办呢？"

年轻的黄子澄摇头答道："臣觉得没有确凿的把柄，不便采取行动。"

"还是有备无患的好呀。"朱允炆又说道。

黄子澄低头沉思了一阵子，肯定地答道："诸王的护卫，数目并不大，至多可以应付警戒自卫，倘若贸然举事，天子以六师问罪，哪个能够抵抗？汉代诸侯作乱，七国不谓不强盛，终于身败名裂，原因在何？一在大小强弱不同，二在顺逆正邪有别，望殿下毋忧。"

后来，朱允炆的防范举动被燕王朱棣刺探了去，朱棣简直恨死了这个皇侄儿。

进入炎热的五月，朱元璋已经起不了床了。朱允炆昼夜守护在床边，进奉汤药，伺候坐卧，连痰盂溺钵都不让宫女动手。皇帝疼痛的呻吟中，声声呼叫的也都是皇太孙。好多个晚上，朱允炆彻夜坐在病榻边目不交睫。

看着仁爱孝敬的皇太孙一天天地憔悴消瘦，朱元璋又怜又痛，他越来越担心传给皇太孙的江山社稷会被别人夺走。此时，最大的威胁就是燕王朱棣。虽然朱元璋已经把老四的危险明白地告诉了小孙儿，但仍然觉得防范不足。

思来想去，朱元璋决定立即降旨给诸藩王：不准借奔丧之机聚集京城，封地的所有人马，也一律归朝廷调遣。让你们远离京师，手里又没有人马，看你们如何奈何得了我的皇太孙？

与此同时，朱元璋还在思考着一个智谋超群，忠贞不贰，可以托孤寄命的大臣。经过一番推敲比较，他早已留意的兵部右侍郎齐泰是最为理想的人选。

于是，朱元璋便命人将齐泰召到病榻前，无比信赖地对齐泰说道："齐泰，你德才耿忠俱全，不愧是朕的好臣子。朕早就打算重用你，在我归天之后，就由你做新皇帝的顾命大臣吧！"

"陛下托以重任，微臣感恩不尽，只恐力不胜任呀！"齐泰慌忙跪地推辞。

"齐泰，你不必推辞。只有你才是朕信得过的人，你可不能辜负朕的重托呀！"随后，朱元璋又口授着，让齐泰写下了他的遗诏：

> 朕受皇天之命，膺大任于世，定祸乱而偃兵，安生民于市野，谨抚驭以膺天命。三十一年，忧危积心，克勤不怠，务有意于民。奈何起自寒微，无古人之博智；好善恶恶，不及远矣。今得万物自然之理，其奚哀念之有。皇太孙允炆，仁明孝友，天下归心，宜登大位，内外文武臣僚同心辅政，以安吾民。丧祭仪物，毋用金玉。孝陵山川因其故，毋改作。天下臣民，哭临三日，皆释服，毋妨嫁娶。诸王，临固中，毋至京师。王国所在文武吏士，悉听朝廷节制。唯护卫官军听藩王节制。诸不在令中者，推此令从事。

垂危的朱元璋，深感诸王跋扈难训，不惜嘱告再三。无奈，已经没有人愿意听他的唠叨了。第二天，翁妃与李淑妃前来侍奉汤药。朱元璋怔怔地望着两位亭亭玉立的爱妃，欲言又止。

翁妃是一位蒙古族女子，14岁入宫，今年25岁。李淑妃今年26岁。翁妃猜到皇上有话要说，便俯身问道："皇上有何吩咐？"

朱元璋伸出一双大手，一手一个，牵着两位妃子粉妆玉雕般的纤手，断断续续地问道："你们……愿意……长久地……侍奉朕吗？"

"愿意，愿意。"两位妃子一起跪到地上齐声回答。

"来呀，每人，给她们每人一条白练！"

二妃一听，方才恍然大悟：皇上所说的要她们"长久侍奉"，原来是要她们死！两人几乎同时瘫倒在地上。两人在太监的帮助下，紧步李贤妃的后尘，悬梁自尽了。随后，朱元璋又降旨：在他升天之后，所有嫔妃都要跟梓宫（棺椁）一起走，到天界去陪伴自己。殉葬官人的父兄重重赏赐：官升三级，辈辈世袭。

朱元璋感到自己终于要走到生命的尽头了。这一天的天气非常好，太阳温暖地照着整个皇宫。当朱元璋睁开细长的双眼时，太阳已经将皇宫晒得暖烘烘的了。朱元璋想爬起来，但自己却怎么也爬不起来。贴身的太监张卫侯一直在注意着他，这时便走到了朱元璋的龙榻前。朱元璋对他说道："去传皇孙来见。"

朱元璋见到朱允炆后，似乎感觉精神了许多，他把目光向左右一扫，那儿原来站着的宫女、太监立即消失得无影无踪。朱元璋提醒他的孙儿说："燕王不可不考虑啊！"

其实，在最近的这些日子里，朱元璋都在考虑燕王的事。昨夜，他竟然梦见燕王龙袍加身，他这才一起身就唤来皇孙，企图亡羊补牢。朱允炆听到爷爷提起他的叔父燕王朱棣，不由得眼睛一亮。

近年来，朱允炆协助朱元璋打理朝政，越来越明显地感到：亲王们的翅膀已经硬了，年轻的自己几乎是掉进了狼群之中。这一段时间来，爷爷又常常生病，许多时候朝政是他在代表爷爷打理，由此，朱允炆更感到了亲王们特别是叔叔朱棣的压力。

说完这些话后，朱允炆突然看到朱元璋呼吸急促起来，他惊慌地看着爷爷，看着这威严无比的皇帝，大声呼唤着："爷爷！爷爷！"但是，一切都已经来不及了。世上所有的人都会有所遗憾，独裁的皇帝同样也是如此，当朱元璋的生命已经走到了最后的那一刻时，以后所有发生的事情，他也只能眼巴巴地任其发生了。

1398 年，闰五月乙酉的这一天，朱元璋在自己的孙子朱允炆面前，带着深深的遗憾走完了生命的最后一刻。

皇帝驾崩，丧事办得很隆重——朱元璋早就已经安排好了自己的后事。他的陵墓修在了钟山南麓，被称为孝陵，方圆 45 华里，规模也是十分地宏伟。皇后马秀英在孝陵中已经等了 15 年，朱元璋这一去，二人便可以团聚了。

朱元璋即使是死后，也充分地暴露出了他的残忍与自私。按照朱元璋生前的遗愿，为他进行了嫔妃的殉葬制。40 个嫔妃，除了李贤妃和两个死在朱元璋之前的，其余 37 个年轻鲜活的生命，都活活地为他殉葬而死。这简直太残酷了！

或许是得了朱元璋的血统，承接了他这种残忍自私的个性，到了朱元璋的子孙后代，成祖、仁宗、宣宗和景帝等，这种殉葬方式竟然成了皇室公开的惯例，以致几代下来，死于殉葬的嫔妃人数竟然达到了800多人。

活人给死人陪葬，本是萌芽于氏族社会末期。在春秋以后，人殉之事并不多见了。但是，到了秦始皇时，又出现了以人殉葬的制度。后来，随着秦朝的灭亡，这种制度基本上就已经消失了。可是谁又能想到，大明朝的皇帝朱元璋又使其再一次兴起。

在皇上的龙体被运往孝陵时，似乎举国都在为他伤心地落泪。但其实不然，就连他最亲的人也没有表现出半点的伤心。朱元璋用尽了所有的手段来让朱家的后裔顺利接班，而正式走到政治前台的朱允炆却偏偏遇到了最棘手的大麻烦，那就他的众多的叔叔对他的皇位都在虎视眈眈。

朱允炆依据遗诏，禁止诸王奔丧。也因如此，诸王显得很不高兴，从而加深了对朱允炆的不满。洪武三十一年闰五月十六日，皇太孙朱允炆即皇帝位，诏以明年为建文元年。同日，葬朱元璋于孝陵。从此，大明开国之君便长眠于南国金陵钟山之阳，谥号高皇帝，庙号太祖。

皇帝归天，朱允炆继承大统的消息很快便传到了北平。燕王朱棣抢在遗诏送达之前，急忙南下奔丧。为了防止变生于万一，朱允炆接受了齐泰的建议，把皇帝的灵柩只停放了7天便匆匆进行了安葬。当朱棣一行人赶到淮安的时候，新皇帝便以皇帝入土为安的名义，敕令他遵照遗诏立即返回防地。朱棣无奈，只得悻悻而归。

闰五月十九日，齐泰被任命为兵部尚书，黄子澄被提升为太常寺卿兼翰林学士，参与机密的商讨。晋封的时候，朱允炆问黄子澄："先生还记得东角门的话吗？"

"臣不敢忘记。唉，当时，臣低估了燕王！"

"亡羊补牢，犹未为晚。爱卿，你赶快为朕设法削藩。"

一个月后"削藩"付诸行动，朱棣的同母弟周王朱橚，犯有谋反罪，被废为庶人。随即，湘、代、齐、岷诸王，也相继被废。与此同时，紧急调兵遣将，预防燕王有不轨的行动。

而朱棣怅然返回北平后立即准备起事，他遴选将帅，收罗军卒，在元故宫的树荫深处，日夜操练兵马，在地道里赶造兵器……一场夺位战，紧锣密鼓地展开了。

在朱元璋死后的第二年，改元建文。朱元璋生前虽然把杖上的棘刺都去掉了，可他最不愿意看到的事情还是发生了：儿子和孙子动起了刀枪！这年六月，正当建文帝准备向燕王开刀时，朱棣抢先动手，以"清君侧"；讨伐奸臣齐泰、黄子澄为名，举兵造反。他率领着"靖难之师"，浩浩荡荡地向南方扑来，多灾多难的北方百姓，重新陷入了战火兵燹之中。

建文帝先后派出耿炳文、李景隆为征北大将军，率领数十万大军北上迎敌。无奈，师老无功，节节败退。建文四年，朱棣率部渡过长江，一举攻下金川门。建文帝自知大势已去，带领全家举火自焚。

京城成了一片火海，冲天的烈焰，滚滚的烟尘，携带着建文帝的龙床御案、画栋雕梁，以及朱元璋书写在殿壁上的典章祖训，也携带着朱元璋的忧心和朱允炆的冤魂，向邈远的太空飘去……

作为明朝的开国皇帝，朱元璋全面奠定了明朝的政治、经济、文化格局，其影响之深不仅在于上层，而且通达于普通人民的社会生活，不仅是在明朝，而且及于后世。

朱元璋提出的恢复汉官之威仪，全面改变了元朝以蒙古贵族为主体的政治结构。他实行的爱民及与民休息的政策，使国计民生得到了迅速地恢复发展，为大明盛世奠定了基础。

朱元璋建立了皇权极端专制的统治，对人性的张扬特别是对民主意识、民主社会的发展有着极大的破坏性和阻碍性，以此来说给后世留下了恶劣的影响。

朱元璋的分封诸王的政策，给后世发生宗室动乱埋下了祸根。朱元璋建立的一套国家管理制度，加强了中国君主宗法制国家管理，维持了明朝200多年的统治，为后来的清朝所继承，是中华传统政治的一个经典。

朱元璋促进了中国统一多民族国家的发展，他保持了中国和周边国家的和平友好往来，从而极大地推动了更大范围内国际秩序的建立。

总之，朱元璋是一个极具传奇色彩、极具个性的人物。朱元璋对中国的历史发展产生了重大的影响，同时，他也是中国历史上对后世影响最大的几位重要帝王之一。

附：明太祖朱元璋大事年表

1328 年（元天历元年），农历八月初八，朱元璋生于江苏省盱眙县灵迹乡红庙里，乳名重八。

1329 年（天历二年），李善长父亲李秀才和宫员外与怀远军联合，共建江淮义军，保两淮人民安全。而后，朱元璋启蒙之师——皇觉寺长老为他起名叫朱之璋。

1344 年（至正四年），因水灾、旱灾、荒灾和瘟疫，半月内，父母长兄相继死亡，朱元璋无依无靠，南寻长姐无音，汪氏老母，送他入皇觉寺出家为僧。得到文德祝、武高彬二位长老传艺。

1348 年底（至正八年），朱元璋回皇觉寺，再次学艺。

1351 年（至正十一年），五月，韩山童被捕遇害，其妻杨氏与子韩林儿逃脱。颍州刘福通起义，以红巾为号，陷颍州。

1352 年（至正十二年），全国十四支农民军爆发起义，朱元璋投奔濠州郭子兴部队，改名朱元璋，字国瑞。郭子兴将义女马秀英嫁给朱元璋。同年九月，元相脱脱率十万大军攻打徐州，大将彻里不花占临淮镇，又围攻五河县城，朱元璋率兵救五河，回兵全歼彻里不花，收复临淮镇。年底，朱元璋返乡招募义士七百人参加红巾军回来，救出被赵君用、孙德崖囚困的郭子兴，小明王升朱元璋为江淮红巾军镇抚总监。

1353 年（至正十三年），朱元璋略定远，下滁州。张士诚起义，攻占泰州、高邮，称诚王，国号大周，建元天佑。

1354 年（至正十四年），元丞相脱脱大败张士诚于高邮，分兵围六合，朱元璋率兵赴援。

1355 年（至正十五年），小明王封郭子兴为滁王，朱元璋为副帅，郭子兴病故，由子郭天叙为都元帅。五月初五，朱元璋联合巢湖水军强渡长江，直取采石，继而又攻下太平。

1356 年（至正十六年），因元军降将出卖，都元帅和右副元帅遇害，汤和、蒋忠率江淮义军收复濠州。朱元璋攻打集庆，元将陈兆先所部三万六千人投降，五月初十攻下集庆。元水寨元帅康茂才领众五十万人归降。朱元璋改集庆路为应天府。

北红巾军统领称帝，封朱元璋为枢密院同金、中书省平章，朱元璋檄文拒之，自称江淮义军明公。

1357 年（至正十七年），北红巾军主力北上进攻元军，同时朱元璋以应天为基地兵分三路，陷镇江、克长兴，亲自率兵攻下宁国，扫平了东面、东南和南面的元军、张士诚、徐寿辉的势力，壮大了自己的军事力量。其间为解决部队缺粮问题，他命康茂才为营田使，组织将士五十万人屯田万顷，缓解征赋过重的矛盾。

1359 年（至正十九年），朱元璋兵克诸暨、衢州、处州等地，命宁越府立郡学。

1360 年（至正二十年），陈友谅攻应天，朱元璋大败之。

1361 年（至正二十一年），元顺帝和北红巾军龙凤帝（小明王）同时加封朱元璋为吴国公。

1363 年（至正二十三年），朱元璋迎小明王居滁州，张士诚自立为吴王，停止运粮至元都。

1364 年（至正二十四年），朱元璋自立为吴王，建百官。

1366 年（至正二十六年），五月，朱元璋命徐达、常遇春攻张士诚根据地。十二月，朱元璋遣廖永忠迎小明王于滁州，中途沉之于江，宋亡。

1367 年（至正二十七年），徐达等执张士诚，吴亡。

明太祖洪武元年，也就是 1368 年，朱元璋四十一岁，正月初四，在应天府登基，国号大明，年号洪武，立马氏为皇后，朱标为太子。命李善长为左丞相，徐达为右丞相。同年八月，义军占领元大都，改名为北平府，统治中国九十八年的元朝宣告灭亡。

常遇春在开平夺回传国玉玺，回大都途中，中暑而亡。胡大海征安南得胜还朝途中，中毒而亡。徐达兵出玉门，征天山，把蒙古察哈尔国赶到印度去了。

1369 年（洪武二年），朱元璋制定内侍官制，编撰《祖训录》，决定兴建中都——凤濠府，下管八个州。

洪武三年，也就是 1370 年，二月，明军两路北征。四月，徐达率西路军大败扩廓帖木儿部于沈儿峪口，战果甚大。四月二十八日，元顺帝驾崩于应昌。五月，李文忠所率东路军克应昌，元太子逃窜。七月，杨宪被诛。十一月，朱元璋大封功臣，李善长、徐达、常茂（常遇春之子）、李文忠、冯胜、邓愈等六人封公，汤和、廖永忠等三十人封侯。

1375年（洪武八年），诏天下立社学。刘基被毒死。元将扩廓帖木儿卒。

1370—1376年（洪武三年至九年），朱元璋重点抓三事。第一，发展生产，洪武三年从苏州、松江、嘉兴、湖州、杭州等地强行迁移无业农民四万户到濠州垦荒，又号召黄河以北的山西、山东居民到淮河两岸开垦，发农具，规划土地，免征三年税赋，结果山东等地迁到两淮居民达二百万人。

朱元璋认为"养兵而不病于农者莫若屯田"。同时没收元蒙古贵族财产，在凤阳地区圈地强迫他们从事农业生产，最多时达到六十万户，洪武八年正式颁布《屯田法》。

第二，坚决杀贪除暴安民，禁止流民流动，就地安排生产自食。

第三，加强中央集权制，大封诸子为王，镇守边防要塞。同时大封功臣，提倡兴办社学，设科举取士广揽天下人才。最有名的著作是《拔儒僧入仕论》《儒道佛三教合一论》。

1377年（洪武十年），李善长辞官，告老还乡。

1380年（洪武十三年），左丞相胡惟庸以擅权诛，坐其党死者甚众。废中书省及丞相等官，提高六部官秩。安置宋濂于茂州，死于道。

1382年（洪武十五年），皇后马氏卒。空印案发，诛伤数万人。

1384年（洪武十七年），曹国公李文忠被毒死。

1385年（洪武十八年），魏国公徐达亡。户部侍郎郭桓坐盗官粮诛，被杀者数万人。

1390年（洪武二十三年），韩国公李善长党胡惟庸案发，坐诛，牵连被杀者甚众。

1392年（洪武二十五年），四月，太子朱标薨，年三十八，谥曰"懿文"。六月，沐英病卒于云南，年四十八，追封"黔宁王"。沐英系朱元璋养子，自小陪伴朱标一起长大，感情异常亲密，因哀伤太子过度而染病。

1393年（洪武二十六年），二月，"蓝玉案"发，凉国公蓝玉等被杀，此案牵连被杀者前后达一万五千余人。鉴于杀戮过重、枉法难制，朱元璋正式废除锦衣卫。

1394年（洪武二十七年），颍国公傅友德坐诛。

1395 年（洪武二十八年），二月，冯胜被逼死。三月，二子秦王朱樉病死。八月，汤和病死，年七十，追封"东瓯王"。截至朱元璋生前，开国元勋仅剩下长兴侯耿炳文与武定侯郭英。

1397 年（洪武三十年），正月，耿炳文为征西将军，郭英副之，巡西北边。八月，命李景隆（李文忠之子）为征虏大将军，练兵河南。"南北榜事件"发生，刘三吾等考官被打成了替罪羊，或充军或被杀。

1398 年（洪武三十一年），朱元璋七十一岁，病死南京，葬钟山孝陵，与马皇后合葬深山处，谥号高皇帝，庙号太祖。长孙朱允炆继位，年号建文。